당신도 명리의 고수가 될 수 있다

사 주 명 리
四柱命理
완전정복

3

통변특강

상담실무

사주명리 완전정복 3 통변특강

– 당신도 명리의 고수가 될 수 있다.

초 판 발 행 2019년 06월 01일
2 쇄 2023년 01월 01일

지은이 무공無空 김낙범
펴낸이 김민철

펴낸곳 도서출판 문원북
주 소 서울시 마포구 토정로 222 한국출판콘텐츠센터 422
전 화 02-2634-9846 / 팩 스 02-2365-9846
메 일 wellpine@hanmail.net
카 페 cafe.daum.net/samjai
블로그 blog.naver.com/gold7265

ISBN 978-89-7461-426-3
규 격 152mmx225mm
책 값 25,000원

당신도 명리의 고수가 될 수 있다

사　주　명　리
四柱命理
완전정복

문원북

1권 기초완성에서 사주팔자의 구조를 이해하고 천간 지지의 작동요령을 익혔다면 기본적인 통변 준비를 한 것이 됩니다.

2권 용신분석에서 용신의 쓰임새를 익혔다면 적성과 재능을 파악하고 역량을 가늠하여 사회적 역할에 대한 가능성을 파악한 것입니다.

3권 통변편에는 삶을 살아가면서 당면하는 문제들을 파악하고 문제를 해결하는데 주력해야 하는 것입니다.

사주명리를 공부하면서 제일 어려운 것이 통변입니다.
각종 이론을 공부하여도 사주팔자를 놓고 통변을 하자면 눈앞이 캄캄해지는 것이 현실입니다. 수십 년을 공부하여도 이현령비현령식의 통변에 갈피를 잡지 못하고 헤매는 것이 대부분입니다.

무엇을 통변하라는 것인가?
고수들의 통변을 보아도 무슨 이야기를 하는지 잘 모를 경우가 많습니다.
고전에 있는 내용들을 암기하고 습득해보지만 서로 다른 이론으로 인하여 어려움을 겪는 것이 사실입니다.

저마다 다른 이론들을 주장하고 있는데 대부분 부귀에 집중되어 있고 현재의 삶을 풀어낼 비법을 찾아내기가 어려운 것입니다.

격국론을 공부하고 억부론을 공부하고 조후론을 공부하고 신살론을 공부하여 보았지만 무엇을 통변하라는 것인가?

간지론을 공부하고 육신론과 육친론을 공부하고 태과불급과 무자론 허자론 등을 공부하여 보았지만 무엇을 통변하라는 것인가?

사주팔자는 파동이며 가상현실이라고 할 수 있습니다.
가상현실은 동시다발적으로 일어나므로 시공간을 초월하게 됩니다.
시공간의 가상현실을 이미지화로 삶을 그려내고 현실에 대입하여 삶을 행복하게 살도록 하는 것이 통변이라고 하는 것입니다.

현실에서 나라는 실체가 생명을 유지하기 위하여서는 부와 명예가 필요하다고 생각하며 그것을 차지하려고 하는 것입니다. 부와 명예는 이미지화된 가상현실을 의식화하여야 만들어질 수 있습니다. 의식화가 되지 않는다면 결코 만들 수 없는 것입니다.

의식화한 것을 현실화시키고자 한다면 노력이 필요합니다. 노력이 없이는 결코 현실화가 되지를 않기 때문입니다. 부와 명예를 차지하기 위하여서는 반드시 노력으로 현실화를 시켜야 합니다. 그것을 우리는 삶이라고 부르는 것입니다.

사주팔자에 적성과 능력이 있어야 부와 명예를 가질 수 있는 노력을 할 수 있는 것입니다. 이것을 분수라고 합니다.

통변은 사주팔자를 분석하여 삶의 문제를 해결하는 것입니다.

사주팔자를 보고 인생의 여정을 조망하며 삶의 문제를 해결하는 것이 통변이라고 하는 것입니다. 여기에는 일정한 원칙이 있습니다. 고서에서 선인들이 밝혀놓은 여러 가지 비법들이 있지만 모두 대동소이하다고 할 수 있습니다.

적성을 판단하고 능력을 가늠하고 재물과 명예운이 어느 정도인지를 보고 성격과 건강 그리고 배우자상을 보는 것입니다. 적성과 능력은 직업과 연결되며 자기실현의 대상이기도 합니다.

살아가기 위한 방편이고 목적이기도 합니다. 살아가면서 재물과 명예를 도외시하지 못합니다. 재물과 명예에 만족하여야 행복하다고 합니다.

성격은 사회생활과 결혼생활에서 중요한 요소가 됩니다. 직장에서 성격으로 인한 갈등이 빈번하며 가정에서 역시 성격으로 인한 갈등이 대두되기 때문입니다. 사주팔자에서 성격이 어떠한지를 보는 것은 자신의 성격을 제대로 알고 살아야 갈등이 없기 때문입니다.

건강 역시 중요합니다. 아무리 재물과 명예가 많아도 건강을 잃으면 소용이 없습니다. 사주팔자에서 건강에 대한 정보를 얻고 어떻게 살아야 건강하게 되는지를 보는 것입니다.

배우자상은 결혼생활에 반드시 필요한 것입니다. 궁합에서 자신과 상대의 배우자상이 어떠한지를 찾아보고 서로가 맞는 배우자상을 가지게 되면 행복한 결혼생활을 할 수 있기 때문입니다.

통변은 운의 작용을 보며 삶의 문제를 해결하는 것입니다.
재물, 명예, 직업, 궁합, 건강, 자아실현 등이 삶에서 가장 필요한 것이고 가장
절실한 것이기에 가장 궁금한 사항들입니다.

사주팔자에서 이것을 묻고자 하며 삶의 문제를 해결하고자 하는 것입니다.
사주팔자에서 묻고자 하는 것들이 진정한 문제인 것입니다. 사주팔자에서
어떻게 주어지고 작용하는지를 보는 것입니다. 운에서 어떻게 만들어지고
주어지는 것인지를 보는 것입니다.

운의 상승기와 하락기를 알고 대처하는 것이 통변입니다.
청장년기에 운의 상승기가 온다면 모든 운이 저절로 풀리면서 발전할 것이
지만 운의 하락기가 온다면 고생을 하면서 삶이 고달프게 됩니다.

대부분 운의 하락기에서 고생을 하므로 언제 풀리는가를 묻는 것이 일반적
입니다.
운의 상승기는 사주팔자가 만들어 주므로 방책을 만들어 노력을 한다면 개
운할 수 있는 것입니다. 이것을 만드는 것이 통변이라고 하는 것입니다.

책의 구성

기초이론과 용신은 바둑의 정석과 같습니다.
바둑의 고수가 되려면 정석을 익히고 버려야 자신만의 행마를 할 수 있습니다. 행마는 사주명리에서 통변입니다.

1권은 기초이론으로 구성되어 있습니다.
음양과 사상, 오행을 체계적으로 설명하고 천간과 지지의 개념을 소개하며 생극제화와 형충회합으로 사주체가 패턴을 만들어 가는 방식의 기초와 개념을 고전에 있는 내용을 제시하며 설명하였습니다.

2권은 용신분석으로 구성되어 있습니다.
자평진전의 격국용신, 적천수 천미의 억부용신과 전왕용신, 궁통보감의 조후용신을 정리하고 쉽게 풀어서 제시하였습니다. 용신은 사주의 패턴을 찾는 데 매우 중요한 수단이므로 반드시 익혀야 하는 과제입니다.

3권은 통변으로 구성되어 있습니다.
사주명리는 사주팔자를 통변하는 것이 꽃이라고 할 수 있습니다.
통변의 이론을 체계적으로 제시하고 통변의 주요과제에 따른 상담요령도 아울러 소개하며 사주명리 전문상담가로서 정확한 통변과 상담을 할 수 있도록 하였습니다.

통변은 사주팔자와 대세운의 패턴을 파악하고 내담자가 원하는 주요과
제를 선정하여 대안을 제시하고 조언을 해주는 과정입니다.

이 책은 사주명리를 공부하는 참고서입니다.
교과서는 연해자평, 삼명통회, 명리정종, 자평진전, 적천수, 궁통보감 등의
고서라고 할 수 있습니다. 교과서를 분석하여 공부하기 쉽게 만든 참고서라
고 할 수 있습니다.

삶의 문제를 해결하는 통변론에 주력하였습니다.
통변기법과 통변의 주요과제 그리고 사주심리와 육신과 육친 심리를 적용
하고 사주와 대세운을 통변하여 상담하는 요령을 위주로 편성하였습니다.

통변을 하고자 한다면 통변기법을 알아야 할 것입니다.
통변이란 사주팔자로 삶의 여정을 보는 것인데 사주팔자를 놓고 어떻게 통
변을 하여야 할지 모른다면 막막할 것입니다. 통변에서 주로 쓰이는 기법에
는 용신법, 동정법, 물상법, 궁위법, 신살법 등의 기법이 있으며 이러한 기
법을 체계적으로 공부하여야 통변을 할 수 있습니다.

통변의 주요과제를 선정하여야 의도에서 벗어나지 아니합니다.
주요과제를 선정하지 아니하고 통변을 한다는 것은 목적지를 정하지도 아
니하고 길을 가는 것과 같습니다.
사주팔자를 통하여 적성이 무엇인지를 파악하여 어떠한 직업에 알맞은지를
파악하고 자신의 능력을 극대화하기 위하여서는 적성을 어떻게 사용하여야

할지를 제시하여 삶의 행복을 느낄 수 있도록 하여야 할 것입니다.
직업은 사회적 활동이며 역할이고 적성은 자신의 사회적 능력입니다.

대운과 세운의 작용이 사주에 미치는 영향을 분석하여야 합니다.

대운은 사주의 기운과 연결되어 있으므로 사주의 태과불급을 조절하여 주는 역할을 하며 흐름을 주도하는 역할도 합니다. 이러한 대운의 역할이 삶에 어떠한 영향을 끼치는 가를 제시하고 있습니다.

세운은 삶의 길흉화복을 나타내므로 자세히 살펴보아야 할 것입니다.
매년 운세가 삶에 끼치는 영향은 실제 체감하는 바가 크므로 잘 해석하여야 제대로된 통변으로 조언을 할 수 있는 것입니다.

사주의 심리를 파악하여 제시할 수 있어야 합니다.

사주팔자에서 육신과 육친의 심리가 어떻게 작용되는지를 파악하고 이를 내담자에게 알려주어야 내담자는 직업과 적성 그리고 대인관계를 원활하게 할 수 있는 삶의 해법을 찾아낼 수 있습니다.

육신의 청탁과 태과불급은 삶의 문제를 일으키고 성격과 건강에도 지대한 영향을 미치므로 이러한 상태를 알아야 문제를 해결할 수 있는 해법을 제대로 찾아 행복을 누릴 수 있는 것입니다.

상담요령에 따라 상담을 하게 되면 신뢰있는 상담이 됩니다.

내담자의 문제를 정확하게 파악하고 이를 해결할 수 있는 해법을 찾아 내담자에게 제시를 할 수 있어야 내담자가 원하는 것에 대한 답변과 조언을 해줄 수 있는 상담이 될 것입니다.

사주명리의 공부는 꾸준히 반복하여 학습하여야 합니다.

비법을 찾아 쉽게 공부하려는 것은 땅을 짚고 헤엄치려는 것과 같습니다. 땅을 짚고 헤엄친다는 것이 얼마나 어렵고 힘든지는 해본 사람만이 알게 됩니다. 쉽게 하려다가 어려움을 당한다는 것입니다. 공부의 성패는 기초 학습을 얼마나 철저히 하였느냐에 있습니다.

외우려고만 하면 어렵습니다.

외우는 것은 한계가 있습니다. 반복학습하며 자꾸 눈에 익혀야 합니다.
처음에는 소설책을 읽듯이 전체를 두세 번 읽습니다. 이해하려거나 외우려고 하면 늦습니다. 그냥 읽어나가며 눈에 익히길 바랍니다.

눈에 익으면 주요 한자는 저절로 익혀집니다.
그리고 모르는 사주용어나 문장이 눈에 들어오기 시작하며,
이해하기 시작하는 것입니다. 공부의 신神들이 공부하는 방법입니다.

Contents

제1장 **통변이란**

제2장 통변기법의 활용

제3장 통변과제

제4장 **사주심리**

제5장 행운통변

제6장 상담요령

제1장
통변이란

通辯이란

통변의 원칙

통변은 사주팔자를 해석하는 것입니다.
여기에는 일정한 원칙이 있습니다. 사주팔자를 보고 인생의 여정을 조망하며 삶의 문제를 해결하는 것이 통변이라고 하는 것입니다. 적성을 판단하고 능력을 가늠하고 재물과 명예운이 어느 정도인지를 보고 성격과 건강 그리고 배우자상을 보는 것입니다.

적성과 능력은 직업과 연결되며 자기실현의 대상이기도 합니다.
살아가기 위한 방편이고 목적이기도 합니다. 재물과 명예에 대한 욕구가 강하여도 사주팔자에 적성과 능력이 없으면 아무리 노력하여도 만족하지 못합니다. 살아가면서 재물과 명예를 도외시하지 못합니다. 재물과 명예에 만족하여야 행복하다고 합니다. 그러므로 재물운과 명예운을 사주팔자에서 찾는 것입니다.

성격은 사회생활과 결혼생활에서 중요한 요소가 됩니다.
직장에서 성격으로 인한 갈등이 빈번하며 가정에서 역시 성격으로 인한 갈등이 대두되기 때문입니다. 사주팔자에서 성격이 어떠한지를 보는 것은 자신의 성격을 제대로 알고 살아야 갈등이 없게 됩니다.

건강 역시 중요합니다.
아무리 재물과 명예가 많아도 건강을 잃으면 소용이 없습니다. 사주팔자에서 건강에 대한 정보를 얻고 어떻게 살아야 건강하게 되는지를 보는 것입니다.

배우자상은 결혼생활에 반드시 필요한 것입니다.
궁합에서 자신과 상대의 배우자상이 어떠한지를 보고 서로가 맞는 배우자상을 가지게 되면 행복한 결혼생활을 할 수 있기 때문입니다.

통변은 삶의 이정표와도 같으며 삶의 문제를 해결하는 것입니다.

통변의 개념

통변通辯이란 사주팔자로 재능과 역량을 파악하여 삶의 문제를 해결하는 것입니다.

◆ 연령별 삶의 문제

시 기	소년기	청년기	장년기	노년기
	20세 이전	40세 이전	60세 이전	60세 이후
삶의 문제	학업 적성, 진로	직업 결혼, 출산	사회적 성취 노후준비	건강 노후생활

운세상담으로 이어지며 시험 합격, 적성, 진로, 취업, 승진, 사업, 재물, 선거, 궁합, 결혼, 애정, 부부관계, 이사, 매매, 건강, 이민, 자식, 사건, 사고, 소송 등 개인들의 관심사이기도 합니다.

◆ 재능과 역량

재 능	직업적 적성			사회적 욕구	
	직장형	사업형	전문가형	재물추구형	명예추구형
역 량	역량의 크기에 따라 규모가 다름				

통변은 살아가기 위한 재능과 능력을 가늠하는 것입니다.

사람은 누구나 태어나서 늙어가는 과정을 겪으면서 삶의 문제를 해결하고자
합니다.

① 연령별 삶의 문제

사람이 태어나서 죽을 때까지 삶을 살아가는 것을 인생이라고 합니다. 어렸을
때는 부모의 돌봄으로 자라며 공부하고 성년이 되어서는 직업을 갖고 결혼을
하며 자식을 낳아 기르며 사회적 성취를 위하여 노력하면서 삶의 문제를 해결
하며 살아가게 됩니다.

20세 이전의 소년기에는 학업과 적성, 진로의 문제를 해결합니다.
초중고 12년 그리고 대학 4년의 학창시절을 겪으며 16년간 공부하면서 사회
생활에 필요한 적성을 계발하고 사회에 진출하기 위한 진로를 정하며 각종 능
력을 인정받기 위한 자격과 학위를 만들기 위하여 노력하는 시기입니다.

40세 이전의 청년기에는 직업을 선택하고 결혼 문제를 해결합니다.
자신의 적성에 의한 직업을 갖고 사회적 야망을 실현하기 위하여 노력하며 결혼과 출산으로 가정을 구성하는 시기입니다.

60세 이전의 장년기에는 사회적 성취와 노후준비를 하게 됩니다.
삶의 결실을 맺는 시기로서 사회의 중추적인 역할을 담당하며 자아를 실현하고 노후 준비를 하는 시기가 됩니다.

60세 이후의 노년기에는 건강을 돌보며 삶을 정리하게 됩니다.
유유자적한 삶을 살아가는 시기로서 후배와 자식들에게 자신이 겪은 경험과 노하우를 전수하며 봉사와 베풂으로 마무리를 하는 시기입니다.

② 사주팔자에 있는 생존에 필요한 재능과 역량

사람이 태어나자마자 울면서 호흡을 하고 눈도 뜨기도 전에 엄마의 가슴을 입으로 헤치며 젖을 빨아대는 것은 생존하기 위한 행동입니다. 호흡해야 살 수 있는 것이고 먹어야 살 수 있는 것입니다. 이를 생존욕구라고 합니다. 생존욕구는 사람의 가장 기본적인 욕구로서 살기 위한 수단이라고 할 수 있습니다. 소년기에는 부모의 도움으로 생존할 수 있지만 청년기부터는 남들과 경쟁하면서 생존하여야 하므로 재능과 역량이 남보다 뛰어나야 하는 것입니다. 자신의 재능과 역량이 남보다 부족하면 경쟁에서 뒤지므로 삶의 질이 떨어지기 마련입니다.

사람은 누구나 생존에 필요한 재능과 역량으로 삶을 살아가면서 생로병사의 과정을 겪으며 사회적 환경에 적응하는 것입니다. 사람이 태어나면서 정해진 사주팔자는 우주의 기운으로 삶에 필요한 재능과 역량으로 자신의 분수를 나타내고 있습니다. 재능과 역량은 생존욕구의 수단이므로 절대적인 것이며 재능과 역량의 태과불급은 분수를 모르는 욕망으로 발현되며 삶을 어렵게 만드는 요인이 되는 것입니다.

재능과 역량이 있어야 사회적 욕구를 실현할 수 있습니다.
사회적 욕구에는 재물형과 명예형이 있습니다. 재물을 추구하는 욕구가 재물형이며 명예를 추구하는 욕구가 명예형입니다. 명예형은 사회적 저명인사가 되기 위한 꿈을 만들면서 성장하게 됩니다. 재물형은 큰돈을 벌기 위하여 사업을 벌이는 것이 대부분입니다.

명예추구형이 재물에 만족하지 못하고 재물추구형이 명예에 만족하기는 어렵습니다. 물론 적성과 능력이 뛰어난다면 두 가지를 동시에 만족할 수 있지만 직장인은 대부분 명예를 추구하는 것이 일반적이고 사업자는 재물을 추구하는 것이 일반적입니다. 직성과 능력이 출중한 전문가를 세외하고는 두 가지를 동시에 추구하기는 어렵습니다.

③ 분수에 알맞은 삶이란

소년기에 가졌던 꿈과 희망은 나이를 먹어가며 점차 작아지고 희미해져가며 경쟁적이고 각박한 사회적 환경에서 생존하기 위하여 원하지 않았던 직업을 선택하고 자신의 분수에 맞지 않은 삶을 살면서 하루하루를 어렵게 사는 사람들이 대부분입니다.

자신은 그림 그리기를 좋아하여 화가라는 꿈을 꾸었으나 사회적 환경은 그를 허락지 아니하므로 어쩔 수 없이 먹고 살기 위하여 그림을 포기하고 직장생활이나 사업을 하면서 재물과 명예를 취하게 되지만 본래 재물과 명예를 취하는 재능과 역량이 부족하여 분수에 맞지 않으므로 힘든 삶을 사는 것입니다.

사자가 독수리가 되고 싶다고 독수리가 될 수 없습니다.
사자는 사자의 재능과 역량이 있는 것이며 독수리는 독수리로서의 재능과 역량이 있는 것입니다. 사자가 사자대로 살면 분수에 맞는다고 하며 사자가 독수리의 삶을 살고자 한다면 분수에 맞지 않는다고 하는 것입니다.

부모는 자식이 사회적 능력자가 되기를 바랍니다. 그러나 자식의 능력과 역량을 가늠하지도 아니하고 무조건 1등을 하여야 하고 최고의 성적으로 최고의 대학에서 최고의 능력을 발휘하여야 한다고 생각하면 분수에 맞지 않는다고 하는 것입니다. 자식의 재능이 무엇인지도 따져보지도 아니하고 사회적 유명인사가 되기 위하여 판검사와 의사 또는 재벌 수준의 기업가가 되기를 원하고 인기 있는 정치가나 연예인이 되어야 한다고 하며 다그친다면 분수를 알지 못하는 것입니다.

자식을 제대로 키우고자 한다면 우선 자식의 재능과 역량을 알아야 자식의 분수가 무엇인지 알게 됩니다. 사주팔자에 나와 있는 재능과 역량은 태어날 때 하늘에서 이미 정해진 분수입니다. 분수에 알맞은 적성으로 직업을 택하고 분수에 알맞은 삶을 살아야 행복한 것입니다.

4 통변이란 재능과 역량의 분수를 파악하고 삶에서 활용하는 것

자신의 재능과 역량의 분수가 무엇인지를 알아야 자신이 능력을 발휘할 수 있는 직업을 선택할 수 있는 것이며 사회적 성공으로 자아성취를 할 수 있는 것입니다.

직장인의 사주팔자인데 사업을 하겠다고 한다면 실패의 연속으로 삶은 빈곤의 나락으로 떨어질 것이며 사업가의 사주팔자인데 직장에 다니겠다고 한다면 직장생활에 만족하지 못하고 사표를 항상 주머니에 넣고 다니면서 불만과 고통스러운 삶으로 분수에 맞지 않은 삶이 됩니다.

직장인의 사주팔자라고 할지라도 사주팔자의 역량에 따라 다릅니다.
대기업에서 능력을 발휘할 수 있는 역량이 다르고 중소기업에서 발휘할 수 있는 역량이 다릅니다. 물고기는 큰물에서 노는 것이 좋다고 하지만 고래가 연못에서 논다면 능력을 발휘할 수 없는 것이고 송사리가 바다에서 논다면 고래에게 잡아먹히기 십상입니다.

통변이란 사주팔자에 있는 재능과 역량을 파악하는 것입니다.
소년기에는 적성과 역량에 따라 알맞은 길을 제시하여주며
청년기에는 잘못된 길을 바로 잡을 수 있도록 도와주고
장년기에는 사회적 성취와 결실을 거두기 위한 삶으로 도와주고
노년기에는 여유 있는 삶을 살며 생을 마감할 수 있도록 제시하며
삶의 문제를 해결하여 주는 것입니다.

자신의 재능과 능력을 제대로 알고 노력하여야 성공할 수 있는 확률이 늘어나는 것입니다. 부모는 자식의 재능과 능력을 알고 키워야 자식의 성공을 바랄 수 있는 것입니다. 노력하여 될 수 있는 것과 노력하여도 될 수 없는 것이 있습니다. 재능과 역량이 부족하면 아무리 노력하여도 될 수 없는 것입니다. 재능과 역량은 충분하다면 환경의 여건이 다소 부족하여도 노력으로 이룰 수 있는 것입니다.

02 통변의 주요과제

기본개념

통변通辯의 주요과제란 삶의 문제를 해결하기 위한 과제입니다.

● 통변의 주요과제

직업

명예

적성

재물

건강

가족

◆ 연령별 주요 관심사

소년기	청년기	장년기	노년기
적성 진로	직업 결혼	사회적 성취 가정의 안정화	건강관리 노후생활

과거에는 연령별로 남녀의 관심사가 다르다고 하였지만
현재에는 남녀평등으로 인하여 남녀의 관심사가 다르지 않습니다.

① 직업은 사회적 활동이며 역할

사회적 활동은 크게 세 가지로 나누어집니다. 국가나 기업에 취업을 하거나 자신이 조직을 직접 운영하며 사업하는 경우 또는 전문직으로 개인 사무실을 운영하는 경우입니다.

취업이란 국가나 지방자치단체 등 공공기관의 공무원도 있으며 기업체의 직원으로 일하는 회사원도 있을 것입니다. 조직에 속하여 자신의 능력을 사용하고 봉사를 하거나 연봉이나 급여를 받는 것입니다. 생계를 위한 수단이기도 하지만 자신의 사회적 성취를 위한 명예의 수단이 되는 것이 일반적입니다.

사업이란 자신이 직접 사업체를 만들어서 관리 운영하는 것입니다. 각종 제품과 서비스를 제조하고 유통 판매하는 재벌 기업부터 생계를 위한 조그마한 구멍가게까지 갖가지 형태가 있습니다. 자신의 사회적 성취를 위하여 사업체를 운영하기도 하지만 재물을 벌기 위하여 사업체를 운영하는 것이 대부분의 형태라고 할 수 있습니다.

전문가란 자신의 능력으로 업무를 수행하는 전문직을 말합니다. 어느 조직에 속하지 아니하고 개인 사무실에서 자유로이 업무를 수행하는 직업으로 변호사, 의사, 법무사, 설계사, 기능사, 공인중개사, 컨설턴트consultant, 프리랜서 freelancer 등이 있습니다. 자신의 명의로 자영을 하는 경우로서 명예와 재물을 동시에 추구하기도 합니다.

직업은 적성과 일치하여야 발전합니다. 적성과 일치하지 아니한 직업은 먹고 살기 위하여 어쩔 수 없이 억지로 일하는 상태가 되므로 스트레스만 쌓이고 성공하기 어렵습니다.

❷ 적성은 자신의 사회적 능력

적성에 알맞은 직업을 선택한다면 성공할 가능성이 많다고 할 수 있습니다. 격국은 사회적 능력의 그릇이므로 자신의 직업에 알맞게 활용한다면 자신의 적성을 효율적으로 쓰고 있는 것이며 여기에 역량과 환경의 조건이 구비된다면 성공할 가능성이 더욱 커집니다.

● 인수격
책임과 권한 그리고 자격 인증에 대한 시각이 남다르므로 전문가의 적성에 알맞습니다. 직위와 인사관리 그리고 문서관리에 관한 능력이 있으며 조직을 보호하고 유지시키는 능력이 있으며 종교와 철학적인 사유 능력과 영적이고 예술적인 활동 등에도 능력이 있습니다. 또한 부동산을 관리하는 등 재산관리에도 능력이 있습니다.

● 식상격
연구생산과 인기홍보에 대한 시각이 남다르므로 전문가의 적성에 알맞습니다. 생식과 생존유지에 필요한 생필품을 생산가공하고 자신의 능력을 홍보하고 직감적인 끼를 나타내며 대중적인 인기를 유지하는 능력이 있습니다.

● 재 격

재물에 대한 시각이 남다르므로 직장인과 사업가의 적성에 알맞습니다.
재물을 관리할 줄 알며 재물을 통제할 수 있는 능력이 뛰어납니다.

● 관살격

조직에 대한 시각이 남다르므로 직장인과 사업가의 적성에 알맞습니다.
조직을 관리할 줄 알며 조직을 통제할 수 있는 능력이 뛰어납니다.

● 록겁격

독립적인 활동과 자아실현에 대한 시각이 남다르므로 자영업자나 정치가의
적성에 알맞습니다. 독자적인 사업이나 권력적인 정치, 체육이나 예술 등에
대한 능력이 있습니다.

사주팔자에서 격국을 보는 것은 적성을 보는 것입니다.
적성이란 나에게 뛰어난 장점이며 삶의 능력이기도 합니다.

🎲 재물과 명예는 누구나 소유하고 싶은 욕망

재물과 명예운이 많으면 부귀하고 보통이면 중산층이고 없으면 빈곤층이라고 보는 것이 일반적이지만 반드시 그러하지 않은 것이 현실입니다. 사주팔자에 관성과 재성이 있다고 재물과 명예운이 있는 것이 아닙니다.

사주팔자에서 재물과 명예를 만들 능력이 있어야 하며 운에서 작용을 해주어야 재물과 명예운이 있다고 할 수 있습니다.

재물을 만드는 능력이 있어야 합니다.
일간과 식상과 재성이 모두 강하다면 재물을 만드는 능력이 있으며
일간과 식상이 모두 강하다면 재성을 생하여 키울 수 있는 것이고
일간과 재성이 모두 강하다면 재물을 소유할 수 있는 능력이 있으며
인성이 강하다면 재물을 보관할 수 있는 능력이 있다고 할 것이며
비겁이 강하다면 재성이 관살을 생하여 비겁으로부터
재물을 보호할 능력이 있어야 할 것입니다.

명예를 만드는 능력이 있어야 합니다.
관살과 인성과 일간이 모두 강하다면 명예를 만들 수 있으며
관살이 왕성하다면 인수로 인화하여 명예를 만들 수 있어야 하며
식상과 관살이 서로 비슷한 세력으로 명예를 만들고
식상이 인성을 패인하여 일간을 보좌하여야 명예를 빛나게 할 수 있습니다.

◆ 재물과 명예를 만드는 능력의 사주

재물을 만드는 능력	명예를 만드는 능력
신왕재왕	신왕관살왕
재왕생관살	인수대관살
식상생재	식상대관살
인수용재	식상패인

신왕재왕身旺財旺은 비겁이 강하고 재성도 강한 구조의 패턴입니다.

일간이 강하고 재성이 강해서 서로의 세력이 비슷한 구조를 신왕재왕이라고 하며 부자가 될 가능성이 크다고 할 것입니다.

일간이 약하고 재성이 강하다면 재다신약財多身弱의 사주가 될 것이므로 재물을 감당하기 어려워 힘겨워 할 것이며 비겁이 강하고 재성이 약하다면 군비쟁재群比爭財 또는 군겁쟁재群劫爭財의 사주가 될 것이므로 비겁과 서로 경쟁하면서 재물을 쟁취하여야 하므로 어려움을 겪게 됩니다.

재왕생관살財旺生官煞은 재성이 관살을 생하는 부귀의 패턴입니다.

일반적으로 재생관은 길한 구조이나 재생살은 흉한 구조로 인식합니다. 하지만 현대사회에서는 관성이나 칠살 모두 유용하게 쓰이는 육신으로서 재생관살이 강하게 작용하면 부귀할 가능성이 크다고 할 것입니다. 단지 일간의 세력이 재생관살의 세력과 비슷해야 합니다.

비겁의 작용이 강하다면 재생관살도 강하여야 비겁을 억제하여 재성을 보호할 수 있지만 재관이 불급하다면 비겁의 횡포를 막기 어렵습니다. 일간의 작용이 약하고 재생관살이 태과하다면 비겁의 도움이 있다고 하여도 일간이 감당하기 어렵게 됩니다.

식상생재食傷生財는 식상으로 재성을 생하는 패턴입니다.

식상의 세력이 약하다면 비겁의 세력이 있어야 재성을 생할 수 있습니다. 비겁 식상 재성이 모두 강하다면 부자가 될 요건이 될 수 있습니다. 인성 비겁 식상의 세력이 모두 강하고 운에서 재성운이 강하게 들어온다면 역시 부자로 대성할 수 있습니다.

식상의 세력이 큰데 재성의 세력이 작다면 열심히 일하였는데 남는 것은 없으며 반내로 새성의 세력이 큰데 식상의 세력이 작다면 열심히 일하지 아니하고 큰 결과만 바라는 격으로 실패하기 쉽다고 합니다.

인수용재印綬用財는 인성과 재성의 세력이 비슷해야 합니다.

인성과 재성의 세력이 서로 비슷하다면 재물과 명예를 얻는 부귀의 패턴입니다. 재성은 인성을 극한다고 하지만 서로 세력이 비슷하여 세력의 균형을 이루면 오히려 발전하는 것으로서 재물과 명예를 모두 취할 수 있는 여건이 됩니다.

재성의 세력이 강하고 인성의 세력이 약하다면 재물로 인하여 명예를 실추하는 사건이 일어날 것이며 반대로 인성의 세력이 강하고 재성의 세력이 약하다면 명예를 추구하다가 재산을 잃을 우려가 많다고 하는 것입니다.

신왕관살왕身旺官煞旺은 비겁과 관살의 세력이 비슷한 패턴입니다.
일간과 관살이 모두 강하고 비슷한 세력을 가진 구조로서 조직에서 자신의 입지를 굳히며 조직의 리더로 성장하며 명예를 추구합니다.

일간이 약하고 관살이 강하다면 관살을 감당하기 어려우므로 눈치만 보는 약자로서의 삶을 살게 될 것이며 반대로 일간이 강하고 관살이 약하다면 조직을 업신여기며 제멋대로 하고자 하는 객기를 부릴 것입니다. 일간이나 관살이 약한 구조가 될 경우에는 인성의 개입이 필요하고 때로는 식상이나 재성으로 중화시키기도 합니다.

인수대관살印綬帶官煞은 인성이 관살을 인화하는 구조입니다.
인수대관살의 구조도 역시 인성과 관살의 세력이 서로 비슷하고 일간도 역시 이를 수용할 능력이 되어야 인화의 세력이 형성되어 명예가 드높아 지는 것입니다.

인성의 세력이 강하고 관살의 세력이 약하다면 조직은 약한데 명예만 드높이려는 욕망으로 패망하기 쉬우며 반대로 관살의 세력이 강하고 인성의 세력이 약하다면 승진을 하지 못하고 한 직책에만 머무는 만년 과장으로 퇴직할 수도 있는 것입니다.

식상대관살食傷帶官煞은 식상과 관살의 세력이 비슷한 구조입니다.

조직을 위하여 열심히 일하며 명예를 추구하는 패턴입니다. 식상은 자신의 능력을 펼치는 것으로 조직에서 자신의 능력을 발휘하는 것이라고 보면 될 것입니다.

식상의 태과불급은 조직과의 갈등을 예고하며 조직에서 능력을 제대로 발휘하기 어렵습니다. 식상이 태과한데 관살이 약하다면 제살태과制煞太過라고 하며 자신의 능력만 믿고 조직을 업신여기게 될 것이고 반대로 식상이 약한데 관살이 강하다면 자신의 능력이 조직에 미치지 못하므로 열등감만 높아질 것입니다.

상관패인傷官佩印은 상관이 인성의 세력을 끌어다 쓰는 것입니다.

대체로 총명하여 명예를 추구하는 패턴입니다. 상관도 역시 능력에 해당하며 인성은 직위에 대한 권한이므로 상관의 세력이 강하다면 능력에 따른 권한이 주어지는 것으로 학위, 자격 등으로 자신의 능력을 증명하는 것이라고 보면 될 것입니다.

상관은 총명의 별로서 인성과 결합하면 매우 뛰어난 능력을 발휘하게 됩니다. 그러나 정관을 상하게 한다고 하여 매우 꺼리기도 하지만 현대 사회에서는 자신의 능력을 조직에서 발휘하는 것이므로 각광을 받는 육신이라고 합니다.

상관이 강한데 일간이 약하다면 상관은 인성을 패인하여 쓰게 됩니다. 만약에 인성마저 약하다면 일간이 견디기 어려워 자멸하기도 합니다. 이를 진상관이라고 하여 상관운에 패망하기 쉽다고 하는 것입니다.

육신의 역량은 서로 비슷하여야 능력이 발휘되는 것이며
태과불급은 능력을 제대로 발휘하기 어렵고 삶의 고통이 따릅니다.

④ 건강은 삶의 동력

재물과 명예를 성취하였다고 하여도 건강을 잃으면 모두 소용이 없습니다. 사주팔자의 역량이 많고 오행의 흐름이 좋으면 건강하다고 합니다. 그러나 태과불급으로 인하여 흐름이 막힌다거나 과도한 욕망으로 인하여 건강을 해칠 수도 있는 것입니다.

사주팔자의 태과불급은 여러 가지 문제를 일으킵니다. 삶을 원활하게 살지 못하고 욕망과 욕심의 굴레를 벗어나지 못하게 되면서 무리한 삶으로 인하여 몸과 정신이 망가지며 질병이 일어나게 됩니다.

자신이 하고픈 욕망을 제대로 실현하지 못한다면 좌절과 분노로 정신과 몸이 아프기 시작하며 불치의 병을 앓을 수도 있습니다. 건강한 몸과 정신은 자신의 뜻을 제대로 실현하고 행복한 삶을 살 수 있는 것입니다.

◆ 오행의 태과불급으로 발생하는 장부의 질병

木	火	土	金	水
간 담	심장 소장	비장 위장	폐 대장	신장 방광

木의 태과불급은 간담의 질병을 가져오며 목극토로 인하여 비위의 질병도 동시에 가져오고 金기의 약화로 인하여 폐대장의 질병도 동시에 가져오게 됩니다. 간담의 질병이 심하여지면 심소장과 신방광의 질병도 가져오면서 결국 치유될 수 없는 상황까지 발전하게 됩니다.

木의 태과불급으로 인하여 발생하는 질병과 마찬가지로 火土金水의 태과불급으로 인하여 발생하는 질병도 다른 장부에 영향을 미치며 질병이 전이되고 심각한 상태에 이르게 됩니다.

⑤ 배우자는 인생의 동반자

배우자는 가정을 이루는 가장 중요한 동반자입니다. 가정은 편안히 쉴 수 있고 자식을 낳아 기르는 공간입니다. 맹자는 대학에서 수신제가치국평천하修身齊家治國平天下라고 하며 자신을 닦고 가정을 평안하게 하여야 국가를 다스려 평화스러운 천하를 만든다고 하였습니다.

자신을 닦는 것은 적성에 따른 직업을 선택하여 사회적 성취를 이루는 것이며 가정을 평안하게 하는 것은 배우자와 함께 행복한 가정을 만드는 것입니다. 가정을 평안하게 만들기 위하여 자신에게 알맞은 배우자를 선택하여 결혼을 하여야 합니다. 자신과 맞지 아니한 배우자를 선택한다면 가정이 불안해지므로 자신에게 알맞은 배우자를 선택하기 위하여 궁합의 필요성이 대두되는 이유입니다.

궁합은 관계의 친밀성과 화합의 가능성을 보는 것으로 부부뿐만이 아니라 사업파트너 또는 직장에서 상하간의 관계 등의 궁합으로 발전하기도 합니다. 궁합을 보는 방법은 여러 가지가 있지만 일반적으로 겉궁합과 속궁합으로 판단하는 경우가 대부분입니다.

겉궁합은 가정을 유지할 수 있는 능력을 보는 것입니다.

직업과 재물 그리고 명예를 만들어 경제적으로 가정을 풍요롭게 유지하고 자식을 낳아 기를 수 있는 능력을 보는 것입니다. 자신의 적성과 전혀 다른 직업을 선택하여 사회적 활동을 지속하기 어렵다면 경제적으로도 문제가 생기고 가정도 등한시 할 것이 뻔하며 배우자는 상대의 경제적 능력에 의심을 품고 무시하거나 불안해 할 것입니다.

속궁합은 성격과 취미를 보는 것입니다.

일반적으로 성적인 요소라고 하지만 성격과 취미도 중요한 것입니다. 부부관계에서 성적인 요소는 일부분이고 실제로는 성격에 관한 요소가 더 크다고 할 수 있습니다. 이러한 요소는 부부의 행복한 결혼생활을 위하여 필수적이라고 할 수 있습니다.

⑥ 자식의 장래를 염려하는 부모의 마음

자식을 낳고 키우면서 자식이 잘되기를 바라는 마음이 있는 것은 부모로서 당연하다고 할 것입니다. 자식의 학업, 취업, 결혼 등을 궁금해 하며 자식의 행복을 위한 바램으로 묻는 것입니다. 부모가 자식에게 기대하는 마음이 큰 것은 당연하다고 할 것입니다. 때로는 자신이 이루지 못한 꿈을 자식이 이루어 주기를 바라는 마음도 작용합니다.

소년기에는 자식의 적성을 찾아주고 적성에 따른 학과를 선택하여 공부하게 하여야 할 것이며 청년기에는 적성에 알맞은 직업을 선택하여 사회적 성공과 성취를 이룰 수 있도록 도와야 할 것입니다.

자식의 적성과 능력을 가늠하지도 않고 무조건 일류가 되어야 한다는 것은 부모의 욕심입니다. 부모의 욕심은 자칫 자식의 장래를 망칠 우려가 많다고 할 것입니다. 그러므로 자식의 적성과 능력을 우선 알고 자식의 장래에 도움이 되도록 지도하는 것이 부모의 역할일 것입니다.

핵심 Tip

자신의 사주팔자로 배우자나 자식 또는 부모의 삶을 알 수 없습니다.

개인의 삶은 개인의 사주팔자에 있습니다.
부인의 사주팔자에서 남편의 삶을 볼 수 없으며 남편의 사주팔자에서 부인의 삶을 볼 수 없는 것입니다.

사주팔자를 상담하며 흔히 겪는 일입니다. 부인이 자신의 사주팔자를 내놓으며 남편의 사업이 잘되겠느냐고 묻거나 자식이 대학에 합격하겠느냐고 묻습니다. 대답은 '모른다'입니다. 알 수 없기 때문입니다. 알고자 하다면 남편이나 자식의 사주로 보아야 한다는 것입니다.

연령별 주요 관심사와 삶의 문제

◆ 연령별 주요 관심사

시 기	소년기	청년기	장년기	노년기
	20세 이전	40세 이전	60세 이전	60세 이후
주요관심사 삶의 문제	학업 적성, 진로	직업 결혼, 출산	사회적 성취 노후준비	건강 노후생활

과거의 시대에는 연령별 남녀의 주요 관심사가 달랐지만 현대사회에서는 남녀평등으로 인하여 연령별 주요 관심사가 같아지게 됩니다.

① 소년기에는 적성에 따른 진로 결정

중고등학생들은 자신들의 대학 학과 선택에 매우 신중하게 됩니다. 학과 선택은 자신들의 적성과 진로에 지대한 영향을 미치며 학과 선택으로 직업이 결정되고 삶의 목표가 설정되기 때문입니다. 대체로 본인보다는 부모의 최대 관심사이기도 합니다.

문제해결은 소년기인 학생에게 적합한 적성을 찾아주고 역량을 가늠하여 진로에 알맞은 공부를 할 수 있도록 하여 주는 것입니다. 자식의 재능과 역량이 미치지 못하는데 부모가 법관이나 의사를 시켜야 하겠다고 고집한다면 자식의 분수가 아니니 고생만 시키고 만족할 만한 성과를 거두기 어렵다는 것을 이해하도록 설명해주어야 할 것입니다.

지능이 뛰어나 법관이나 의사가 되었다고 하여도 사업가의 적성을 가졌다면 법관이나 의사의 길을 가지 않고 결국 사업가의 길로 들어서게 되며 성공가능성은 희박하다고 할 것입니다. 왜냐하면 사업에 대한 적성을 개발하지 않았고 남들보나 늦게 시삭하였으며 사업에 대한 경험과 노하우가 부족하므로 실패하게 되는 것입니다.

② 청년기에는 직업 선택과 결혼

학과를 선택하여 전공을 하고 실력을 갈고 닦으며 스펙을 쌓았다면 직장을 선택하여야 할 것입니다. 취업을 할 것인가 아니면 사업을 할 것인가를 결정하고 젊음의 정열을 태워야 할 것입니다. 이 시기에는 이성과의 연애가 활발하게 이루어지며 자신의 배우자를 찾는데 주력하고 가정을 이루기 위하여 결혼을 하게 됩니다. 행복한 가정을 이루기 위하여 궁합을 보고 상대를 선택하게 됩니다.

문제해결은 직업을 선택할 수 있는 적성과 역량의 분수대로 적성을 개발하였는가를 보고 역량에 맞는 직업을 선택할 수 있도록 조언해주는 것입니다. 직장인의 적성은 국가인가 대기업인가 중소기업인가를 역량에 따라 선택할 수 있도록 조언하고 사업가 역시 마찬가지입니다.

또한 배우자의 선택에 있어 자신에게 알맞은 배우자를 선택하는 것이 매우 중요한 것이 됩니다. 남성이라면 자신의 사회적 성취를 위하여 내조하는 배우자가 중요할 것이며 여성이라면 자식을 낳고 키울 수 있는 능력이 있는 배우자가 중요할 것입니다. 현대사회는 맞벌이 부부가 대부분이어서 서로간의 협력도 매우 중요한 요소가 될 것이며 성격 문제 또한 동반자로서의 삶에 매우 중요한 요소가 됩니다.

③ 장년기에는 사회적 성취와 가정의 안정

자신의 직업에 대한 사회적 성취를 이루는 시기입니다. 재물과 명예에 대한 욕망을 나타내며 자신이 목표한 바를 이루기 위하여 불철주야 노력을 하면서 자신이 기대한 사회적 성취를 위하여 지금 하고 있는 직업을 계속 하여야 할 것인지 아니면 지금이라도 직업을 다른 방향으로 전환하여야 할 것인지에 대한 고민과 갈등을 갖게 되는 시기입니다.

또한 어느 정도 경제적 안정을 이루며 행복한 가정을 유지하기 위한 노력을 하게 되지만 배우자에 대한 기대감이 사라지면서 불만과 분노로 인하여 자칫 별거나 이혼의 수순을 밟게 되고 다른 이성을 찾아 방황하기도 합니다. 배우자와 결혼 생활을 계속할 것이지 아니면 혼자 살 것이지 아니면 다른 배우자를 찾아 재혼을 할 것인지를 고민하고 갈등하게 되는 시기입니다.

문제해결은 사회적 성취를 이루기 위한 방향설정이 제대로 되어있는가를 진단하고 잘못되어 있다면 방향전환이 가능한가의 여부를 파악하여야 할 것입니다. 방향전환이 어렵다면 지금 하고 있는 일에 대한 가치를 다시 한 번 생각하여 보면서 일에 매진할 수 있는 계기를 만들어 주어야 할 것입니다.
또한 배우자의 현재 상태를 이해하면서 관계회복이 가능한가를 다시 생각해 보아야 할 것이며 관계회복이 불가능하다면 다른 길을 찾아야 할 것입니다. 배우자의 적성과 역량은 고려하지 아니하고 자신의 욕망에만 집착하여 배우자에게만 원한다면 이는 자신의 문제에 해당하므로 배우자에 대한 기대치를 낮추면서 자신의 욕망을 제어해야 할 것입니다. 그래도 인정하지 못한다면 헤어지고 자신에게 부합된 배우자를 찾아야 할 것입니다.

④ 노년기에는 건강관리와 사회적 봉사

퇴직을 하고 노후생활을 하는 시기입니다. 아랫사람에게 자신의 직업을 물려주고 뒤로 물러나서 전원생활을 즐기거나 취미 생활 등으로 여가를 즐기면서 사회봉사를 하며 건강관리를 할 때입니다. 노후에 무엇을 할지를 몰라 무료하게 시간을 보내는 경향이 많으며 또한 노인이 되면서 겪는 건강에 대한 불안과 죽음에 대한 공포로 인하여 심신이 쇠약해지므로 건강에 대한 염려가 우선이기도 합니다. 문제해결은 건강을 돌보며 자신이 할 수 있는 일을 찾아보는 것이며 선상이 허락하지 않는다면 요양생활에 충실하여야 할 것이고 건강이 허락한다면 봉사활동 등의 사회적 참여로 행복을 추구하여야 할 것입니다.

Summary

통변通辯이란 사주팔자로 재능과 역량을 파악하여 삶의 문제를 해결하는 것입니다.

◆ 연령별 삶의 문제

시 기	소년기	청년기	장년기	노년기
	20세 이전	40세 이전	60세 이전	60세 이후
삶의 문제	학업 적성, 진로	직업 결혼, 출산	사회적 성취 노후준비	건강 노후생활

운세상담으로 이어지며 시험 합격, 적성, 진로, 취업, 승진, 사업, 재물, 선거, 궁합, 결혼, 애정, 부부관계, 이사, 매매, 건강, 이민, 자식, 사건, 사고, 소송 등 개인들의 관심사이기도 합니다.

◆ 재능과 역량

재 능	직업적 적성			사회적 욕구	
	직장형	사업형	전문가형	재물추구형	명예추구형
역 량	역량의 크기에 따라 규모가 다름				

사주팔자에서 재물과 명예를 만들 능력이 있어야 하며 운에서 작용을 해주어야 재물과 명예운이 있다고 할 수 있습니다.

제2장
통변기법의
활용

通辯技法

01 통변에 주로 쓰이는 기법

통변기법通辯技法이란 사주팔자를 분석하는 기술입니다.

◆ 통변기법의 활용

통변기법		활 용
용신법	격국용신	적성과 직업
	억부용신	사회적 역량
	조후용신	삶의 환경
동정법	대　운	삶의 왕쇠 변화
	세　운	삶의 길흉화복
물상법	사　주	자연의 현상에 비유
	대　운	세월의 흐름에 비유
궁위법	근묘화실	소년기, 청년기, 장년기, 노년기
	육 친 궁	부모궁, 형제궁, 부부궁, 자식궁
신살법	십이신살	삼합과 지지와의 관계
	길 흉 살	복신과 흉살

1 통변의 주요 기법

사주팔자를 분석하는 기법으로는 여러 가지가 있습니다.
그 중에서도 일반적으로 많이 쓰이는 기법은 용신법과 동정법,
물상법, 궁위법, 신살법 등이라고 할 수 있습니다.

용신법用神法은 사주팔자의 쓰임새를 분석하는 것입니다.
격국용신은 적성과 직업의 쓰임새를 분석하고
억부용신은 사회적 역량을 분석하며
조후용신은 삶의 환경을 분석하는 것입니다.

동정법動靜法은 사주팔자와 대세운의 움직임을 분석하는 것입니다.
양은 움직이는 동動이고 음은 고요한 정靜입니다. 사주팔자를 음양의 동정
에 의하여 변화하고 움직이게 하는 것은 대운과 세운입니다.

◆ 대세운의 동정

정	대 운	사주팔자가 늙어가며 삶의 변화를 일으킴
동	세 운	사주팔자를 움직이며 길흉화복 발생

대운은 세월이 흐르며 소년기, 청년기, 장년기, 노년기로 늙어가면서 격국
과 역량이 변화하고 삶이 변화하는 것을 보여줍니다.

세운은 한해 한해의 운기에 의하여 사주팔자가 움직이며 길흉화복을 만들
어 내는 것입니다.

물상법物象法은 사주팔자를 자연의 현상으로 해석하는 것입니다.

오행과 천간 지지를 사물에 대입하여 마치 한 폭의 산수화를 그리듯이 사주팔자를 보는 것입니다. 물상은 보는 사람마다 다르므로 일정하게 정해진 것이 없습니다. 특히 12지지의 경우 동물상으로 보는 것이 보편적이지만 예를 들어 申金의 경우에 기계나 금속 또는 무역이나 항공 그리고 금융이나 세무로 보는 경향도 있습니다. 아래의 오행과 천간 지지의 물상은 일반적인 것입니다.

◆ 오행과 천간 지지의 물상

木	火	土	金	水
甲 나무 乙 화초	丙 태양 丁 달빛	戊 산야 己 논밭	庚 바위 辛 보석	壬 바다 癸 빗물
寅 호랑이 卯 토끼	巳 뱀 午 말	辰 용 戌 개 丑 소 未 양	申 원숭이 酉 닭	亥 돼지 子 쥐

궁위법宮位法은 사주팔자의 위치로 해석하는 것입니다.

궁위법은 연월일시를 근묘화실이나 육친궁으로 해석하는 것입니다.

◆ 궁위법의 근묘화실과 육친궁

시	일	월	년
실實	화花	묘苗	근根
가정		사회	
자식	부부	형제	부모
60세 이후	60세 이전	40세 이전	20세 이전

신살법神煞法은 사주팔자에 신살을 대입하여 해석하는 것입니다.

신살법은 12신살이 대표적이며 복신과 흉신의 신살이 있습니다.

◆ 신살의 종류

십이신살	복신	흉살
겁살, 재살, 천살 지살, 년살, 월살 망신살, 장성살 반안살, 역마살 육해살, 화개살	천을귀인 재고귀인 삼기귀인	양인살, 원진살 귀문살, 공망살 백호살, 괴강살

십이신살은 삼합과 지지와의 관계입니다.

복신은 복이 있다는 것이며 흉살은 여러 가지 흉한 일을 일으킨다고 합니다.

◆ 십이신살 조견표

십이 신살	겁 살	재 살	천 살	지 살	년 살	월 살	망 신 살	장 성 살	반 안 살	역 마 살	육 해 살	화 개 살
寅午戌 火국	亥	子	丑	寅	卯	辰	巳	午	未	申	酉	戌
亥卯未 木국	申	酉	戌	亥	子	丑	寅	卯	辰	巳	午	未
申子辰 水국	巳	午	未	申	酉	戌	亥	子	丑	寅	卯	辰
巳酉丑 金국	寅	卯	辰	巳	午	未	申	酉	戌	亥	子	丑

❷ 용신법

용신用神이란 사주팔자의 분수를 파악하는 쓰임새입니다.
격국용신은 사주팔자의 분수의 그릇을 파악하는 중요한 쓰임새입니다.
억부용신은 사주팔자의 능력을 파악하는 중요한 쓰임새입니다.
조후용신은 사주팔자의 환경을 파악하는 중요한 쓰임새입니다.

안분지족安分知足이란 자신의 분수를 알고 만족할 줄 알아야
행복하게 사는 맛이 있다고 하는 교훈입니다.

◆ 용신의 용도

격국용신	적성 및 직업의 용도
억부용신	사회적 역량
조후용신	삶의 환경

◆ 용신의 구성

격국용신	월령 중심의 격용신 + 상신
억부용신	일간 중심의 신강 신약 오행 중심의 왕쇠강약
조후용신	일간과 월령 중심의 한난조습

(1) 격국용신

격국용신은 사회적 쓰임새입니다.

사회적 쓰임새인 격국용신을 사주의 그릇이라고 합니다.

그릇의 용도를 알아야 제대로 쓸 수 있는 것입니다. 용도를 모르고 쓴다면 낭패를 보기 쉬우며 인생을 어렵게 살게 됩니다.

사주팔자가 배라면 배의 용도에도 여객선이 있고 화물선이 있으며 군함이 있고 원양어선이 있습니다. 화물선을 여객선으로 쓴다거나 여객선을 화물선으로 쓴다고 하면 분수를 모르고 쓰는 것입니다.

격국용신은 격용신과 상신으로 구성됩니다.

격국용신은 격용신과 상신으로 결합하여 그릇을 만드는 것입니다. 격용신은 상신과 함께 사주의 쓰임새를 결정하는 것입니다. 격국용신은 사회적 직업과 연결이 됩니다. 격국용신의 적성대로 직업을 선택할 경우에 자신이 가장 잘 할 수 있는 것이므로 성공할 가능성이 많은 것입니다.

◆ 격용신의 쓰임새

격용신	쓰임새
재 격	재물의 유통 및 소유 재산의 관리
관살격	조직의 법과 질서를 유지하고 관리
인수격	학문과 자격 관리, 명예와 직위 관리
식상격	생산 기능, 영업 관리, 인기관리
록겁격	독립적이고 권위적인 기능

크루즈선(배)   컨테이너(배)

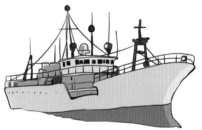

구축함   원양어선

사주팔자가 배라면, 배의 용도에 따라 쓰임새도 다르다.

◆ 격용신의 쓰임새

격용신	상 신	격국용신
재 격	관 살	재왕생관
	식 상	재봉식상
	인 성	재격투인
관살격	재성, 인성	관봉재인
	식 신	살용식제
	인 성	살격용인
	양 인	살격봉인
인수격	칠 살	인수용살
	정 관	인수용관
	식 상	인용식상
	재 성	인다용재
식상격	재 성	식신생재
		상관생재
	칠 살	식신제살
		상관대살
		기식취살
	인 성	상관패인
록겁격	관 살	양인로살
		양인로관
		록겁용관
		록겁용살
	재 성	록겁용재

일간과 격용신과 상신의 기세가 격국의 크기를 결정합니다.

일간과 격용신과 상신의 기세가 다 같이 강하다면 큰 그릇이 되어 사회적 역량이 커지게 됩니다. 하나라도 기세가 약하다면 그릇은 찌그러지며 제 역할을 제대로 하기 어렵습니다.

일간의 기세 = 격용신의 기세 = 상신의 기세

기세의 크기는 통근으로 정하여집니다.

천간이 통근한 지지가 많을수록 세력이 크다고 합니다. 사주에 방합이나 삼합이 형성되면 천간에 투출하지 아니하여도 세력을 형성하고 있는 것으로 판단합니다.

◆ 천간이 통근하는 지지

천간	甲乙	丙丁	戊己	庚辛	壬癸
지지	寅卯辰 亥卯未	巳午未 寅午戌	辰戌丑未午 寅申巳亥	申酉戌 巳酉丑	亥子丑 申子辰

甲乙이 寅卯辰 亥卯未가 지지에 있으면 통근하였다고 하며
丙丁이 巳午未 寅午戌이 지지에 있으면 통근하였다고 하며
庚辛이 申酉戌 巳酉丑이 지지에 있으면 통근하였다고 하며
壬癸가 亥子丑 申子辰이 지지에 있으면 통근하였다고 하며
戊己는 辰戌丑未午 寅申巳亥가 지지에 있으면 통근하였다고 합니다.

투출은 지지의 지장간이 천간으로 오르는 것입니다.

지지 寅木의 지장간은 戊丙甲인데 甲木이 천간에 오르면 투출하였다고 합니다.
월지의 정기가 천간에 투출한 것이 가장 기세가 왕성합니다.

기세의 세기 = 월지 〉 시지 〉 일지 〉 년지

◆ 재격의 쓰임새

격용신	상 신	격국용신
	관 살	재왕생관
재격	식 상	재봉식상
	인 성	재격투인

재격은 재물을 관리하고 통제하는 재능이 있습니다.
재성은 일간이 소유하는 재물이지만 재격이라고 해서 일간의 재물만 이야기 하는 것은 아닙니다. 국가의 재물도 있고 기업의 재물도 있으며 단체의 재물도 있는 것입니다.

재격은 재물을 관리하는 재능이 있으므로 국가의 재정이나 기업의 회계나 물류 등을 다루는 직책에 종사할 수도 있으며 금융기관이나 투자기관에서 재무관리업무 또는 유통업체에서 물류를 담당하는 직책에도 능력을 발휘하고 사업가라면 직접 재물을 취하기도 합니다.

재격의 태과불급에 따라 격국의 질이 달라집니다.
재격이 강하다면 관살로 설기시켜주어야 관살의 기능을 확대하고 재성을 보호하여 부자의 반열에 오를 수 있습니다. 재격이 강한데 관살로 설기시켜 주지 못한다면 인성을 극하여 재물로 인하여 명예를 실추하는 일이 발생하기도 합니다.

일간이 강하고 재격이 강하다면 신왕재왕의 격국으로 역시 부자의 반열에 오를 수 있는 격국이 됩니다. 일간이 약하고 재격이 강하다면 재다신약이라고 하여 재물로 인하여 고된 삶을 살게 됩니다.

식상이 강하다면 식상생재의 격국을 취하며 노력하여 얻는 재물이 소중하다고 합니다. 식상이 약하고 재성이 강하다면 노력하지 않고 재물만 탐하는 결과가 되므로 역시 고생하게 됩니다.

시	일	월	년	구분
丁	壬	壬	庚	천간
未	寅	午	申	지지

								구분
庚	己	戊	丁	丙	乙	甲	癸	대운
寅	丑	子	亥	戌	酉	申	未	

午월에서 시간에 丁火재성이 투출하여 재격이 격용신이 됩니다. 일간 壬水는 비견과 년간의 庚金인수의 도움을 받아 재격투인의 사주가 만들어지며 대운에서 인비를 도우니 재물과 명예를 동시에 추구하며 재벌기업을 이룬 임○○ 회장의 명조입니다.

시	일	월	년	구분
丁	壬	丁	甲	천간
未	戌	丑	午	지지

								구분
乙	甲	癸	壬	辛	庚	己	戊	대운
酉	申	未	午	巳	辰	卯	寅	

丑월의 壬水가 강하지만 사주에 丁火재성의 세력도 강하므로 신왕재왕의 모습을 보이고 있으며 지지에 丑戌未 삼형의 에너지로 재물을 축적하는 위력이 강합니다. 더구나 운에서 木火운으로 재성을 도우니 재벌기업을 이룬 유○○ 회장의 명조입니다.

시	일	월	년	구분
壬	己	乙	壬	천간
申	未	巳	辰	지지

								구분
癸	壬	辛	庚	己	戊	丁	丙	대운
丑	子	亥	戌	酉	申	未	午	

巳월 인수격이지만 사주에 壬水재성의 세력이 강하고 일간 역시 강하므로 신왕재왕의 모습을 보이고 있습니다. 金水운으로 흐르며 재성을 도우므로 재벌기업을 만드는 남○○ 회장의 명조입니다.

◆ 관살격의 쓰임새

격용신	상 신	격국용신
관살격	재성, 인성	관봉재인
	식 신	살용식제
	인 성	살격용인
	양 인	살격봉인

관살격은 조직을 관리하는 재능이 있습니다.

관살격은 정관격과 칠살격으로 나누어지기도 하지만 모두 조직을 관리하는
재능이 있으므로 관살격으로 통일하여 보기도 합니다. 정관격이 일간과 음
양이 다르므로 서로 극을 하지 않으므로 유정한 관계라고 하지만 정관의 세
력이 지나치게 강하면 칠살과 마찬가지가 됩니다.

칠살격은 일간과 음양이 같으므로 서로 극을 하는 관계로서 일간을 극한다
고 하여 흉하게 보지만 현대사회에서는 칠살격이 오히려 두각을 나타내며
검찰, 경찰, 군인의 직책뿐만 아니라 기업의 조직에서도 기업을 사수하며
화려한 명예를 획득하기도 합니다.

관살격의 태과불급에 따라 격국의 질이 달라집니다.

관살격이 강하다면 식상으로 극하여 주거나 인성으로 설기하여 주어야 합
니다. 식상으로 극하면 자신의 능력으로 조직을 활성화시키는 것이며 인성
으로 설기하는 것은 조직에서 권한을 확대하여 명예를 취하는 것입니다.

관살격이 강한데 재성이 생하여 준다면 오히려 일간에게 부담으로 작용하
지만 관살격이 약하고 비겁이 강하다면 재성으로 관살격을 생하여 비겁을
견제하여야 할 것입니다. 비겁은 경쟁대상이고 재성을 겁탈할 수 있으므로
관살격으로 재성을 보호해야 하는 것입니다.

시	일	월	년	구분
丁	丙	乙	癸	천간
酉	戊	丑	亥	지지

丁	戊	己	庚	辛	壬	癸	甲	대운
巳	午	未	申	酉	戌	亥	子	

丑월에서 癸水정관이 투출하여 정관격이 됩니다. 乙木인수가 정관을 이끌어 일간을 도우니 조직에서 명예를 추구하고 세상을 밝은 곳으로 만들려는 의지가 강합니다. 金水운에 관살의 태과로 인하여 고통을 겪지만 火운에 명예가 빛나는 김○○ 전 대통령의 명조입니다.

시	일	월	년	구분
癸	壬	己	庚	천간
卯	寅	丑	辰	지지

丁	丙	乙	甲	癸	壬	辛	庚	대운
酉	申	未	午	巳	辰	卯	寅	

丑월의 壬水가 강하고 己土정관이 투출하여 정관격이 됩니다. 庚金인성이 정관을 호위하는 정관용인격이므로 지지에 木기가 강하여 어려움을 겪지만 火운에 정관을 도와 권력을 잡는 흥선 대원군의 명조입니다.

시	일	월	년	구분
乙	己	己	辛	천간
丑	巳	亥	卯	지지

辛	壬	癸	甲	乙	丙	丁	戊	대운
卯	辰	巳	午	未	申	酉	戌	

亥월 재격이지만 亥卯합에서 투출한 乙木칠살로 인하여 칠살격으로 변화하는 격국입니다. 辛金식신이 제살을 하며 균형을 이루고 일간도 강하므로 살용식제 격국이 됩니다. 火운에 격국이 힘을 잃으니 정계에서 뜻을 이루지 못하고 있는 정○○ 전 국회의원의 명조입니다.

◆ 인수격의 쓰임새

격용신	상 신	격국용신
인수격	칠 살	인수용살
	정 관	인수용관
	식 상	인용식상
	재 성	인다용재

인수격은 학문과 자격을 관리하는 재능이 있습니다.
인수印綬는 직위를 뜻하는 표식으로 인성印星이라고 합니다.
인印은 도장을 뜻하는 것으로 문서에 도장을 찍어 허가와 인증을 하는 기능
이 있습니다. 그러므로 학위나 자격증 그리고 부동산 증서 등 학문과 기능
의 자격과 부동산 소유의 자격을 인정하는 것입니다.

인수격은 명예와 직위를 관리하는 재능이 있습니다.
인수는 명예를 뜻하고 직위를 뜻하므로 국가의 공무원 직급이나 선출직 또는
임명직을 말하기도 하며 기업에서는 과장 부장 등의 직급을 말하기도 합니다.

인수격의 태과불급에 따라 격국의 질이 달라집니다.
인수격이 강하다면 재성으로 극하거나 비겁으로 설기시켜주어야 인수의 태
과함으로 인한 폐해를 방지할 수 있습니다. 인수의 태과로 인한 폐해는 명예
를 과하게 탐하다가 재물손실이나 주변사람들에게 망신을 당하는 경우라고
할 수 있습니다.

일간이 강하고 인수가 약하거나 혹은 일간이 약하고 인수가 강한 경우에 부
족한 점을 관살이 채워주면 유정하여 귀하게 됩니다. 일간과 인수가 모두
강한데 관살을 쓴다면 명예를 실추하기 쉬우므로 이런 경우에는 식상으로
설기한다면 자신의 능력을 발휘할 수 있는 것입니다.

시		일		월		년		구분
庚		丁		己		乙		천간
子		亥		卯		亥		지지
辛	壬	癸	甲	乙	丙	丁	戊	대운
未	申	酉	戌	亥	子	丑	寅	

지지 亥卯에서 乙木인수가 투출하여 인수격이 강하므로 庚金재성이 제어하며 인수용재격으로 명예를 중시하는 명입니다. 水운에는 어려움을 겪었지만 金운에는 격국을 도우니 대한민국 초대 대통령으로 명예가 빛나는 이○○ 전대통령의 명조입니다.

시		일		월		년		구분
乙		癸		甲		庚		천간
卯		酉		申		午		지지
丙	丁	戊	己	庚	辛	壬	癸	대운
子	丑	寅	卯	辰	巳	午	未	

申월에서 庚金인수가 투출하여 인수격이 격용신입니다. 甲乙木식상으로 자신의 끼를 펼쳐냅니다. 壬午대운에 격국을 도와 세계적인 피겨 여왕으로 명예가 빛나는 김○○ 선수의 명조입니다.

시		일		월		년		구분
乙		丁		辛		辛		천간
巳		未		卯		酉		지지
癸	甲	乙	丙	丁	戊	己	庚	대운
未	申	酉	戌	亥	子	丑	寅	

卯월에서 乙木인수가 투출하여 인수격이 격용신입니다. 일간과 辛金재성이 모두 강하므로 인수용재격으로 명예를 빛내는 고품격의 사주입니다. 대운이 水운으로 흐르며 축구선수로서 대성한 박○○ 선수의 명조입니다.

◆ 식상격의 쓰임새

격용신	상 신	격국용신
식상격	재 성	식신생재
		상관생재
	칠 살	식신제살
		상관대살
		기식취살
	인 성	상관패인

식상격은 생산과 영업 그리고 인기관리의 재능이 있습니다.
식상격은 모두 생산과 영업 그리고 인기를 관리하는 재능이 있습니다.
식신격은 일간과 음양이 같아 상관보다는 일간의 힘을 덜 소모하며 재성을
연구하고 생산하는 활동으로 식복을 가져다줍니다.

상관격은 일간과 음양이 다르므로 일간의 힘을 많이 소모하지만 일간이 강하
면 상관은 영업이나 인기 관리에는 적합하며 식신보다 재성을 많이 생산하는
이로운 작용도 있습니다. 현대사회에서는 오히려 상관이 돋보이기도 합니다.

식상격의 태과불급에 따라 격국의 질이 달라집니다.
식상격이 강하다면 인성과 비겁이 강하여야 제 역할을 할 수 있으며 운에서
재성으로 흘러야 부귀를 취할 수 있습니다. 식상격이 강한데 재성이 약하다
면 열심히 노력하여도 성과를 얻지 못합니다.

식상격이 약한데 재성이 강하다면 노력은 하지 아니하고 요행만 바라는 경
우가 되기 쉽습니다. 식상격이 약하다면 생산 능력이 약하고 활동력이 없으
므로 평범한 회사원으로 만족하여야 할 것입니다.

시		일		월		년		구분
甲		丁		戊		己		천간
辰		卯		辰		酉		지지
庚	辛	壬	癸	甲	乙	丙	丁	대운
申	酉	戌	亥	子	丑	寅	卯	

辰월에 甲木인수와 戊土상관이 투출하여 인수격과 상관격의 겸격이 됩니다. 상관패인격으로 성격되어 전문가의 모습으로 의료계의 혁신을 일으키며 명예를 중시하는 이○○ 의사의 명조입니다.

시		일		월		년		구분
甲		癸		庚		辛		천간
寅		酉		寅		亥		지지
壬	癸	甲	乙	丙	丁	戊	己	대운
午	未	申	酉	戌	亥	子	丑	

寅월에서 甲木상관이 투출하여 상관격이 격용신이 됩니다. 상관격이 강하므로 庚辛金인성이 일간을 도우며 상관패인격으로 성격되고 대운에서 水金운으로 흐르며 격국을 도우니 자신의 끼를 발휘하며 인기를 높이는 신○○ 연예인의 명조입니다.

시		일		월		년		구분
壬		庚		丁		庚		천간
午		午		亥		辰		지지
乙	甲	癸	壬	辛	庚	己	戊	대운
未	午	巳	辰	卯	寅	丑	子	

亥월에서 壬水식신이 투출하여 식신격이고 丁火정관이 강하지만 일간의 힘이 미약하므로 격국을 감당하기 어렵습니다. 동방木운에 식신을 설기하여 인기를 얻었으나 이로 인하여 丁火를 키우고 결국 火운에 庚金이 견디지 못하니 폐암으로 사망한 이○○ 연예인의 명조입니다.

◆ 록겁격의 쓰임새

격용신	상 신	격국용신
록겁격	관 살	양인로살
		양인로관
		록겁용관
		록겁용살
	재 성	록겁용재

◆ 록겁격의 모습

일간/월지	甲	乙
寅	건록격	겁재격
卯	양인격	건록격

록겁격은 건록격과 겁재격으로 나뉘지만 실제로 합쳐서 록겁격의 격용신으로 활용하고 있습니다. 특히 양간의 겁재격은 양인격이라고 하여 별도로 격용신을 정하여 활용하고 있습니다.

록겁격은 독립적이고 권위적인 재능이 있습니다.

록겁격은 일간의 기가 가장 강하므로 스스로 독립하여 조직을 만들어 운영하거나 혼자서 자신의 일을 하고자 합니다. 조직의 장이 된다면 매우 권위적이며 자신의 주장대로 밀고 나가는 경향이 많습니다. 록겁격보다 강한 기세가 사주에 있다면 혼자서 강한 기세를 상대하기 어렵게 됩니다. 인성이나 비겁이 있다면 함께 협력하여야 하지만 성격상 타협을 하지 않으려고 하므로 어려움을 많이 겪게 됩니다.

록겁격은 재관을 상대하기 좋아합니다.

록겁격은 재성이나 관살을 상대하기를 좋아합니다. 록겁용재격이나 록겁용관살격이 능력을 발휘하는 격국이라고 할 수 있습니다.

시	일	월	년	구분
甲	己	乙	戊	천간
戌	未	丑	辰	지지

								구분
癸	壬	辛	庚	己	戊	丁	丙	대운
酉	申	未	午	巳	辰	卯	寅	

丑월에서 戊土겁재가 투출하여 록겁격이 됩니다. 甲乙木이 투출하여 록겁용
관살격으로 성격이 됩니다. 강한 록겁격에는 관살혼잡이 오히려 좋게 작용
하여 火대운에 자신의 뜻을 굽히지 아니하고 민주화를 이룬 김○○ 전 대통
령의 명조입니다.

시	일	월	년	구분
癸	癸	癸	癸	천간
亥	巳	亥	亥	지지

								구분
乙	丙	丁	戊	己	庚	辛	壬	대운
卯	辰	巳	午	未	申	酉	戌	

亥월에서 癸水비견이 투출하여 록겁격이 됩니다. 일지 巳火를 제외하고 모
두 水기로 구성된 사주로서 윤하격이지만 특이하게 火운에 발전하였습니다.
많은 사람들과 화합하고 경쟁하며 독립적이고 자주적인 자신의 입지를 확
보한 언론인 방○○ 회장의 명조입니다.

시	일	월	년	구분
己	丙	壬	乙	천간
丑	戌	午	卯	지지

								구분
甲	乙	丙	丁	戊	己	庚	辛	대운
戌	亥	子	丑	寅	卯	辰	巳	

午월 양인격이 격용신입니다. 壬水칠살이 월간에 있어 양인을 적절히 제어
하면서 乙木인성을 생하고 己土상관으로 설기하므로 침뜸의 독자적인 영역
을 확보하며 장수하는 김○○ 의료인의 명조입니다.

(2) 억부용신

억부용신은 분수의 능력을 나타냅니다.

사회적 쓰임새인 격국용신을 사주의 그릇이라고 한다면 억부용신은 역량을 나타내는 것입니다. 자동차에도 엔진의 마력이 있듯이 사주에도 역량이 있는 것이며 화물차에도 5톤과 10톤의 역량이 다른 것입니다. 5톤 화물차가 10톤의 화물을 싣겠다고 하면 분수를 모르는 것입니다.

자신의 능력을 안다고 하는 것은 분수를 안다고 하는 것입니다. 기세가 있으면 능력이 있다고 하는 것입니다. 기세가 없는 오행이나 육신은 자신의 역할을 제대로 해내기 어렵습니다. 힘이 있어야 삶의 능력이 주어지고 경쟁사회에서 살아갈 수 있는 것입니다.

트럭 10t

트럭 5t

◆ 억부의 기준

일간기준		오행기준	
신강	신약	왕쇠	강약

신강 = 인성 + 비겁 〉식상 + 재성 + 관살
신약 = 인성 + 비겁 〈 식상 + 재성 + 관살

왕쇠 = 월령의 기운 득실 여부
강약 = 지지의 통근 세력 여부

◆ 억부의 방법

강한 것은 설기하고 손상하여 조절하고

약한 것은 상생하고 방조하여 조절하는 것입니다.

억		부	
설기	손상	방조	상생

억부를 조절하기 어려우면 전왕용신을 쓰게 됩니다.

사주팔자가 하나의 오행이나 두 개의 오행으로 세력이 치우치게 되면 억부가 어려우므로 강한 세력을 가진 전왕용신을 쓰게 됩니다. 전왕용신은 스스로 강한 것이므로 운에서 생조하여야 좋아하며 운에서 극을 한다면 매우 싫어하게 됩니다.

◆ 전왕용신의 종류

일행득기격	사주 전체가 한 가지 오행으로만 되어 있는 것
양신성상격	사주 전체가 두 가지 오행으로만 되어 있는 것
삼상격	사주 전체가 세 가지 오행으로만 되어 있는 것
종 격	사주에서 가장 강한 세력에 따라가는 것
화 격	천간에서 화한 세력으로 따라가는 것

전왕용신의 세력은 매우 크므로 성패의 기복도 큽니다.

사주가 강한 세력으로만 되어 있으므로 그 세력은 대단히 크므로 성패의 기복도 크다고 할 수 있습니다. 세력이 크다보니 독재자와 같은 형태를 취하므로 대운에서 배반하면 패망하기 쉽습니다.

木의 세력으로만 구성되어 있는 사주팔자라면 봄에 가장 왕성한 세력을 구사할 수 있어 겁나는 것이 없으므로 크게 발전할 수 있지만 여름에는 힘이 빠지고 가을이 오면 힘을 쓰지 못하여 결국 패망하고 맙니다.

대항 세력이 비등하면 통관용신이 유용합니다.

木金의 세력이 비능하면 서로 견제하며 자신을 강화시키므로 발전하게 됩니다. 이때 水가 통관용신으로 작용한다면 흐름이 좋아 木火운에 발전하게 됩니다.

시			일			월			년			구분
	壬			己			乙			壬		천간
	申			未			巳			辰		지지
癸	壬	辛	庚	己	戊	丁	丙					대운
丑	子	亥	戌	酉	申	未	午					

己土일간이 巳월에 나서 지지의 세력으로 신강합니다. 壬水재성을 억부용신으로 하여 金水운에 재벌기업을 키운 남○○ 회장의 명조입니다.

시			일			월			년			구분
	乙			壬			辛			辛		천간
	巳			戌			丑			巳		지지
癸	甲	乙	丙	丁	戊	己	庚					대운
巳	午	未	申	酉	戌	亥	子					

인비인 金水의 세력이 강하므로 신강하다고 합니다. 乙木상관을 억부용신으로 하여야 하나 미약하여 용신으로 쓰기 어려우므로 辛金인성을 전왕용신으로 하여 재벌의 총수가 된 이○○ 회장의 명조입니다.

시			일			월			년			구분
	壬			乙			癸			壬		천간
	午			酉			丑			午		지지
乙	丙	丁	戊	己	庚	辛	壬					대운
巳	午	未	申	酉	戌	亥	子					

丑월에 水기가 강하고 일간 乙木은 뿌리조차 없으므로 水기에 종하는 사주가 됩니다. 그러므로 전왕용신으로 水기 인성을 채용하게 됩니다. 金운에 발전하고 년시지의 午火로 인하여 火운에 명예가 빛나는 김○○ 작가의 명조입니다.

(3) 조후용신

조후용신은 사주의 기후를 조절하는 것입니다.
사주의 기후는 더운 것과 추운 것을 조절하는 것입니다. 火기는 더운 것이고 水기는 추운 것입니다. 木기는 水기의 태과와 火기의 불급을 조절하고 金기는 火기의 태과와 水기의 불급을 조절하는 역할을 담당합니다.

조후용신은 삶의 환경을 조절합니다.
사주에 水火의 기운이 적당하다면 삶의 환경이 편안하다고 합니다. 그러나 水기에 치우치거나 火기에 치우친다면 삶의 환경은 핍박해지고 어렵게 됩니다.
사막을 달리는 자동차에 에어컨이 없다면 매우 더울 것이고 북극지방을 달리는 자동차에 난방장치가 없다면 역시 매우 추울 것입니다. 조후는 냉난방장치로 삶을 쾌적하게 만들어 줍니다.

◆ 水火의 변화에 따른 기후 조절

봄木	얼었던 水기를 火기로 녹여 대지를 습하게 하여 만물에게 생명에너지와 자양분을 공급
여름火	水기가 火기에 의하여 열기로 변화하며 만물을 번창 하게 하고 꽃을 피우게 함
가을金	만물에게 공급하였던 水기를 거두어들이며 낙엽을 떨어뜨리게 하는 작용을 함
겨울水	火기를 끊고 水기를 얼려서 생명에너지를 저장하고 유지하기 위하여 동면

시		일		월		년		구분
己		丙		壬		乙		천간
丑		戌		午		卯		지지
甲	乙	丙	丁	戊	己	庚	辛	대운
戌	亥	子	丑	寅	卯	辰	巳	

午월 丙火는 매우 뜨겁습니다. 壬水의 냉방기가 구비되어 있어 조후가 잘 되어 있습니다. 水金대운에 치열한 火기를 식히며 100세가 넘도록 왕성한 활동을 하고 있는 김○○ 의료인의 명조입니다.

시		일		월		년		구분
壬		辛		庚		乙		천간
辰		巳		辰		丑		지지
壬	癸	甲	乙	丙	丁	戊	己	대운
申	酉	戌	亥	子	丑	寅	卯	

辰월 辛金이 巳火에 앉아 있어 열기가 가득합니다. 壬水의 냉방기가 조후를 해결하고 있습니다. 水金운에 냉방기를 잘 가동시키며 90세가 넘도록 왕성한 활동을 하고 있는 송○○ 연예인입니다.

(4) 용신의 통변 실례

◆ 저자 무공의 명조

시		일		월		년		구분
丁		己		丙		甲		천간
卯		未		寅		午		지지
甲	癸	壬	辛	庚	己	戊	丁	대운
戌	酉	申	未	午	巳	辰	卯	

격국용신으로 적성과 직업의 분수를 판단합니다.

년간에 甲木정관이 투출하여 격용신이 정관격입니다. 丙火인성이 지지에 寅午합을 하고 월간에 투출하였으므로 국가나 대기업에서 직급을 통하여 명예를 취하고자 합니다. 적성은 정관용인격이 되면서 명예를 중시하는 직장인이 분수라고 할 수 있습니다.

억부용신으로 능력의 분수를 판단합니다.

사주에 인비가 강하고 식재관이 약하므로 신강하다고 甲木정관을 억부용신으로 쓰기 부담스럽습니다. 丙火인성이 강하므로 甲木은 인성을 더욱 강하게 만들어 주기 때문입니다.

木火土가 전일하고 金水가 전혀 없는 사주이므로 삼상격의 전왕용신을 채용하게 됩니다. 木火土의 역량이 있으므로 木火운에 발전하고 金水운에 은퇴하여 편안한 삶을 즐겨야 할 것입니다. 金水운에 발전하고자 한다면 분수를 모르는 것입니다.

조후용신으로 삶의 환경을 살펴봅니다.

寅월은 아직 추위가 가시지 아니하였으므로 丙火의 따뜻함이 필요합니다. 그러나 金水기 냉방기가 전혀 없으므로 남방운에 더위를 견디기 어려울 것이므로 삶이 힘들 것입니다.

◆ 고○○ 연예인의 명조

시		일		월		년		구분
甲		丙		庚		辛		천간
午		戌		寅		亥		지지
戊	丁	丙	乙	甲	癸	壬	辛	대운
戌	酉	申	未	午	巳	辰	卯	

격국용신으로 적성과 직업의 분수를 판단합니다.

甲木인성이 시간에 투출하여 격용신이 인수격이 됩니다. 지지에 寅午戌 火
국으로 일간의 세력이 강하고 년월간의 庚辛金 재성이 있어 인수용재격으로
성격이 됩니다. 적성은 권위적인 명예를 중시하고 재물에 대한 성취욕이 있
다고 할 수 있습니다.

억부용신으로 능력의 분수를 판단합니다.

사주에 인비가 강한 신강사주입니다. 재성이 인비보다 약하므로 庚金재성을
억부용신으로 채용합니다. 火운에는 일간을 도우므로 명예가 발전하지만 재
성의 불급으로 인하여 어려운 삶을 살게 됩니다. 金운에는 용신인 재성을 도
우므로 신강재강의 구조를 갖게 되며 삶이 안정됩니다.

일간과 인수의 역량이 강하므로 자존심과 명예심이 크다고 할 수 있습니다.
癸巳대운에 억부용신에 영향을 주면서 연예계에 데뷔하여 성공하고 결혼을
하면서 은퇴하였으나 甲午대운에 火기의 치성으로 인하여 균형이 깨지니 이
혼하면서 다시 연예계로 복귀하였습니다.

조후용신으로 삶의 환경을 살펴봅니다.

寅월은 아직 추위가 가시지 아니하였으나 丙火일간은 자체로 따스함을 갖고
있으므로 火운에 명예가 빛나지만 냉방기가 작동하기 어려우므로 삶이 편안
하지 못하게 됩니다. 金운에는 조후가 구비되며 삶이 편안하여 질 것입니다.

◆ 이○○ 연예인의 명조

시		일		월		년		구분
甲		丁		己		己		천간
辰		丑		巳		未		지지
丁	丙	乙	甲	癸	壬	辛	庚	대운
丑	子	亥	戌	酉	申	未	午	

격국용신으로 적성과 직업의 분수를 판단합니다.

丁火일간에게 巳월은 록겁격이 됩니다. 록겁격의 격용신은 자주적이고 독립적인 활동을 즐겨합니다. 己土식신이 甲木인성을 패인하는 모습입니다. 식신패인은 상관패인과 마찬가지로 총명함을 나타내게 됩니다. 적성은 전문가의 기질을 가지고 독립적인 활동을 하는 것이 자신의 분수가 되며 연예인으로 성공하게 됩니다.

억부용신으로 능력의 분수를 판단합니다.

록겁격에 인성이 있다는 것은 일단 신강한 것이므로 己土식신의 강한 설기가 적절합니다. 木火土의 삼상격으로 전왕용신을 채용하게 됩니다. 甲木이 巳월에는 약하지만 辰土에 앉아 세력이 강하며 丁火는 巳월에 강한 기세가 있고 己土역시 巳월에 강한 기세가 있습니다. 그러므로 사주가 역량이 있다고 하며 자신감을 가지고 모든 일을 헤쳐 나갈 수 있는 분수의 능력이 있다고 하는 것입니다.

조후용신으로 삶의 환경을 살펴봅니다.

巳월은 입하의 계절이지만 꽃이 만발하는 환경으로 기후가 매우 좋다고 할 수 있습니다. 己土로 인하여 열기가 후끈 달아오르고 있는데 일지 丑土가 냉방기의 역할을 해주고 있으므로 삶의 환경은 쾌적하다고 할 수 있습니다. 운이 서북방으로 흐르고 있으므로 午未의 난방기가 적절한 역할을 하여주므로 안락한 생활을 즐기며 자신의 능력을 최대한 발휘할 것입니다.

❸ 동정법

기본개념

동정動靜이란 사주팔자가 움직이며 변화하는 것입니다.
사주팔자가 움직일 때와 멈출 때를 알려주는 것이 동정입니다.
움직일 때 멈춘다면 기회를 놓치는 것이며 멈출 때 움직인다면
손해를 감수해야 할 것입니다.

◆ 운의 동정

대운	동動 - 움직임 운의 상승시기	정靜 - 멈춤 운의 하락시기
세운	생극제화와 형충회합에 의한 동정	

대운의 동정은 운의 상승과 하락시기를 나타내고
세운의 동정은 길흉화복을 만들어냅니다.

◆ 천간과 지지의 동정

양陽	甲丙戊庚壬 寅申巳亥辰戌	작용이 빠르게 나타납니다.
음陰	乙丁己辛癸 子午卯酉丑未	작용이 느리게 나타납니다.

양지는 나타나는 즉시 움직이며 강하게 작용하지만
음지는 고요하므로 천천히 움직이며 년도를 걸쳐 나타나게 됩니다.

- 적천수

세부학습

(1) 동정의 개념

대운에는 동정의 시기가 있습니다.

대운은 사주팔자를 상승기로 유도하는가 하면 하락기로 유도하기도 합니다. 상승기에는 움직이며 하락기에는 움직이지 않아야 합니다. 상승기인데 움직이지 않는다면 기회를 놓치는 것이 되며 하락기인데 움직인다면 손해를 감수해야 할 것입니다.

사자는 사슴이 나타나면 움직이기 시작합니다. 움직여야 사냥을 할 수 있습니다. 사슴이 나타났는데도 불구하고 움직이지 아니하면 기회를 놓치는 것입니다. 운의 상승기는 이와 같습니다.

운의 하락기에는 휴식을 취하여야 합니다. 휴식을 취하지 아니하고 욕심을 부리며 사냥을 하고자 사슴을 찾아다닌다면 힘만 빠지고 어렵게 됩니다. 자칫하면 하이에나에게 새끼들을 빼앗길 수도 있습니다. 새끼들을 보호하며 편안하게 휴식을 취하며 재충전을 해야 하는 것입니다.

세운의 동정에 의하여 길흉화복이 만들어집니다.

세운은 생극제화와 형충회합에 의하여 사주팔자를 움직이고 길흉화복을 만들어 냅니다. 그러므로 사주팔자는 세운에 의하여 항상 움직인다고 보면 될 것입니다.

세운은 길흉화복을 가지고 오는 손님이라고 합니다. 사주체가 집이라면 집에 방문하는 손님으로 세군歲君이라고도 하여 임금으로 호칭하기도 합니다. 손님이나 임금은 극진히 모셔야 합니다. 자칫 잘못 모시다가는 큰 화를 당할 수 있기 때문입니다.

(2) 대운의 동정

대운을 20년씩 나누어 동정을 살핍니다.

시		일		월		년		구분
丁		己		丙		甲		천간
卯		未		寅		午		지지
노년기 7-8 대운		장년기 5-6 대운		청년기 3-4 대운		소년기 1-2 대운		대운
71	61	51	41	31	21	11	1	
甲	癸	壬	辛	庚	己	戊	丁	
戌	酉	申	未	午	巳	辰	卯	

1-2 대운은 소년기로서 인생의 봄이고 뿌리가 되는 것이며
3-4 대운은 청년기로서 인생의 여름이고 싹이 되는 것이며
5-6 대운은 장년기로서 인생의 가을이고 꽃이 되는 것이며
7대운 이후는 노년기로서 인생의 겨울이고 열매가 되는 것입니다.

丁卯 戊辰 대운은 1-2 대운으로 소년기입니다.
부모의 보호와 사랑을 받으며 공부하고 자라나는 시기입니다.
木운이므로 가정과 학교에서 공부하며 꿈과 열정이 가득합니다.

己巳 庚午 대운은 3-4 대운으로 청년기입니다.
丙火인성이 높이 떠있으므로 사회적인 명예욕을 성취하기 위하여 움직이기
시작하는 때입니다.

辛未 壬申 대운은 5-6 대운으로 장년기입니다.
결실을 맺기 위하여 더 이상의 성장이 없음을 알아야 합니다.
멈추는 시기로서 자신을 돌아보며 노후를 준비하여야 합니다.

癸酉 甲戌 대운은 7-8 대운으로 노년기입니다.
丁火는 어둠을 밝히는 역할을 하는 것입니다.
사회취약계층에 봉사하며 후배들을 길러내는 역할이 주어진 것입니다.

(3) 세운의 동정

천간과 지지는 서로 응해야 움직입니다.
천간은 기사이고 지지는 말이라고 비유합니다. 기사는 말이 있어야 움직이고 말은 기사가 있어야 움직입니다. 그러므로 천간과 지지는 한 몸이라고 할 수 있습니다.

세운에서 오는 천간은 자신의 말이 있어야 힘을 발휘합니다. 戊戌년에는 戊土가 자신의 말을 타고 오지만 己亥년에는 자신의 말을 타고 오지 않습니다.

동하는 주도권은 세운에게 있습니다.
세운이 손님이고 임금이므로 손님의 주문에 의하여 상차림이 진행되는 것입니다. 일간 위주의 사주라고 하여 일간의 입맛에 맞는 상차림을 하였다가는 손님은 그냥 가버리고 맙니다.
손님의 요구에 충족하거나 충족하지 않거나 손님은 그냥 가지 않습니다. 반드시 대가를 지불을 하고 가기 때문입니다. 만족하면 만족한 상응의 대가를 주고 갈 것이고 불만족하면 역시 그에 상응한 대가를 주고 갈 것입니다.

세운의 생극제화와 형충회합
세운은 생극제화와 형충회합으로 작용하며 길흉화복을 가지고 옵니다. 세운이 사주체의 천간과 지지에 어떻게 작용하는가에 따라 길흉화복이 달라집니다.

세운의 천간은 사주와 생극제화를 하고 지지는 형충회합을 하면서 상대와 치열한 공방 또는 협상을 벌이게 됩니다. 공방과 협상으로 인하여 발생하는 이득과 손실은 길흉화복으로 이어지게 됩니다.

(4) 대세운의 동정 통변 실례

◆ 김○○ 연예인의 명조

시		일		월		년		구분
丙		庚		己		己		천간
子		子		巳		亥		지지
辛	壬	癸	甲	乙	丙	丁	戊	대운
酉	戌	亥	子	丑	寅	卯	辰	

巳월 입하의 계절에 태어나 丙火칠살이 투출하여 칠살격인데 일간이 미약하므로 己土인성으로 칠살을 인화하여 칠살용인격으로 성격이 되며 사회적 조직에서 화려한 명예를 중시하는 명조입니다.

소년기 대운에는 화려하고 밝은 자신의 모습을 그리며 연예인의 꿈을 갖고 성장합니다. 청년기 대운에는 丙火가 庚金을 단련하고 결실을 맺는 인생의 상승기로서 움직이는 시기입니다. 30세에 스타에 오르고 인기를 얻는데 성공하게 됩니다.

장년기에는 丙火가 빛을 발휘하기 어렵고 甲乙木이 亥水에 통근하여 丙火를 생하며 명예를 탐내다가는 구설수에 휘말리기 십상입니다. 명예활동을 멈추는 시기로서 이 시기에는 후배 양성과 사회적 약자를 위한 봉사활동에 전념하여야 할 것입니다. 노년기에는 후배를 양성하며 안락한 생활을 즐기는 것이 최선일 것입니다.

戊戌년에는 대운 癸水를 합하므로 식상활동이 정체되는 시기입니다. 또한 인성이 혼잡되며 안정이 되지 않을 것이므로 활동을 자제하며 내실을 기하는 것이 최선일 것입니다.

己亥년에는 지지에서 巳亥충이 일어나므로 巳火의 꺽임 현상이 두드러지게 됩니다. 조용히 봉사활동에 전념하는 것이 이롭습니다.

◆ 주○○ 연예인이자 사업가의 명조

시		일		월		년		구분
戊		壬		丙		己		천간
申		午		寅		亥		지지
戊	己	庚	辛	壬	癸	甲	乙	대운
午	未	申	酉	戌	亥	子	丑	

寅월 입춘의 계절에 태어난 壬水일간입니다. 寅木식신격에서 월간에 투출한 丙火재성으로 인하여 재격으로 변화합니다. 년시간의 戊己土관살을 생하며 재왕생관의 격국으로 변모하고 있으므로 제조생산하여 판매하며 기업을 경영하는 사업가의 기질을 가지고 있습니다.

청소년기 대운에는 비록 가난하였지만 떠오르는 태양을 바라보며 인기를 향한 열정을 불태우며 연예계에서 젊음을 마음껏 발산하였으나 청장년기 대운에는 부자가 되기 위하여 연예계를 은퇴하고 사업을 시작하여 성공하였습니다. 사업 기회를 잘 포착한 것으로 운의 상승기이며 움직이는 시기가 됩니다.

노년기 대운에는 운의 하락기로서 멈추는 시기이므로 천간에 뜨는 戊己土조직을 정비하고 자신이 가지고 있는 후광으로 봉사하는 삶을 살아야 그의 밝은 인기가 더욱 빛을 발할 수 있는 것입니다.

庚申대운은 멈추는 시기이므로 戊戌년에는 사업의 결실을 착실하게 다지는 한해로 만들어야 할 것입니다. 寅午戌의 결실을 거두는 때이므로 실적 향상보다는 내실위주의 경영이 되어야 하는 입니다.

庚申대운 己亥년에는 亥卯未 木국의 지살이 운에서 오며 寅木망신살을 합하니 새로운 사업을 하고자 하는 의욕이 생길 수 있습니다. 그러나 개인적으로는 午火육해살이 일지에 있어 자유롭지만은 않고 申金겁살은 살얼음을 걷듯이 조심하여야 한다는 의미가 있습니다.

대운은 사주팔자의 동정의 기회를 만들어 줍니다.
대운에서 운의 상승기와 운의 하락기를 살펴야 합니다.
사주팔자는 대운을 흐르며 상승세와 하락세를 타기 마련입니다.

대운을 본다는 것은
운의 상승기에 움직이는 시기를 포착하는 것이고
운의 하락기에는 멈추어야 하는 시기를 포착하는 것입니다.

대운에서 어느 시기에 움직여야 하는 것을 살펴야 합니다.
나이를 먹어가며 소년기 청년기 장년기 노년기로 변화합니다.
어느 시기에 움직이고 멈추는 가를 아는 것이 대운을 보는 법입니다.
청소년기에 움직이는 것이 가장 강한 것이고
장노년기에는 멈추어야 알찬 결실을 얻을 수 있습니다.

움직여야 할 때 움직이지 못하면 기회를 잃는 것이고
멈추어야 할 때 멈추지 못하면 사고가 나기 마련입니다.

세운은 사주팔자를 움직이며 길흉화복을 만들어 냅니다.
매년의 세운은 군주가 되어 사주팔자에 영향력을 행사합니다.
천간에서는 생극제화가 일어나며 사주팔자와 치열한 공방을 벌이고
지지에서는 형충회합이 일어나며 사주팔자와 치열한 공방을 벌입니다.

공방의 결과로 길흉화복이 만들어지는 것입니다.
이기면 상대를 굴복시키므로 이익을 가져오며
지면 상대에게 지는 것이므로 손해를 가져오게 되는 것입니다.

세력이 강한 자가 이기기 마련이므로 세력이 장점이 됩니다.

4 물상법 物象法

사주팔자의 천간과 지지를 자연의 사물에 대입하여 계절에 따라 변화하는 모습을 상상하며 통변하는 것을 물상법이라고 합니다.

(1) 오행의 대표적 물상

木	火	土	金	水
나무	불	흙	바위, 쇠	물

오행에 자연의 원소를 대입하여 표현한 것입니다.
木은 자라는 나무의 성정과 비슷하고 火는 화려한 불의 성정과 비슷하며 土는 만물을 포용하는 흙의 성정과 비슷하고 金은 단단한 바위나 쇠의 성정과 비슷하며 水는 흐르는 물의 성정과 비슷하기 때문입니다.

◆ 오행의 생극을 자연의 원소와 대입한 모습
수생목 - 물水는 나무木을 키우게 됩니다.
목생화 - 나무木을 태워 불火를 만들어 줍니다.
화생토 - 불火는 나무木을 태운 재로 흙土를 만들어 줍니다.
토생금 - 흙土는 굳으며 단단한 바위金과 쇠金을 만듭니다.
금생수 - 바위金과 쇠金에서 차가운 물水이 만들어 집니다.

수극화 - 물水는 불火를 끄게 됩니다.
화극금 - 불火는 바위金과 쇠金을 녹이게 됩니다.
금극목 - 쇠金은 나무木을 자르게 됩니다.
목극토 - 나무木은 뿌리로 흙土를 파헤칩니다.
토극수 - 흙土는 물水의 흐름을 막거나 가두어버립니다.

(2) 천간의 대표적 물상

木	火	土	金	水
甲 나무 乙 화초	丙 태양 丁 달빛	戊 산야 己 논밭	庚 바위 辛 보석	壬 바다 癸 빗물

오행의 음양으로 구분하여 천간의 물상을 유추한 것입니다.

나무木에는 甲木과 乙木이 있습니다.
甲木은 씨앗으로부터 벗어나 뿌리를 내리고 싹을 내어 하늘로 오르고자 합니다.
그러므로 甲木은 뻗어나가는 추진력과 돌파력이 있다고 하는 것입니다. 두꺼운
껍질을 깨고 나오려면 반드시 火氣의 도움을 받아야 하는 것입니다. 火氣는 에너
지로서 성장하는 역할을 하고 水氣는 자양분으로 甲木을 키우는 역할을 합니다.

나무는 성장하는 식물의 모습으로 그리면 됩니다.
나무가 성장하려면 火氣가 절대적으로 필요하며 영양분을 공급받으려면
水氣가 필요하게 됩니다.

甲木은 커다란 나무의 물상으로 소나무나 잣나무 등으로 표현되며 甲木이
여러 개 있으면 숲으로 표현됩니다. 또한 살아있는 생목生木과 죽어서 재목
이나 땔감이 되는 사목死木으로 구분되기도 합니다.

생목은 꽃을 피우고 열매를 맺으며 씨를 만들어 번식하는 역할을 합니다. 지지
에 습기가 있고 적당한 온도만 있으면 생목으로서 생명을 유지할 수 있습니다.

사목은 죽은 나무로 벌채되어 집을 짓는 재목으로 기둥이나 대들보로 쓰이고
책상이나 의자 등의 가구를 만드는 재료 또는 종이나 펄프를 만드는 재료가
되기도 합니다. 지지에 습기가 없고 火氣로 인하여 건조하면 잎이 마르고 떨어
지면서 뿌리가 마르고 고목이 됩니다.

乙木은 넝쿨이나 잡초, 화초 등으로 표현되고 풀로 가공한 그릇이나 옷 등을 만드는 재료가 되기도 하며 이들의 물상이 됩니다.

乙木은 丑未土에 뿌리를 모두 내릴 수 있을 만큼 강인함과 인내력이 있습니다. 즉, 혹한과 혹서의 추위와 더위에도 아랑곳하지 아니하고 살 수 있다는 것입니다.

乙木은 申酉金이 있다고 할지라도 丙丁火가 있다면 능히 살 수 있으며 甲木에 기대어 의지하면 넝쿨이 큰 나무를 타고 오르는 등라계갑藤蘿繫甲이라고 하여 세상에 무서운 것이 없다고 합니다.

甲木이나 乙木이나 자라고 성장하려면 水기와 火기가 반드시 필요하게 됩니다. 水기는 뿌리에서 공급되는 젖줄기이고 火기는 꽃을 피우는 것입니다. 水火기가 있어야 결실을 맺을 수 있는 것입니다.

불火에는 丙火와 丁火가 있습니다.
火는 빛과 열을 내는 모든 자연을 말하고 한편으로는 나무와 풀에 피어있는 모든 꽃을 상징하기도 합니다.

火기는 빛과 열을 내므로 뜨겁고 환하므로 발전과 열정의 상징이며 모든 꽃의 모습이므로 화려함과 인기 홍보로 시선을 집중시키기도 합니다.

丙火는 강렬한 빛이므로 태양으로 표현되며 강한 열로 쇠를 녹이는 용광로의 불과도 같으며 화산에서 뿜어져 나오는 불과도 같습니다.

태양은 사계절에 대지를 뜨겁게 하거나 따뜻하게 하여 만물에게 빛과 열을 제공하여 생명을 이어날 수 있도록 하므로 만물을 성장시키는 역할을 합니다.

丙火의 빛과 열은 강렬하여 가을과 겨울을 업신여긴다고 합니다. 가을과 겨울에는 태양의 빛과 열이 약해지지만 태양의 위엄은 사라지지 않는다고 하는 것입니다.

丙火는 庚金은 단련을 시켜도 辛金은 겁낸다고 합니다. 丙辛은 합을 하여 水기로 화하므로 두려워하는 것입니다.

丁火는 달빛, 촛불, 등대와 같은 작은 불빛으로 표현되며 야간 조명으로 사용되는 전등과 가로등, 네온사인 등으로 표현되기도 합니다. 그러므로 비록 약한 빛과 열이지만 용광로 속에서는 강한 열이 되어 단단하고 강한 철을 녹여 제련하는데 쓰이기도 합니다.

丁火는 丙火의 태양빛이 있으면 빛을 내지 못하므로 丙火에 가까이 있기를 두려워합니다. 庚金을 녹이기 위하여서는 甲木의 생함이 필요하고 戊土의 보호가 있어야 합니다.

甲乙木은 丙丁火가 있어야 꽃을 피울 수 있으며 庚辛金은 丙丁火가 있어야 과일을 숙성시킬 수 있습니다. 丙丁火만 있고 壬癸水가 없다면 꽃은 말라서 떨어지고 과일은 쪼그라들어서 떨어질 것입니다. 水火가 작용을 함께 하는 것을 수화기제水火旣濟라고 하는 이유입니다. 만물을 성장하게 만드는 작용으로 반드시 필요한 작용입니다.

흙土에는 戊土와 己土가 있습니다.

土는 대지, 정원, 황야, 사막으로도 표현되기도 합니다. 물을 막는 댐이 되기도 하고 불을 가두어 쇠를 제련하는 용광로가 되기도 하며 외부의 침입을 막는 성이나 담장이 되기도 합니다.

土는 지구의 모습이며 땅의 상징이기도 합니다.
산과 들판의 모습이며 논과 밭의 모습이기도 합니다.

戊土는 대지의 흙으로 산, 광야, 황무지 등으로 표현되고 무겁고 중후하므로 움직이기 어려운 상으로 표현되기도 합니다. 나무木이 우거진 숲이 되기도 하고 乙木이 가득한 황야이기도 합니다.

壬水를 막는 댐의 역할도 하며 癸水가 흐르는 계곡의 역할도 마다하지 아니합니다. 丁火의 불을 능히 보호하고 庚辛金을 품어주기도 합니다.

戊土는 水기를 머금고 있으면 만물을 성장하게 하고 火기를 품고 있으면 만물을 병들게 한다고 합니다. 辰土에서 꽃이 피며 새싹이 가지에 돋으며 만물이 성장하고 戌土에서 낙엽이 떨어지는 것을 표현한 것입니다.

己土는 전답의 옥토로서의 역할을 좋아하며 어머니의 품과 같은 포용력이 있습니다. 甲木이 뿌리 내리는 것을 좋아하고 乙木의 잡초가 무성한 것은 싫어하기도 합니다.

쇠金에는 庚金과 辛金이 있습니다.
金은 쇠의 모습이며 광산이나 바위산으로도 표현되기도 합니다. 쇠로 만든 모든 물건이 金의 물상이고 물에 뜨는 선박이나 하늘에 뜨는 항공기로도 표현되기도 합니다.

金은 쇠로 만든 도끼, 낫, 칼 등으로 쓰이기도 하지만 결실이고 과일의 물상으로 표현되기도 합니다.

庚金은 바위, 자연석, 광석 등으로 표현되고 다듬어지지 아니한 원광석으로 표현되기도 합니다. 무겁고 둔탁하지만 丁火와 壬水를 만나면 예리하게 다듬어지기도 합니다. 甲木을 벌채하여 丁火를 돕고 乙木과 함께 연장이 되어 유용한 도구가 되기도 합니다.

庚金은 水기를 득하면 맑아지고 火기를 득하면 예리하여집니다.
水기는 金기를 차갑게 유지하므로 맑아지는 것이며 火기는 金기를 단련하므로 예리하여 지는 것입니다.

辛金은 보석, 다이아몬드, 쇠그릇으로 표현되고 丙火에 의하여 밝게 빛나는 것을 좋아합니다. 丁火에게 녹으므로 접근하는 것을 싫어하나 辛金이 강하면 丁火를 사용하여 수리, 가공, 치료에 유용한 도구가 되기도 합니다.

물水에는 壬水와 癸水가 있습니다.
흐르는 물로 강물이나 시내물이 있고 고여 있는 물로 저수지물이나 웅덩이 물이 있으며 얼음과 서리도 모두 물이라고 할 수 있습니다.

水는 물의 상징으로 호수와 강물이며 하늘에서 내리는 비나 바닷물로도 표현되기도 합니다.

壬水는 강, 호수, 바다의 물상으로 표현되며 어머니의 자궁, 양수로 표현되기도 합니다. 庚辛金을 씻어 맑게 만들기를 좋아하고 丙火의 빛을 사방에 밝게 비추는 것을 좋아합니다.

癸水는 빗물, 계곡물의 물상이며 壬水의 하천을 만드는 원천이 되기도 합니다. 戊己土에 스며들어 甲木을 키우는 역할을 하며 乙木을 윤택하게 합니다. 癸水는 丙丁火를 약하게 하지만 丙丁火는 癸水가 없으면 甲乙木을 키우기 어려우므로 필요악이 되기도 합니다.

癸水는 하늘에서 내리는 천수라고도 하며 아무리 가뭄이 들어도 지하에서 흐르는 물이 있기에 끊어지지 않는다고 합니다.

(3) 지지의 대표적 물상

지지	인寅	묘卯	진辰	사巳	오午	미未	신申	유酉	술戌	해亥	자子	축丑
계절 시간	봄, 아침			여름, 낮			가을, 저녁			겨울, 밤		
동물	호랑이	토끼	용	뱀	말	양	원숭이	닭	개	돼지	쥐	소

월지는 계절로 보고 시지는 하루의 시간으로 보는 것이 일반적이며, 년일지의 물상은 동물의 상으로 보는 것이 일반적입니다.

寅申巳亥는 호랑이, 뱀, 원숭이, 돼지로서 앞장서기를 좋아하며 빠르고 권력적인 면이 돋보입니다. 그러므로 권력자의 상을 보게 되며 생사여탈권을 쥐고 있는 모습으로 보이기도 합니다.

子午卯酉는 쥐, 말, 토끼, 닭으로서 무리를 이끌고 때로는 독립적인 행동을 하므로 리더나 제왕 또는 외로운 독재자의 모습을 보이기도 합니다.

辰戌丑未는 용, 개, 소, 양으로서 무리와 함께 지내기도 하지만 혼자서 고고한 태도로서 자신을 지키는 모습이 보이기도 합니다.

寅卯辰은 아침의 동물로서 진취적인 면이 있으며
巳午未는 낮의 동물로서 활발한 활동을 하며
申酉戌은 저녁의 동물로서 여유로움을 나타내며
亥子丑은 밤의 동물로서 은밀함과 저장성이 있습니다.

동물의 성격과 생활습성은 사주팔자에서 명주의 성격과 생활습성을 파악하기에 유용합니다.

子水는 쥐의 물상을 가지고 있습니다.

쥐는 야행성이고 잡식성이며 다산성이고 눈치가 빠르고 영리합니다.

야행성이므로 밤에 돌아다니기 좋아하며 굴이나 하수도 등에 거주하며 아무 것이나 가리지 아니하고 먹는 습성이 있습니다. 새끼를 많이 낳으므로 부부화합의 상징이기도 하지만 때로 문란한 성생활을 표현하기도 합니다.

눈치가 빠르므로 위험요소는 요리 조리 잘 피하는 요령이 있고 영리하여 삶에서 유용하게 쓰이기도 하지만 때로는 몰래 행동하는 버릇이 있고 의리가 없는 행동으로 자신의 이익만 추구하므로 치사하다는 말을 듣기도 합니다.

丑土는 소의 물상을 가지고 있습니다.

소는 느리지만 성실하고 주인을 위하여 열심히 일하며 죽어서도 고기를 제공하는 희생심이 있습니다. 소의 인간에 대한 희생심은 숭고하기까지 합니다.

소는 먹을 것을 위장에 넣고 천천히 되새김질을 하므로 저축성이 뛰어나다고 합니다. 자신의 것을 감추어 놓고 절대로 내놓지 아니하는 구두쇠의 모습도 보이지만 죽어서는 결국 사회에 환원하는 아름다움도 있다고 할 것입니다.

寅木은 호랑이의 물상을 가지고 있습니다.

호랑이는 동물의 왕으로 군림하는 권력의 상징이기도 합니다. 혼자서 생활하므로 외롭고 고독한 권력자의 모습이지만 새끼를 기르는 정성이 있습니다.

산신령과 함께 활동하는 신과 같은 존재로서 신앙의 대상이 되기도 하며 죽어서도 이름을 남기는 용맹한 전사로서 가죽을 남기는 화려한 명예의 상징이 되기도 합니다.

卯木은 토끼의 물상을 가지고 있습니다.

토끼는 큰 귀를 가지고 있으며 깡충깡충 뛰어다니므로 빠르고 민첩하며 지혜롭고 총명하다고 합니다. 위험이 닥치면 새끼를 물어 죽이는 잔혹함이 있지만 새끼를 다른 짐승의 먹이로 주지 않겠다는 결연한 의지라고 할 수 있습니다.

거북이에게 속아 용궁에 갔다가 위기를 극복하고 나오는 임기응변의 달인 이라고 할 수 있으며 달가운데 계수나무 아래에서 방아를 찧는 여유로움과 낭만도 있다고 할 것입니다.

辰土는 용의 물상을 가지고 있습니다.

용은 실제의 동물이 아니라 상상의 동물입니다. 12지지의 동물의 모습이 모두 담긴 종합적인 모습을 지녔으므로 재능이 출중하고 권력자를 상징하기도 합니다.

용은 태몽에도 자주 등장하며 문단이나 출세하는 관문으로 상징되는 등용문登龍門이 되기도 합니다. 그러므로 용은 개천에서 용 난다는 말처럼 서민 출신으로 높은 권력에 오르거나 인기스타 등 입신출세의 상징으로 그려지기도 하는 것입니다.

巳火는 뱀의 물상을 가지고 있습니다.

뱀은 다리가 없으면서도 전광석화와 같이 빠르고 민첩하며 두 가닥의 혀와 독을 가지고 있습니다. 뱀의 교미시간은 매우 길기 때문에 정력의 상징으로도 이야기하며 은밀하게 행동하며 앞으로만 나아가도 결코 물러서지 아니하는 고집이 있다고 합니다.

뱀은 성경에서 선악과를 따먹게 유혹하였다고 하여 사악한 존재로 인식되어 교활하다고 하며 자신보다 큰 짐승을 삼키므로 탐욕이 많다고 하는 것이 일반적이지만 뱀의 성실함과 열정은 누구도 따라오기 힘들고 무리와 함께 동면에 들므로 협동심이 있다고 합니다.

午火는 말의 물상을 가지고 있습니다.

말은 초식동물로서 초원을 달리며 여유롭게 생활하고 서서 잠을 자는 특징이 있습니다. 종마가 여러 암말과 새끼를 이끌고 살아갑니다. 말은 빠르게 달리므로 사람에게 교통수단으로 활용되었고 종마는 권력이나 명예, 인기의 상징으로 여기기도 합니다.

조선시대의 마패는 암행어사의 권한을 상징하는 것으로 마패를 높이 쳐들면 산천초목도 벌벌 떨게 하는 권위도 있습니다. 역마驛馬는 교통수단으로 활용되었지만 역마를 이용할 수 있는 권한이 마패의 상징이기도 합니다.

未土는 양의 물상을 가지고 있습니다.

소 다음에 인간에게 희생심이 있는 동물이 양입니다. 살아서 젖과 털을 제공하다가 죽어서 가죽과 고기를 제공합니다. 양은 절벽을 평지 걷듯 오르며 높은 곳에서 위엄을 나타내는 특징이 있습니다. 고고한 위엄은 아무도 범접할 수 없는 기운이 서려있습니다.

고대사회로부터 양은 제단에 희생양으로 바쳐졌으며 양을 죽일 수 있는 권한은 제사장에게 있었다고 합니다. 양인羊刃은 제사장이 양을 죽일 때 사용하는 칼로 권력의 상징이기도 합니다. 사주에 양인살이 있으면 생사여탈권을 가진 직책에 종사할 수 있는 이유입니다.

申金은 원숭이의 물상을 가지고 있습니다.

원숭이는 사람과 매우 흡사한 동물이므로 영장류라고 합니다. 동굴과 나무 위에서 생활하며 총명하고 재주가 있으며 매우 민첩합니다. 자신의 권위에 도전하는 상대를 죽이는 잔혹함도 보입니다.

손오공은 원숭이의 신으로 영리하고 교활하지만 장난기가 있는 말썽꾸러기이기도 합니다. 그러나 삼장법사를 도우며 대업을 완성하게 하는 의리도 있다고 합니다.

酉金은 닭의 물상을 가지고 있습니다.

닭은 새벽에 운다고 하여 하루의 시작을 알려주는 성실함이 있습니다. 닭은 모래주머니가 있어 먹이를 보관하였다가 모래로 먹이를 잘게 부수어 위로 보내어 소화시키므로 천천히 진행하는 습성도 있습니다.

닭의 부리와 발톱은 날카로워서 흙속에 숨어있는 벌레나 지렁이와 작은 쥐까지도 잡아먹는 치밀함을 보이고 수탉의 용맹성은 투계로까지 이용되고 있어 쌈닭의 명예를 상징하기도 합니다.

새이지만 날지를 못하므로 날개에 대한 컴플렉스가 있고 제왕으로서의 동경을 항상 갖게 되지만 이루지 못하는 현실감에 스스로를 자책하기도 합니다.

戌土는 개의 물상을 가지고 있습니다.

개는 늑대를 길들여 가축을 보호하기 위하여 길러졌다고 합니다. 도둑으로부터 재산을 보호하기 위하여 집을 지키던 개들은 요즈음 반려동물로 인간과 같은 대접을 받기도 합니다.

개는 주인에게 충성하는 모습이 특징이며 영리하며 청각과 후각이 발달하여 군견이나 경찰견으로 활약하기도 합니다. 또한 맹인견으로 사회봉사에 앞장서기도 합니다.

亥水는 돼지의 물상을 가지고 있습니다.

돼지는 양과 같이 제사에 희생되는 동물로서 주로 고기를 먹기 위하여 길러졌다고 합니다. 인간에게 봉사하는 모습을 보입니다.

돼지의 습성은 가족과 함께 무리를 지어서 생활한다고 합니다. 주로 산이나 들에서 흙속에 있는 뿌리나 벌레를 잡아먹는다고 하며 가족을 보호하기 위하여 상대를 공격하는 저돌성을 보이지만 진흙에서 뒹굴며 목욕하는 모습은 귀엽기까지 합니다.

(4) 물상의 통변 실례

시	일	월	년	구분
丙	戊	丙	丙	천간
辰	寅	申	戊	지지

戊土 벌판에 태양이 세 개나 떴습니다. 가을의 태양이지만 시간에 아침의 태양이 밝게 빛나는 모습으로 노○○ 전 대통령의 명조입니다.

년지 戊土가 비견으로 자신을 보호하는 역할을 하는 동반자입니다.
월지 申金은 영리함으로 사회에 봉사하고자 하는 의지가 있습니다.
일지 寅木은 권위적이고 신령스럽지만 고독한 모습이기도 합니다.
시지 辰土는 아침 태양을 향해 솟아오르는 용의 기상으로 이상세계에 대한 동경이 나타나 있습니다.

시	일	월	년	구분
癸	癸	甲	辛	천간
亥	卯	午	巳	지지

오뉴월의 더위인데 밤 시간에 비가 내리니 시원합니다. 甲木나무에 비가 촉촉이 내리고 巳火등불에 앉아 있는 辛金보석은 영롱하게 빛나는 모습으로 적천수천미 중화편에 소개된 명조입니다.

년지 巳午의 열정으로 명예를 빛나게 하며
월지 午火는 자신의 영역을 구축하기 위한 힘차게 달리는 모습이며
일지 卯木은 고고한 자태를 나타내며 여유로운 모습을 보이고
시지 亥水는 일간의 근거가 되는 자리로서 일간을 보호하고 지켜주며 일간에게 봉사하는 모습을 보이게 됩니다.

사주는 한 폭의 산수화 그림입니다.

천간은 산천의 물상입니다.
木은 초목의 모습이고, 火는 빛과 열의 모습이며
土는 산과 대지의 모습이고 , 金은 바위와 금속의 모습이며
水는 하천과 바다의 모습입니다.

지지는 12가지 동물이 각자의 특성을 가지고 살아갑니다.
寅午戌 호랑이, 말, 개는 민첩하고 권력적이며
申子辰 원숭이, 쥐, 용은 지혜스럽고 감정적이며
亥卯未 돼지, 토끼, 양은 여유스럽고 가족적이며
巳酉丑 뱀, 닭, 소는 날카롭고 탐욕적입니다.

사주의 산수화의 모습에서 삶의 환경을 보고
지지의 동물의 모습에서 각자의 개성을 보는 것입니다.

5 궁위법

(1) 궁위법 개념

시주궁	일주궁	월주궁	년주궁
가 정		사 회	
자 식	부 부	형 제	부 모
60대 이후	40~50대	20~30대	10대

궁위법은 사주의 연월일시 네 기둥에 대한 관법입니다.
통변술에 유용하게 활용되니 숙지하는 것이 좋습니다.

년월의 궁은 외적 환경이면서 사회적 환경이고
일시의 궁은 내적 환경이면서 가정적 환경이라고 합니다.

사회적 환경은 경제적 활동으로 부를 축적하고 사회적 활동으로
명예를 구축하는 환경으로 삶에서 매우 중요한 환경이 됩니다.

가정적 환경은 결혼을 하여 가정을 꾸미고 자식을 낳고 기르는 환경으로 사
회적 환경의 동기부여가 되기도 합니다. 가정을 유지하기 위하여서는 사회
적 경제활동이 반드시 필요하기 때문입니다.

사회적 외적 환경은 사회적 성취를 위한 환경이 되지만 가정적 내적 환경은
삶의 행복을 위한 환경이 되기도 합니다. 그러므로 내적 환경이 기반이 되
어 사회적 성취를 만들기도 하고 외적 환경이 기반이 되어 삶의 행복을 이
루기도 합니다.

(2) 근묘화실 기법

시주궁	일주궁	월주궁	년주궁
실	화	묘	근
비겁	재성 관성	식상	인성

근根은 뿌리로서 가문을 뜻하고 근본을 뜻하며 소년기로서 교육받는 환경으로 인성의 시기이기도 합니다.

묘苗는 싹으로서 부모의 보살핌에서 벗어나 독립하는 시기로서 집과 직장에 의존하여 자신의 꿈을 펼쳐나가는 식상의 시기입니다.

화花는 꽃으로서 한창 피어나는 젊음의 시기로서 자신의 능력을 펼치면서 재관을 통하여 재물과 명예를 성취하는 시기입니다.

실實은 열매로서 인생의 결실을 맺고 후손에게 물려줄 유산을 준비하는 시기로서 자아실현을 이루는 비겁의 시기입니다.

근묘화실은 인생의 생장수장과 같으니 태어나 자라고 공부하고 일하고 노년을 마감하는 일생을 그린다고 보면 됩니다.

(3) 궁별 역할

시주궁	일주궁	월주궁	년주궁
노년 시절	장년 시절	청년 시절	어린 시절
미래	현재	최근 과거	오래된 과거
가정	집	기업	국가
부하	동료	임원	사장
다리	몸	팔	머리

궁별 역할은 일반적으로 통변에 많이 쓰이나 절대적인 것이 아니므로 고정 관념을 가지지 않는 것이 좋습니다.

년주궁은 어린 시절로서 부모의 보호 아래 성장하는 시기이며 사회적으로 국가나 큰 기업의 규모가 될 것이며 기업의 사장 역할입니다.
인체로 본다면 머리로서 두뇌의 역할을 하게 됩니다.

월주궁은 청년 시절로서 사회에 첫발을 내딛고 독립하는 시기이며 결혼을 하여 가족을 부양하기 위한 경제적 활동을 하는 시기이기도 합니다. 인체에 서는 여러 가지 일을 하여야 하므로 팔에 해당할 것입니다.

일주궁은 장년 시절로서 사회의 꽃이 되는 시기가 될 것입니다. 일주의 입 장에서는 현재의 자신의 모습이고 가정의 가장으로서 중요한 역할을 담당 하고 인체에서는 몸에 해당하겠습니다.

시주궁은 노년 시절로서 열매를 맺을 시기입니다. 사회적으로 퇴직하여 내 면을 완성하는 시기이며 자식이나 후배에게 자신의 자리를 물려주고 교육 시키는 자리로서 인체에서는 다리가 되어 자신의 자리를 굳건하게 지키게 될 것입니다.

(4) 궁위법 통변 실례

시	일	월	년	구분
壬	丁	丙	甲	천간
寅	巳	子	戌	지지

년월의 시기에는 청소년의 시기로서 비록 子월의 추운 겨울이지만 甲木이라는 신생기업에서 丙火의 이상으로 꿈을 실현하기 위하여 노력을 하게 됩니다.

일시의 시기에는 장노년기의 시기로서 壬水의 넓고 냉정한 마음이지만 지지의 寅巳형으로 내적인 열정을 불태우며 열심히 노력하여 결실을 맺고자 하는 노력을 기울이게 됩니다.

시	일	월	년	구분
辛	己	壬	甲	천간
未	亥	申	子	지지

년월은 외적인 사회적 역할로서 재관의 기세가 강하여 자신의 능력으로 영역을 확보하고 甲木이란 사회적 환경에서 자신의 입지를 확장하고자 하는 壬水의 의지가 대단합니다.

일시는 내적인 가정의 환경으로서 자신의 가정을 돌보며 가족의 결속력을 다지고 신의를 가훈으로 자식을 키우는 아버지로서의 역할에 충실하다고 할 것입니다.

년월의 申子의 水기 환경으로 자신의 입지를 강화하고 일시의 亥未의 木기 환경으로 가정을 보위하는 모습이 아름답습니다. 사회적으로 강한 관료의 모습을 나타내지만 가정에서는 자상한 아버지의 모습이 나타납니다.

년월은 사회적 환경으로 성장과 발전의 원동력입니다.

년월은 대외적 환경입니다.
년월은 소년기와 청년기의 모습으로
부모의 보호아래 양육되어지는 시기이고
학교에서 선생의 지도아래 지식을 습득하고
직업을 통하여 성장과 발전을 하는 시기입니다.

일시는 개인적 환경으로 가정을 유지하고 자아를 실현하게 됩니다.

일시는 대내적 환경입니다.
배우자와 자식을 통하여 가정을 형성하고
자신의 자아발전을 통하여 절대적 자아를 추구하고
자아를 실현하게 됩니다.

년월은 삶의 현장으로서 생존을 위한 수단이 되며
일시는 내적 환경으로 가정을 유지하고
개인적 삶을 추구합니다.

⑥ 신살법

(1) 신살법의 개념

신살법은 구법명리의 소산입니다.
자평학이나 정통명리학을 공부한 사람들은 신살을 부정하며 쓰지 아니하는
것이 일반적입니다. 적천수나 자평진전에서는 신살은 년간을 위주로 한 구
법명리라고 하며 부정하기 때문입니다.

우리나라는 일제강점기에 신살에 의한 간명법이 유행하였고
연해자평이 필독서가 되면서 납음과 신살을 중요하게 여기게 됩니다.

이후 적천수와 자평진전 그리고 궁통보감의 해설서가 번역 발간되면서 일
간을 중심으로 하는 자평법이 유행이 되고 신살부정학파와 신살수호학파로
나눠지면서 오늘에 이르게 됩니다.

신살은 세운에서 참고로 활용하는 것이 좋습니다.
최근에는 정통 명리학에서도 십이신살과 일부 신살의 필요성을 인정하고
이들이 천간지지의 생극제화와 형충회합에서 비롯됨을 인식하고 통변에 활
용하는 추세입니다.

대체적으로 많이 쓰이는 것이 십이신살이며 천을귀인, 양인살, 원진살, 귀문살,
공망살, 백호살, 괴강살 등이 일반적으로 쓰입니다. 납음은 사용빈도가 낮으며
점차 사라지는 추세에 있으므로 여기에서는 언급을 하지 않도록 하겠습니다.

신살을 신살 자체로만 본다면 신살을 제대로 사용할 줄 모르는 것입니다.
사주팔자의 구조와 알맞은 신살의 운용법을 터득하여야 할 것이며 특히 세
운에서의 신살 활용은 유용하므로 참고로 활용하는 것이 좋습니다.

(2) 신살의 종류

신살은 자평학 이전에 생긴 이론이며 신살의 종류는 300여 가지가 되며 헤아리기조차 어려울 지경이지만 실전에 사용하는 이론은 그리 많지 않습니다.

신神은 복신福神을 뜻하고 살煞은 흉살凶煞을 뜻합니다.
복신은 길한 작용을 하며 흉살은 흉한 작용을 하는 것이 일반적입니다. 신살은 대체로 부정적인 작용이 더 많으므로 자평명리에서는 꺼리는 편이지만 요즈음은 세운 통변에 신살을 활용하는 편입니다.

십이신살	겁살, 재살, 천살, 지살, 년살, 월살, 망신살 장성살, 반안살, 역마살, 육해살, 화개살
복 신	천을귀인
흉 살	양인살, 원진살, 귀문살, 공망살

일반적으로 널리 쓰이는 신살이 십이신살이며
복신에서는 천을귀인이 주로 쓰이고 흉신에서는 양인살, 원진살, 귀문살, 공망살, 백호살, 괴강살이 주로 쓰이는 신살입니다.

여기에서 소개되는 신살은 일반적으로 쓰이는 신살을 소개하였습니다.
신살은 사주명식과의 관계가 중요합니다. 복신만이 길신이고 흉살은 흉신이라고 단정하며, '두통에는 게보린'이라는 등의 단식판단은 약물의 오남용과 같은 것이니 왜곡될 우려가 많은 것입니다.

그러므로 신살은 사주명식과의 관계를 살피고 희기를 판단하여 사용하여야 할 것이며, '백호살이 들었으니 피를 본다'는 등의 겁주는 통변은 삼가야 할 것입니다.

(3) 12신살의 통변

년지 일지	겁 살	재 살	천 살	지 살	년 살	월 살	망 신 살	장 성 살	반 안 살	역 마 살	육 해 살	화 개 살
寅午戌	亥	子	丑	寅	卯	辰	巳	午	未	申	酉	戌
亥卯未	申	酉	戌	亥	子	丑	寅	卯	辰	巳	午	未
申子辰	巳	午	未	申	酉	戌	亥	子	丑	寅	卯	辰
巳酉丑	寅	卯	辰	巳	午	未	申	酉	戌	亥	子	丑

십이신살은 삼합의 운동성입니다.
십이운성은 천간과 지지의 작용이지만, 십이신살은 삼합과 지지의 작용입니다. 삼합이 각 지지를 운행하며 일으키는 작용으로 형충회합으로 동하며 여러 가지 길흉을 만들어 내는 것입니다.

◆ 십이신살의 운용

년지 기준	일지 기준	세운지 기준
외적인 환경	내적인 환경	당해 연도의 길흉

구법명리에서는 년지를 위주로 하는 관법이므로 신살의 특징상 주로 년지를 위주로 보지만 자평 이후의 현대명리에서는 일주를 위주로 하는 관법이므로 일지를 위주로 보는 경향이 있으며 세운지를 기준으로 통변하기도 합니다.

년지 기준은 외적인 환경으로 사회적인 길흉을 나타내며
일지 기준은 내적인 환경으로 가정이나 개인적인 길흉을 나타내며
세운지 기준은 당해 연도의 길흉을 나타냅니다.

◆ 겁살劫煞

년지/일지	寅午戌	亥卯未	申子辰	巳酉丑
겁살	亥	申	巳	寅

겁살은 자신이 지닌 것을 빼앗긴다는 뜻이 있으므로 항상 조심하고 긴장하여야 하는 것입니다. 운에서 형충회합으로 동하며 주로 시비나 관재구설이 생기며 도난, 재물손재수, 투자실패 등으로 어려움이 따르거나 요행수가 생기기도 합니다.

◆ 재살災煞

년지/일지	寅午戌	亥卯未	申子辰	巳酉丑
재살	子	酉	午	卯

재살은 적장에게 사로잡혀 가진 것을 모두 빼앗길 우려가 많습니다. 운에서 형충회합으로 동하며 질병이나 사고 또는 관재구설로 고생하기도 합니다.

◆ 천살天煞

년지/일지	寅午戌	亥卯未	申子辰	巳酉丑
천살	丑	戌	未	辰

천살은 적지의 마지막 관문에 있는 것이 됩니다. 간신히 이곳까지 온 것이므로 이제는 하늘에 기도하며 의지할 수밖에 없는 것입니다. 운에서 형충회합으로 동하며 여러 가지 재화가 따르고 사건 사고 등이 일어날 수 있지만 뜻하지 않은 하늘의 도움으로 반사이익을 얻을 수도 있습니다.

◆ 지살地煞

년지/일지	寅午戌	亥卯未	申子辰	巳酉丑
지살	寅	亥	申	巳

지살은 적지를 벗어나 이제 새로운 시작을 준비합니다. 자신이 정착할 곳을 찾아 움직이게 됩니다. 운에서 형충회합으로 동하며 이사나 직장 이동, 해외 이민을 하게 됩니다.

◆ 년살年煞

년지/일지	寅午戌	亥卯未	申子辰	巳酉丑
년살	卯	子	酉	午

년살은 누군가가 자신을 바라보며 인정을 해주어야 가치를 느끼게 됩니다. 도화살이나 함지살이라고도 하며 대체로 아름답게 꾸미기를 좋아하고 운에서 형충회합으로 동하며 상대를 유혹하거나 사랑을 받고자 하며 화려한 삶을 동경하기도 합니다.

◆ 월살月煞

년지/일지	寅午戌	亥卯未	申子辰	巳酉丑
월살	辰	丑	戌	未

월살은 재관의 입묘로 어려운 삶을 산다고 하여 고초살枯草煞이라고도 합니다. 재관이 입묘되니 고통스럽다는 것입니다. 마치 보릿고개를 지나는 것과 같습니다. 운에서 형충회합으로 동하며 재관의 상실감으로 고통을 느끼기도 하지만 강한 정신력으로 버티면 반사이익으로 뜻밖의 행운을 얻기도 합니다.

◆ 망신살亡身煞

년지/일지	寅午戌	亥卯未	申子辰	巳酉丑
망신살	巳	寅	亥	申

망신살은 경험이 없으므로 시행착오의 연속이고 서툴기에 망신을 당하는 것입니다. 운에서 형충회합으로 동하며 언행을 조심하여야 하고 돌다리도 두들기며 가는 지혜가 필요합니다.

◆ 장성살將星煞

년지/일지	寅午戌	亥卯未	申子辰	巳酉丑
장성살	午	卯	子	酉

장성살은 강한 리더십이 있고 권위와 명예를 숭상합니다. 경험과 노하우가 풍부하고 싸움에서 백전백승하는 강함이 있습니다. 승부욕과 결단성이 강하고 통솔력이 뛰어나고 상대를 제압하는 뛰어난 능력이 있습니다. 운에서 형충회합으로 동하며 강한 것이 크게 다치는 경우가 많으므로 만약의 사태에 미리 대비를 하여야 합니다.

◆ 반안살攀鞍煞

년지/일지	寅午戌	亥卯未	申子辰	巳酉丑
반안살	未	辰	丑	戌

반안살은 풍파를 겪은 늙은 장군의 모습과도 같습니다. 지혜와 경험이 풍부하므로 다른 사람들을 지도하며 자문하는 역할도 합니다. 운에서 형충회합으로 동하며 시험합격 운이나 승진 운 또는 선거당선 운의 희비가 엇갈리기도 합니다.

◆ 역마살驛馬煞

년지/일지	寅午戌	亥卯未	申子辰	巳酉丑
역마살	申	巳	寅	亥

역마살은 여기 저기 돌아다니는 운명이라고 합니다. 병이 들면 피병避病하기 위하여 살던 곳을 떠나야 합니다. 요양시설로 떠나는 병자의 모습이기도 합니다. 운에서 형충회합으로 동하며 하급부서나 지방으로의 전근이나 이직, 이사 등으로 불가피하게 이동하게 됩니다.

◆ 육해살六害煞

년지/일지	寅午戌	亥卯未	申子辰	巳酉丑
육해살	酉	午	卯	子

육해살은 조상과 부모형제 등 주변 사람들로 인한 근심걱정이 끊이지 아니하고 고독하고 박명하며 귀신이 드는 신병神病과 육신肉身의 고통으로 힘들어 합니다. 운에서 형충회합으로 동하며 어려운 일을 하거나 남을 도와주고도 인정을 받지 못하여 우울증이 오기도합니다.

◆ 화개살華蓋煞

년지/일지	寅午戌	亥卯未	申子辰	巳酉丑
화개살	戌	未	辰	丑

화개살은 재관을 덮어두고 자숙하며 수행하는 삶을 살아야 하므로 수행살이라고도 합니다. 자신의 할 일을 모두 마치고 화려한 우산을 쓰고 휴양을 떠난다는 의미도 있습니다. 운에서 형충회합으로 동하며 수행과 봉사의 삶을 살며 후배 양성에 힘써야 합니다.

(4) 천을귀인天乙貴人

일간	甲	乙	丙	丁	戊	己	庚	辛	壬	癸
천을귀인	未	申	酉	亥	丑	子	丑	寅	卯	巳
	丑	子	亥	酉	未	申	未	午	巳	卯

천을귀인이란 사주에서 나를 도와주는 귀인입니다.
천을은 하늘의 신으로 자미원에 존재하고 태을신과 함께 천황대제를 섬기
는 복신으로 부귀를 가져온다고 합니다.

천을귀인이 사주에 있으면 우선 인격이 훌륭하고 천성이 총명하며 운에서
들어온다면 복을 가지고 온다고 합니다. 따라서 주위사람들의 도움을 많이
받으니 저절로 부귀하여지는 것이라고 합니다.

대체로 예술, 문학, 학문적인 면에서 총명하고 지혜가 있으며 어려운 난관에
봉착하여도 귀인의 도움으로 능히 대처할 수 있는 기회가 생기기도 합니다.

천을귀인은 피흉취길의 효과가 있습니다.
피흉취길避凶取吉이란 흉한 것은 피하고 길한 것은 취한다는 것입니다.
사주에 흉신을 합하고 있다면 흉함이 감소되고, 사주에 길신과 합하고 있으
면 길한 작용도 역시 감소되기도 합니다.

천을귀인이 공망이 되거나 형충파해를 만난다면 길한 작용은 감소가 되기
도 합니다. 또한 천을귀인이 기세가 왕성한 지지가 된다면 배로 길하게 되
며, 쇠약한 지지가 된다면 길함이 사라지고 흉하게 됩니다. 더구나 운에서
귀인을 만난다면 흉함이 사라지고 길함으로 크게 발복하기도 합니다.

(5) 흉살

◆ 양인살羊刃煞

천간	甲	乙	丙	丁	戊	己	庚	辛	壬	癸
양인살	卯	辰	午	未	午	未	酉	戌	子	丑

양인은 생사여탈권을 가지고 있습니다.
겁재劫財와 비슷하나 매우 강한 겁재가 됩니다. 양인이란 고대 사회에서 제사를 주관하는 제사장만이 제사에 쓰일 양을 죽일 수 있는 권한을 가지고 있으므로 생사여탈권을 가지고 있다고 하는 것입니다.

양인살은 양간과 음간 모두 작용합니다.
격국에서는 양인격만 인정하지만 양인살은 음양간을 모두 인정하며 적용합니다. 양간의 양인살은 子午卯酉이지만 음간의 양인살은 辰戌丑未가 됩니다. 辰土에서 木기가 마무리되면서 乙木이 권력을 행사하기 때문입니다.

양인살은 자중하라는 뜻이 있습니다.
양인은 록의 다음 단계이므로 록에서 공을 이루었으면 자리를 넘겨주고 물러나는 것이 마땅하다고 합니다. 물러나지 아니하고 고집을 부리고 포악한 성질을 부리면 결국은 해를 당한다는 뜻이 있습니다. 양인이 지지에 가득하다면 성격이 급하고 포악하고 외골수인지라 주변에서 두려워하는 존재입니다.

양인살은 전문가의 별입니다.
권력을 요하는 직업이나 직책을 수행하면 발전하고 성공하게 됩니다.
자기주장이 강하고 리더십이 있으며 조직을 수호하고 경영하는 능력이 있습니다. 전문적인 지식과 기능을 가지고 있어 특정 분야의 전문가로서 달인의 경지를 나타내고 장인 정신을 가지고 활약하기도 합니다.

◆ 원진살元嗔煞

子未	丑午	寅酉	卯申	辰亥	巳戌

원진이란 미워하는 마음, 증오하는 마음입니다.
누군가 나를 집요하고 은근하게 괴롭히기도 합니다. 사전적 의미로는 부부간에 까닭도 없이 서로 미워하는 기운이라고 하며 궁합에서 서로 꺼리는 살이라고 하지만 사랑이 깊으면 미워지는 이치입니다.

원진살은 상대와의 대립관계이면서도 충을 빗겨가므로 서로 눈을 흘긴다는 뜻이 있으나 실제 그러하지 아니한 것이 대부분입니다. 원진살은 서로 대칭관계에 있으면서도 충을 하지 아니므로 오히려 조후적인 측면에서 이롭게 작용하므로 귀한 명이 많다고 하는 것입니다.

◆ 귀문살鬼門煞

子酉	丑午	寅未	卯申	辰亥	巳戌

정신세계와 관계가 있습니다.
영리하지만 엉뚱한 데가 있어 4차원의 세계에서 온 사람 같기도 합니다.
까다로운 전문가들의 모습에서 흔히 발견하는 신살이기도 합니다.
운에서 형충회합으로 동하며 대체로 정신불안, 우울증, 신경쇠약, 노이로제, 빙의, 정신분열 등의 증상을 겪을 수 있습니다.

의심이 많고 칠살이 왕하면 정신이 이상하게 되기도 합니다. 열등감으로 히스테리 증상이 나타나기도 합니다. 약물이나 알코올에 중독되어 피폐된 삶을 살기도 한답니다. 원진살과 비슷한 구조이므로 상대를 미워하고 증오하는 마음도 크다고 합니다.

◆ 공망살空亡煞

공망은 비워있기에 채우려고 노력합니다.
육신이 비워있는 것은 채워야 합니다. 채우기 위하여서는 많은 노력과 보상이
뒤따릅니다. 그러나 채워도 채워지지 아니하는 허무함이 있기에 부실함을 면
하기 어렵습니다. 마치 구멍이 난 항아리에 물을 채우려 하는 것과 같습니다.

공망은 길흉작용이 반감됩니다.
흉신이 공망이면 흉한 것이 비워졌기에 흉함이 반감되고, 길신이 공망이면
길한 것이 비워졌기에 길함도 역시 반감된다는 것입니다.

◆ 공망살空亡煞 조견표

甲子	乙丑	丙寅	丁卯	戊辰	己巳	庚午	辛未	壬申	癸酉	戌	亥
甲戌	乙亥	丙子	丁丑	戊寅	己卯	庚辰	辛巳	壬午	癸未	申	酉
甲申	乙酉	丙戌	丁亥	戊子	己丑	庚寅	辛卯	壬辰	癸巳	午	未
甲午	乙未	丙申	丁酉	戊戌	己亥	庚子	辛丑	壬寅	癸卯	辰	巳
甲辰	乙巳	丙午	丁未	戊申	己酉	庚戌	辛亥	壬子	癸丑	寅	卯
甲寅	乙卯	丙辰	丁巳	戊午	己未	庚申	辛酉	壬戌	癸亥	子	丑
										※공망	

甲子순에 있는 공망은 戌亥이며 甲戌순에 있는 공망은 申酉입니다.
甲申순에 있는 공망은 午未이며 甲午순에 있는 공망은 辰巳입니다.
甲辰순에 있는 공망은 寅卯이며 甲寅순에 있는 공망은 子丑입니다.

SUMMARY

통변기법通辯技法이란 사주팔자를 분석하는 기술입니다.

◆ 통변기법의 활용

통변기법	활 용	격국용신
용신법	격국용신	적성과 직업
	억부용신	사회적 역량
	조후용신	삶의 환경
동정법	대 운	삶의 왕쇠 변화
	세 운	삶의 길흉화복
물상법	사 주	자연의 현상에 비유
	대 운	세월의 흐름에 비유
궁위법	근묘화실	소년기, 청년기, 장년기, 노년기
	육 친 궁	부모궁, 형제궁, 부부궁, 자식궁
신살법	십이신살	삼합과 지지와의 관계
	길 흉 살	복신과 흉살

◆ 용신의 용도

격국용신	적성 및 직업의 용도
억부용신	사회적 역량
조후용신	삶의 환경

용신用神이란 사주팔자의 분수를 파악하는 쓰임새입니다.
격국용신은 사주팔자의 분수의 그릇을 파악하는 중요한 쓰임새입니다.
억부용신은 사주팔자의 능력을 파악하는 중요한 쓰임새입니다.
조후용신은 사주팔자의 환경을 파악하는 중요한 쓰임새입니다.

격국용신은 사회적 쓰임새입니다.
사회적 쓰임새인 격국용신을 사주의 그릇이라고 합니다. 그릇의 용도를 알
아야 제대로 쓸 수 있는 것입니다. 용도를 모르고 쓴다면 낭패를 보기 쉬우
며 인생을 어렵게 살게 됩니다.

억부용신은 분수의 능력을 나타냅니다.
사회적 쓰임새인 격국용신을 사주의 그릇이라고 한다면 억부용신은 역량을
나타내는 것입니다. 자동차에도 엔진의 마력이 있듯이 사주에도 역량이 있
는 것이며 화물차에도 5톤과 10톤의 역량이 다른 것입니다. 5톤 화물차가
10톤의 화물을 싣겠다고 하면 분수를 모르는 것입니다.

조후용신은 사주의 기후를 조절하는 것입니다.
사주의 기후는 더운 것과 추운 것을 조절하는 것입니다. 火기는 더운 것이고
水기는 추운 것입니다. 木기는 水기의 태과와 火기의 불급을 조절하고 金기
는 火기의 태과와 水기의 불급을 조절하는 역할을 담당합니다.

◆ 운의 동정

대운	동動 - 움직임 운의 상승시기	정靜 - 멈춤 운의 하락시기
세운	생극제화와 형충회합에 의한 동정	

동정動靜이란 사주팔자가 움직이며 변화하는 것입니다.
사주팔자가 움직일 때와 멈출 때를 알려주는 것이 동정입니다. 움직일 때 멈춘다면 기회를 놓치는 것이며 멈출 때 움직인다면 손해를 감수해야 할 것입니다.

대운에는 동정의 시기가 있습니다.
대운은 사주팔자를 상승기로 유도하는가 하면 하락기로 유도하기도 합니다. 상승기에는 움직이며 하락기에는 움직이지 않아야 합니다. 상승기인데 움직이지 않는다면 기회를 놓치는 것이 되며 하락기인데 움직인다면 손해를 감수해야 할 것입니다.

세운의 동정에 의하여 길흉화복이 만들어집니다.
세운은 생극제화와 형충회합에 의하여 사주팔자를 움직이고 길흉화복을 만들어 냅니다. 사주와 세운의 공방의 결과로 길흉화복이 만들어지는 것입니다. 이기면 상대를 굴복시키므로 이익을 가져오며 지면 상대에게 지는 것이므로 손해를 가져오게 되는 것입니다. 그러므로 사주팔자는 세운에 의하여 항상 움직이며 길흉화복을 만들어 내는 것입니다.

◆ 물상법
사주팔자의 천간과 지지를 자연의 사물에 대입하여 계절에 따라 변화하는 모습을 상상하며 통변하는 것을 물상법이라고 합니다.

木	火	土	金	水
나무	불	흙	바위, 쇠	물

◆ 궁위법

시주궁	일주궁	월주궁	년주궁
가 정		사 회	
자 식	부 부	형 제	부 모
60대 이후	40-50대	20-30대	10대

궁위법은 사주의 연월일시 네 기둥에 대한 관법입니다.
통변술에 유용하게 활용되니 숙지하는 것이 좋습니다.

◆ 신살법

십이신살	겁살, 재살, 천살, 지살, 년살, 월살, 망신살 장성살, 반안살, 역마살, 육해살, 화개살
복 신	천을귀인
흉 살	양인살, 원진살, 귀문살, 공망살

신神은 복신福神을 뜻하고 살煞은 흉살凶煞을 뜻합니다.
복신은 길한 작용을 하며 흉살은 흉한 작용을 하는 것이 일반적입니다.
신살은 대체로 부정적인 작용이 더 많으므로 자평명리에서는 꺼리는 편이
지만 요즈음은 세운 통변에 신살을 활용하는 편입니다.

◆ 십이신살의 운용

년지 기준	일지 기준	세운지 기준
외적인 환경	내적인 환경	당해 연도의 길흉

제3장
통변과제

通辯課題

01 적성과 직업

◆ 용신의 작용

격국용신	억부용신	조후용신
적　성	능　력	환　경

◆ 적성의 패턴

직장인	명예를 추구하며 승진에 대한 욕구 충족
사업가	재물을 추구하며 영역확장에 대한 욕구 충족
전문가	자아실현을 추구하며 명예 혹은 재물의 욕구 충족

◆ 능력의 패턴

기氣	세勢
자신감	실천력

◆ 환경의 패턴

水	火
한寒　습濕	난暖　조燥

사주팔자에는 적성과 능력이 나타나 있습니다.
적성과 능력에 알맞은 학과를 선택하거나 직업을 선택한다면 성공할 가능성이 높은 것입니다. 적성과 능력이 크다면 그만큼 성공할 가능성은 큰 것이고 적성과 능력이 작다면 그만큼 성공할 가능성이 적다고 말할 수 있습니다.

사주팔자에 적성과 능력이 아무리 크고 좋아도 제대로 쓰지 아니하고 남들이 하니까 나도 따라 한다는 발상으로 엉뚱한 직업을 선택한다면 고생은 불 보듯 뻔한 것입니다.

적성과 능력을 따지지 않고 입시준비를 하는 경우가 많습니다.
자식의 적성과 능력을 제대로 알지 못하고 점수에 따라 학과를 섣불리 결정한 결과는 아이들을 방황하게 만들게 합니다. 대학에 들어와 보니 자신의 적성에 맞지 아니하다고 전과를 하는 경우도 많으며 아예 학업을 포기하는 경우도 많이 발생하고 있습니다.

우리나라의 대학입시의 특성상 자신의 적성과 관계없이 일단 대학에 합격하고 보자는 식의 진학 전략을 따르는 경우가 많기 때문입니다. 자신의 적성과 관계없이 취업에 유리한 학과를 선택하여도 자신의 적성과 동떨어지므로 흥미가 떨어지고 동기유발이 되지 아니합니다.

사주의 환경이 매우 중요합니다.
자신의 적성과 능력을 고려하지 않고 학과나 직업을 택한다면 어려움이 많을 것입니다. 학생들은 전과를 위한 또 다른 노력을 하여야 하며 직업을 잘못 선택하면 다른 직업을 선택하기 위한 노력을 또 다시 해야 하는 것입니다. 사주의 환경이 한습하거나 조열하다면 하고자 하는 일에 걸림돌로 작용될 것이므로 어려움이 많게 되는 것입니다.

❶ 직업적 적성

적성이란 나에게 뛰어난 장점이며 사회적 능력이기도 합니다.
사주팔자에서 격국용신을 판단하는 것은 직업적인 적성을 보는 것입니다.

◆ 직업적 적성

직장인	명예를 추구하며 승진에 대한 욕구 충족
사업가	재물을 추구하며 영역확장에 대한 욕구 충족
전문가	자아실현을 추구하며 명예 혹은 재물의 욕구 충족

사주팔자에서 격국을 판단하는 것은 적성이 무엇인가를 보는 것입니다.
격국에서 직업적 적성을 보고 어느 학과를 선택하고 어느 직업을 선택할 것
인지가 분명해지는 것입니다.

직업적 적성에는 국가나 기업에 취업을 하여 명예를 추구하는 직장인과 사
업체를 자신이 직접 운영하고 관리하며 부를 추구하는 사업가와 전문적인
기술이나 자격을 갖고 명예와 부를 추구하는 전문가가 있습니다.

국가나 기업에 취업하는 경우를 직장인이라고 합니다.
직장인이란 자신의 능력과 노동을 제공하고 급여를 받는 취업행위를 말하
며 국가나 지방자치단체 등 공공기관의 특수직이나 일반직 공무원 또는 선
출직 또는 계약직이나 일용근로자도 있을 것이며

대기업이나 중소기업체의 직원으로 일하는 정규직이나 임시직 또는 일용근로
자도 있을 것이며 소규모의 자영업체에서 일하는 직원도 있을 것입니다.

자신의 사업체를 직접 운영하는 경우를 사업가라고 합니다.

사업이란 영리적이거나 비영리적인 목적으로 자신이 직접 사업체를 만들어서 직원을 채용하여 관리 운영하는 것입니다. 재벌 기업을 운영하는 회장이나 사장에서부터 조그마한 구멍가게를 운영하는 자영업자까지 규모의 크기가 천차만별하게 됩니다.

전문가는 전문적인 기술이나 자격으로 독립적인 활동을 합니다.

일반적으로 '사'자를 가진 전문직이 대부분이며 의사, 변호사, 변리사, 세무사, 기술사, 기능사, 미용사, 상담사, 조리사 등 전문적인 기술이나 자격을 가지고 활동하는 직업을 말합니다.

이들은 국가나 지방자치단체, 공기업 또는 대기업이나 중소기업에 취업하여 활동한다면 직장인이라고 할 수 있고 자신의 사업체를 만들어 활동한다면 사업가 또는 자영업자라고 할 수 있으며 프리랜서로 활동한다면 전문가라고 할 수 있습니다.

요즈음은 직장인도 전문가의 자격을 가진 스펙을 요구하므로 전문가의 활용도가 매우 높고 사업가의 자질을 가지고 있다면 스스로 창업을 하여 기업체를 일구기도 합니다. 현대사회는 전문가의 활용도가 비교적 많다고 할 수 있습니다.

누구나 자신에게 알맞은 적성이 있습니다.

적성을 제대로 알고 이를 개발하여 자신의 것으로 만든다면 자신의 분야에서 최고의 능력을 발휘할 수 있는 것입니다.

취업을 하여 직장에 다녀야할 적성인데도 불구하고 사업을 하겠다고 뛰어든다면 거의 실패할 확률이 많을 것이며

사업을 하여야 할 적성인데도 불구하고 취업을 하여 직장에 다닌다면 직장생활에 만족을 하지 못하고 어려움을 겪을 것이며

전문가로서의 적성인데도 불구하고 개발을 제대로 하지 아니하고 취업이나 사업을 하고자 한다면 자신의 능력을 쓰지 못하는 것입니다.

❷ 격국용신의 직업적 적성

격용신은 자신의 장점으로 직업적 적성입니다.
상신은 격용신을 도와 적성과 결합하여 적성을 활용하는 능력입니다.
이들이 합쳐서 격국용신이라는 직업의 패턴을 만들게 됩니다.

◆ 격용신의 적성 분류

관살격	조직에 대한 시각이 남다르며 조직을 관리할 줄 알며 조직을 통제할 수 있는 능력이 있으며 직장인에게 많은 적성입니다.
재 격	재물에 대한 시각이 남다르며 재물을 관리할 줄 알며 재물을 통제할 수 있는 능력이 있습니다. 이것이 자신의 적성이므로 사회에서 재물을 관리 통제하는 능력이 뛰어나므로 사업가에게 많은 적성입니다.
인수격	책임과 권한에 대한 시각이 남다르며 직위와 인사관리에 능력이 있으며 조직을 보호하고 유지시키는 능력이 있으며 철학적인 자아실현과 예술 활동 등에도 능력이 있으므로 직장인과 전문가에게 많은 적성입니다.
식상격	연구생산과 인기홍보에 대한 시각이 남다르며 생식과 생존유지에 필요한 생필품을 생산가공하고 자신의 능력을 홍보하고 직감적인 끼를 나타내며 인기 유지하는 능력이 있으므로 전문가에게 많은 적성입니다.
록겁격	독립적인 활동과 자영업에 대한 시각이 남다르며 체육이나 보건 예술 등에 대한 능력이 있으므로 전문가에게 많은 적성입니다.

격용신은 적성이고 상신은 적성의 활용성입니다.

월령이 격용신이 되는 것이고 격용신과 함께 격국을 구성하는 육신들은 격용신이 활용하는 능력이 됩니다. 자평진전에서는 이러한 육신을 상신이라고 합니다.

◆ 격국용신 = 격용신 + 상신

격용신	상 신
월령 - 격용신	격용신이 활용하는 육신

격용신과 상신이 모두 기세가 있어야 능력이 있다고 합니다.
월령이 힘이 없으면 격용신으로서의 역할을 하기 어렵습니다. 월령이 천간
에 투출하여야 기세가 있다고 합니다. 기세가 없는 육신은 세력이 있는 육
신에게 자리를 내어 주어야 합니다.

일간과 용신 그리고 상신이 모두 힘이 있다면 유력하다고 합니다.
이를 삼자개비三者皆備 또는 삼자개균三者皆均이라고 합니다.

◆ 삼자개비의 명조

시		일		월		년		구분
辛		乙		丁		甲		천간
巳		未		酉		寅		지지
乙	甲	癸	壬	辛	庚	己	戊	대운
巳	辰	卯	寅	丑	子	亥	戌	

월지 酉金에서 辛金칠살이 투출하여 격용신이 칠살격입니다. 丁火식신이 칠
살용식격의 격국을 성격시키므로 丁火식신이 상신입니다. 일간과 격용신 그
리고 상신이 모두 힘이 있으므로 삼자가 모두 구비되어 유력하므로 지극히
귀한 명조입니다.

❸ 직장인의 적성 패턴

직장인은 대체적으로 식상대관살이나 인성대관살 또는 비겁대관살의 격국을 갖는 것이 일반적입니다.

직장인은 소속감을 갖고 명예에 대한 욕구가 강합니다.

기업에 종속되어 자신의 능력을 펼치면서 인정을 받고 승진을 통하여 자신의 권한을 확대하는 경향이 있습니다.

직위의 확보로 자신의 권한을 확대하고 자신의 명예를 높이고자 하는 열망이 강하며 연봉으로 경제적 만족을 하는 경우가 대부분입니다.

인성대관살은 명예를 드높이고자 합니다.

인성은 직위에 의한 권한이므로 직장에서 승진으로 지위를 확보하여 명예를 드높이자 하는데 관심이 높다고 할 수 있습니다.

◆ 인성대관살의 명조

시		일		월		년		구분
己		辛		戊		戊		천간
丑		丑		午		午		지지
丙	乙	甲	癸	壬	辛	庚	己	대운
寅	丑	子	亥	戌	酉	申	未	

午월 칠살격으로 戊己土인성이 매우 강합니다. 조직에서 명예를 높이고자하는 욕망이 강하며 운이 金水운으로 흐르며 강한 인성을 설기하며 일간을 도우니 어려운 환경의 여건 하에서도 명예를 지키는 김○○ 전 국회의원의 명조입니다.

비겁대관살은 조직에서 자신의 권력을 강화하고자 합니다.

비겁은 독립적인 지위를 확보하고자 하므로 조직을 통제하여 다스리고자 하는 욕망이 크다고 할 수 있습니다.

◆ 비겁대관살의 명조

시		일		월		년		구분
庚		乙		壬		丁		천간
辰		卯		寅		酉		지지
庚	己	戊	丁	丙	乙	甲	癸	대운
戌	酉	申	未	午	巳	辰	卯	

寅월 록겁격으로 비겁의 기세가 매우 강하며 庚金관성이 상신으로 록겁용관격을 성격시키고 있습니다. 일간이 강하고 운에서 일간의 기운을 강하게 설기하며 명예가 빛나는 강○○ 전 장관의 명조입니다.

식상대관살은 전문적인 지식으로 조직을 관리하고자 합니다.

식상은 자신의 천부적인 자질로서 전문가의 능력에 해당합니다.

식상이 관살을 본다면 자신의 능력으로 조직을 관리하며 명예를 빛내고자 하는 마음이 크다고 할 수 있습니다.

◆ 식상대관살의 명조

시		일		월		년		구분
庚		己		辛		乙		천간
午		酉		巳		亥		지지
癸	甲	乙	丙	丁	戊	己	庚	대운
酉	戌	亥	子	丑	寅	卯	辰	

巳월 인수격에서 庚辛金식상이 투출하여 법관의 전문적인 직책을 수행하지만 乙木칠살이 년간에 투출하여 국가의 조직을 관리하며 식상대관살의 격국으로 명예를 빛내는 이○○ 전 총리의 명조입니다.

❹ 사업가의 적성 패턴

사업가는 대체적으로 신왕재왕이나 재왕생관 또는 식상생재의 격국을 갖는 것이 일반적입니다.

사업가는 재물에 대한 욕구가 강합니다.

사업가는 영업을 통하여 이익을 창출하는 경제활동에 능력이 있습니다. 기업을 세우고 기업을 통하여 영업이익을 내는 것이 목적입니다. 그러므로 사업가는 직장생활에 만족하지 못하고 자신의 사업으로 큰 재물을 벌어들이고자 하는 욕망이 있습니다.

신왕재왕은 안정된 부를 이루는 경우가 많습니다.

일간이 강하고 재성이 강하면 신왕재왕의 명이라고 하여 재물을 안정적으로 관리할 수 있습니다. 일간이 강하고 재성이 약하다면 군비쟁재가 되어 재물로 인하여 고생을 하고 일간이 약하고 재성이 강하다면 재다신약이 되어 역시 재물로 인하여 고생하는 명이 됩니다.

◆ 신왕재왕의 명조

시		일		월		년		구분
壬		己		乙		壬		천간
申		未		巳		辰		지지
癸	壬	辛	庚	己	戊	丁	丙	대운
丑	子	亥	戌	酉	申	未	午	

巳월의 일간의 기세가 강하고 壬水재성도 申辰의 세력으로 강하여 일간과 재성의 세력이 균형을 이루는 신왕재왕의 명입니다. 국내에서 재벌기업을 이룬 남○○ 회장의 명조입니다.

식상생재는 부를 창조하는 대표적인 모습입니다.

식상과 재성이 모두 강하여야 부를 이룰 수 있습니다. 식상이 강하고 재성이 약하다면 열심히 노력하였지만 성과를 내기 어렵습니다. 식상이 약하고 재성이 강하다면 노력하지 않고 결과를 바라게 됩니다.

◆ 식상생재의 명조

시		일		월		년		구분
壬		戊		戊		庚		천간
戌		申		寅		戌		지지
丙	乙	甲	癸	壬	辛	庚	己	대운
戌	酉	申	未	午	巳	辰	卯	

寅월 칠살격이지만 격용신의 세력이 없어 칠살격을 포기하고 가장 강한 庚金식신을 용신으로 하여 식상생재의 격국으로 성격시켜 재벌기업을 일군 이○○ 회장의 명조입니다.

재왕생관은 재물과 명예를 동시에 추구합니다.

재왕생관의 격국은 재벌의 그룹을 만드는 것이 목적입니다. 자신의 강한 재성으로 기업을 이루는 것이며 작은 기업에 만족하지 못합니다.

◆ 재왕생관의 명조

시		일		월		년		구분
丁		壬		丁		甲		천간
未		戌		丑		午		지지
乙	甲	癸	壬	辛	庚	己	戊	대운
酉	申	未	午	巳	辰	卯	寅	

丁火재성은 午戌未에 통근하여 지지에 재관의 세력이 가득 있으므로 재왕생관격으로 명예와 부를 동시에 추구하며 재벌이 된 유○○ 회장의 명조입니다.

⑤ 전문가의 격국용신 패턴

전문가는 대체적으로 인비식이 강한 삼상격이나 인비나 비식이 강하고 인성대식상이나 식상패인의 격국을 갖는 것이 일반적입니다.

전문가는 인비식의 세력이 강한 것이 특징입니다.
인성은 학문과 기술의 습득이고 비겁은 독자적인 자아실현의 욕구이며 식상은 능력의 발휘입니다. 그러므로 전문가에게는 인비식의 세력이 강한 것이 특징인 것입니다.

전문가는 자신이 발전시킨 능력으로 독자적인 활동을 하는 것이 대부분이지만 국가나 기업에서 능력을 발휘하며 권력이나 권한을 확보하고 명예를 얻고자 하기도 합니다. 또한 전문가는 자신의 학문과 기술로 창업을 하여 기업을 경영하며 부를 추구하기도 합니다.

◆ 식상패인의 명조

시		일		월		년		구분
甲		丁		戊		己		천간
辰		卯		辰		酉		지지
庚	辛	壬	癸	甲	乙	丙	丁	대운
申	酉	戌	亥	子	丑	寅	卯	

甲木인성과 戊己土식상의 세력이 강합니다. 일간이 약하므로 강한 인성을 패인하여 전문가의 실력을 발휘하며 의료계에 혁신을 일으키고 있는 이○○ 의료인의 명식입니다.

사주팔자에서 강한 장점이 직업적 요소로
성공할 수 있습니다.

직장인은 관살이 장점이 되어야 합니다.

비겁이 강하고 관살이 강하면 직장인이나 정치가로 능력
을 발휘하고
관살이 강하고 인성을 생하면 조직에서 명예를 추구합니다.
관살이 강하고 식상이 제복하면 조직에서 실력이 있다고 합니다.

사업가는 재성이 장점이 되어야 합니다.

비겁이 강하고 재성이 강하면 사업가로서 능력을 발휘합니다.
재성이 강하고 관살을 생하면 사업체를 경영하게 됩니다.
재성이 강하고 인성을 패인하면 권리를 추구합니다.
식상이 강하고 재성을 생하면 열심히 일하는 일꾼입니다.

전문가는 능력이 있어야 합니다.

인성과 비겁과 식상이 강하면 전문가로서 능력을 발휘합니다.
인성과 비겁이 강하면 학자로서의 명성을 날립니다.
비겁과 식상이 강하면 달인으로서 명성을 날립니다.
운에서 재성이 강하게 온다면 부자의 반열에 오르고
운에서 관살이 강하게 온다면 높은 직책을 얻게 됩니다.

木火의 사주팔자는 명예를 추구하고 金水운에 안정이 되며
金水의 사주팔자는 실리를 추구하고 木火운에 발전하게 됩니다.

02 적성과 직업의 수행 능력

기본개념

사주팔자에서 정해진 적성으로 직업을 선택하였다고 할지라도 개인적 수행 능력에 의하여 부귀의 차이가 있습니다. 수행 능력은 기세의 억부용신으로 가늠합니다. 운에서 억부용신을 도와주어야 수행 능력을 발휘할 수 있습니다.

① 기세의 능력

적성과 직업의 수행 능력은 사주팔자의 기세에 의하여 결정된다고 하여도 과언이 아닙니다. 기세란 자신감과 실천력으로서 성공하는 사람들의 특징은 실행 가능성이 있는 목표를 세우고 자신감을 갖고 실천하였기 때문입니다. 목표를 세웠다고 할지라도 할 수 있다는 자신감이 없고 실천력이 없다면 뜬 구름만 잡으므로 성공하기 어렵습니다.

◆ 기세의 능력

기氣	세勢
자신감	실천력

사주팔자에 기세가 강하면 능력이 있다고 합니다.
부귀한 팔자는 기세가 강한 것이 특징입니다. 능력은 사주팔자에서 기세의 원활한 흐름과 세력의 균형으로 만들어 집니다.

신강하다고 성공하고 신약하다고 성공하지 못하는 것이 아닙니다. 신약한 명조일지라도 성공하는 사람들은 기세의 흐름이 좋고 세력의 균형이 좋으며 특히 운에서 도와주므로 에너지를 효율적으로 쓰기 때문입니다.

❷ 기세의 발로

월령에서 나오는 기는 격국용신의 적성으로 자신감의 발로가 되고 지지의 지장간에 통근하여 나오는 실천력은 세력의 중심으로 억부의 대상이 됩니다.

◆ 기세의 발로

기氣 – 자신감	세勢 – 실천력
월령의 기	지지의 통근 세력

◆ 기세의 발로가 좋은 명조

시		일		월		년		구분
壬		己		乙		壬		천간
申		未		巳		辰		지지
癸	壬	辛	庚	己	戊	丁	丙	대운
丑	子	亥	戌	酉	申	未	午	

巳월은 火土기의 기세가 강한 달입니다. 지지에 未土와 辰土의 세력을 규합하여 火土세력이 매우 강합니다. 火土의 강한 기세의 발로로 인하여 金水 용신운으로 강하게 흐르며 재벌 기업을 이루는 남○○ 회장의 명조입니다.

시		일		월		년		구분
戊		乙		丁		庚		천간
寅		丑		亥		子		지지
乙	甲	癸	壬	辛	庚	己	戊	대운
未	午	巳	辰	卯	寅	丑	子	

지지에 亥子丑 방합의 기세가 강하게 발로하면서 대운에서 木火의 용신운으로 흐르며 재벌 기업을 이루는 최○○ 회장의 명조입니다.

3 기세의 균형과 조절

기세의 태과불급은 기세를 발휘하기 어려운 여건을 만들게 됩니다. 그러므로 억부용신으로 기세를 조절하여 균형을 맞추어주고 운에서 도와준다면 명예와 재물을 취할 수 있는 사주가 됩니다.

기세는 흐름이 좋아야 원만한 삶을 살 수 있으며 강한 기세가 운으로 강하게 흐르는 것이 이상적입니다. 기세가 서로 대비되면서 균형을 이루어야 발전을 하는 사주가 되며 운에서 도와주어야 이상적입니다.

◆ 기세가 균형을 이룬 명조

시		일		월		년		구분
壬		丙		丙		丙		천간
辰		寅		申		午		지지
甲	癸	壬	辛	庚	己	戊	丁	대운
辰	卯	寅	丑	子	亥	戌	酉	

丙火일간이 비견과 寅午에 세력을 가지고 있으며 壬水칠살은 申辰에 세력을 이루어 水火기제를 이루고 水木 용신운으로 흐르며 조화를 만드는 모습으로 자신감과 실천력이 뛰어난 백○○ 기업가의 명조입니다.

시		일		월		년		구분
癸		丙		己		庚		천간
巳		午		卯		子		지지
丁	丙	乙	甲	癸	壬	辛	庚	대운
亥	戌	酉	申	未	午	巳	辰	

木火와 土金水의 대비로 균형을 이루며 火운에 기초 에너지를 다지고 金水 용신운으로 흐르며 사주를 도와 조화를 이루고 있어 자신감과 실천력이 뛰어난 이○○ 회장의 명조입니다.

④ 명예와 재물을 만드는 능력

사주팔자에 관성이나 재성이 있다고 명예와 재물을 만들 수 있는 것이 아닙니다. 명예와 재물을 만들 수 있는 적성과 능력이 있어야 하며 대운에서 작용을 해준다면 명예와 재물 운이 있다고 할 수 있습니다.

직장인은 명예를 만드는 능력이 대체로 강한 편이고
사업가는 재물을 만드는 능력이 대체로 강한 편이며
전문가는 재물과 명예를 동시에 만드는 능력이 대체로 강한 편입니다.

◆ 재물을 만드는 능력이 강한 명조

시		일		월		년		구분
壬		辛		丙		戊		천간
辰		巳		辰		寅		지지
甲	癸	壬	辛	庚	己	戊	丁	대운
子	亥	戌	酉	申	未	午	巳	

辰月의 辛金일간은 신약하지만 사주의 흐름이 좋고 강한 戊土인성으로 결실을 만드는 능력이 뛰어나고 金氣의 용신운으로 강하게 흐르므로 재벌기업을 경영하는 정○○ 회장의 명조입니다.

시		일		월		년		구분
戊		戊		壬		壬		천간
午		申		寅		申		지지
庚	己	戊	丁	丙	乙	甲	癸	대운
戌	酉	申	未	午	巳	辰	卯	

戊土의 세력과 壬水재성의 세력의 대결양상이 보입니다. 壬水재성은 월령을 생하여 재왕생관의 기업을 이루어 용신 火운에 꽃을 피우고 金운에 결실을 맺으며 새벌기업을 이룬 박○○ 회상의 녕소입니다.

◆ 명예를 만드는 능력이 강한 명조

시		일		월		년		구분
庚		丁		己		乙		천간
子		亥		卯		亥		지지
辛	壬	癸	甲	乙	丙	丁	戊	대운
未	申	酉	戌	亥	子	丑	寅	

丁火일간이 비록 미약하지만 지지에 亥卯가 합을 하고 乙木인성이 년간에 투출하여 세력이 매우 강하므로 水운에 인성을 키우고 金운에 관성을 키우니 조직을 통한 명예를 추구하며 건국을 이룬 이○○ 전 대통령의 명조입니다.

시		일		월		년		구분
丙		戊		丙		丙		천간
辰		寅		申		戌		지지
甲	癸	壬	辛	庚	己	戊	丁	대운
辰	卯	寅	丑	子	亥	戌	酉	

申월의 戊土가 비록 미약하지만 丙火인성의 세력이 매우 강하므로 명예를 목숨처럼 귀하게 여기며 어두운 水대운을 지나면서 민생을 위하여 밝은 빛을 비추며 스스로를 태운 노○○ 전 대통령의 명식입니다.

사자와 사슴은 서로의 세력이 균형을 이루어야 공생을 하게 됩니다. 사주팔자 역시 흐름이 강하게 흐르거나 강한 세력이 균형을 이루어야 재물과 명예를 취할 수 있습니다. 그리고 운에서 도와주어야 하는 것입니다.

03 건강과 질병

건강은 누구에게나 관심 있는 사항입니다.

재물과 명예가 아무리 많아도 건강을 잃으면 아무 소용이 없습니다. 사주팔자에서 오행이 조화로우면 유통이 잘되므로 건강하다고 합니다. 오행이 조화롭다고 하는 것은 태과불급이 되지 아니하고 왕쇠강약의 정도가 비슷하며 흐름이 좋아 유통이 잘되는 것입니다.

태어날 때 사주팔자가 변하지 않듯이 체질도 변하지 않습니다.

정자와 난자가 결합하여 수정체가 만들어 질 때 체질은 정하여지는 것입니다. 이미 결정된 선천적인 체질이 만들어내는 오행의 태과불급은 건강한 신체를 질병에 노출되게 하는 요인이 됩니다.

선천적으로 결정된 체질이지만 후천적인 노력으로 건강한 신체를 유지할 수 있습니다. 환경, 음식, 운동 등의 조건이 건강한 신체를 유지할 수 있기 때문입니다. 그러나 건강한 신체를 가지고 태어난다고 하여도 무분별한 생활을 함으로써 단명한 사례는 흔히 볼 수 있습니다.

질병을 발생시키는 주요 요인

선천적 체질의 오행의 태과불급은 질병을 발생시키는 주요 요인이 됩니다. 동의수세보원에서 이제마는 사람이 타고난 성품과 감정을 잘 조절하여 어느 한쪽에 치우치지 않고 조화를 이룬다면 병이 없을 뿐만 아니라 장수하고 복을 받으며 부귀하여 이름이 하늘에 오르게 된다고 하였습니다.

사주팔자에 오행이 균형 잡히고 조화가 된다면 건강하다고 합니다. 그러나 오행의 태과불급으로 치우쳐 있다면 성격이 괴팍하게 될 뿐만 아니라 건강하지 못하고 질병으로 시달리게 됩니다. 이제마가 창안한 사상체질은 사상의 태과불급에 의한 체질을 분류하여 태과불급으로 인한 질병을 치료하는 기준으로 삼고 있습니다.

❶ 사상의 태과불급으로 발생하는 질병

사상	태양인	소양인	태음인	소음인
체	폐대간소	비대신소	간대폐소	신대비소
용	木기 태과 金기 불급	火土기 태과 水기 불급	金기 태과 木기 불급	水기 태과 火土기 불급
질병신호	소변불통	변비	땀이 안남	설사
대표질병	하체무력	발열 염증	피부질환	소화불량

태양인은 木기가 태과하고 金기가 불급합니다.
木기가 분출하기 위하여서는 상체의 폐기가 커야 하는 것입니다. 그러므로 태양인은 저돌적이고 도전적이므로 영웅이 많다고 합니다. 반대로 안으로 수렴하는 金기가 불급되어 기운을 저장하는 간기가 상대적으로 작으므로 상체보다는 하체가 부실하다고 합니다.

태양인의 병증은 木기의 태과로 인한 상기 증상으로 인하여 생기는 식도질환과 소화불량, 건조증이 있으며, 반대로 金기의 불급으로 인하여 하체로 기운과 진액이 원활하게 내려가지 못하여 생기는 하체무력증과 만성피로 등의 질병이 있다고 합니다.
특히 태양인은 소변에 이상이 생기면 병이 시작되는 신호이므로 소변을 잘 통하면 건강하다고 합니다. 그러므로 평소에 소변에 대한 관리를 철저히 한다면 건강하다고 할 수 있습니다.

소양인은 火土가 태과하고 水기가 불급합니다.
火土기는 소화를 시키는 작용을 잘하므로 소화기의 비장이 크다고 하는 것입니다. 열이 많으므로 열정적이며 예의바르고 성실하다고 합니다. 반대로 水기의 불급으로 성격이 급하고 안정되지 못하며 水기를 조절하는 신장의 기운이 상대적으로 작다고 하는 것입니다.

소양인의 병증은 火土기의 태과로 발생되는 것으로 몸 안의 수분과 진액이 말라서 생기는 소갈증과 당뇨병, 발열 염증과 변비 등이 대표적이며, 반대로 水의 불급으로 인하여 신장과 방광염, 불임증, 발기불능, 요통, 변비 등의 질병이 생긴다고 합니다. 특히 소양인은 대변이 잘 안 나오면 병증이 심하여진 것이라고 합니다. 그러므로 평소에 대변관리를 잘하면 건강하다고 합니다.

태음인은 金기가 태과하고 木기가 불급합니다.

金기는 수렴하는 작용을 하므로 간기가 커야 영양을 저장할 수 있는 것입니다. 끌어 모으는 수렴작용이 태과하므로 욕심이 발동하는 것을 경계하여야 할 것입니다. 반대로 위로 발산하는 木기가 불급하므로 상대적으로 폐기가 작으므로 저돌적이고 적극적인 기운이 적다고 하는 것입니다.

태음인의 병증은 金기의 태과로 단단한 피부를 가지고 있어 체온을 조절하는 기능인 땀구멍이 막혀서 생기는 질병으로 수족냉증이나 두통, 비염, 탈모 등의 질병이 대부분이며, 木의 불급으로 발산을 하지 못하여 아토피, 피부질환 등의 질병이 생긴다고 합니다. 특히 태음인은 땀구멍이 막혀서 땀이 잘 안 나오면 병증이 심하여진다고 합니다. 그러므로 평소에 피부 관리를 잘하여 땀을 잘 배출하여야 건강하다고 합니다.

소음인은 水기가 태과하고 火土기가 불급합니다.

水기는 몸을 적셔주고 배설하는 기능이 있으므로 水의 태과로 신장의 기가 커서 생기는 과도한 이뇨작용으로 인하여 혈액량이 줄어 수족냉증, 어지럼증, 비만증 등이 생기며, 火土의 불급으로 인하여 소화불량, 위염, 위하수, 위산과다, 식욕부진, 급만성 복통, 설사 등의 질병이 생긴다고 합니다. 특히 소음인은 소화불량으로 인하여 제대로 먹지 못하여 생기는 병이므로 허약체질에 많다고 합니다.

❷ 오행의 중화로 인한 건강 체질

木과 金의 중화	火土와 水의 중화

황제내경에는 음양화평지인陰陽和平之人이라는 말이 있습니다.
음양의 조화와 균형이 이루어진 건강한 사람을 말합니다.

木과 金의 중화는 태양인과 태음인의 중화로서 건강한 체질입니다.
火土와 水의 중화는 소양인과 소음인의 중화로서 건강한 체질입니다.

태양인과 태음인은 木金의 불균형으로 인한 질병을 앓기 쉽습니다.
태양인이 건강하려면 서늘하고 담백한 金기를 보충하여 기운을 아래로 내려
소변이 잘 나오면 건강한 것입니다. 태음인이 건강하려면 木기를 보충하여
피부의 땀구멍을 열어주어 땀이 잘 나오면 건강한 것입니다.

소양인과 소음인은 火土와 水의 불균형으로 인한 질병을 앓기 쉽습니다. 소양
인이 건강하려면 성질이 차면서 수분과 진액이 많은 水기를 보충하여 마른기
운을 적셔 대변이 잘 나오면 건강한 것입니다. 소음인이 건강하려면 따뜻하고
매운 火기를 보충하여 비위를 따뜻하게 유지하여야 건강한 것입니다.

혈기가 고르면 만족과 성취감으로 건강하게 됩니다.
하고자 하는 일이 잘되어 성취가 되고 만족이 되는 것이 많을수록 수명이 길
어진다는 기사를 본 적이 있습니다. 삶의 행복은 자신이 하고자 하는 일이 제
대로 성취되는 데에 있는 것입니다.

능력에도 미치지 못하는 일을 이루겠다고 욕심을 부린다면 좌절과 실패로 인
하여 불안감과 우울증을 가져오며 건강을 해치게 마련입니다. 나의 능력에 맞
는 일을 선택하고 최선의 노력으로 성공하여야 성취감을 맛볼 수 있으며 건강
하고 수명을 오래 연장할 수 있는 것입니다.

❸ 사주팔자로 보는 건강 통변

시		일		월		년		구분
丁		己		丙		甲		천간
卯		未		寅		午		지지
甲	癸	壬	辛	庚	己	戊	丁	대운
戌	酉	申	未	午	巳	辰	卯	

사주에 火土가 강하고 木이 강하지만 水와 金이 없어 균형을 이루지 못하므로 어려서부터 쇠약하여 많은 질병을 앓게 됩니다. 金운에 들어서며 木金의 균형으로 큰 병은 없지만 水기의 부족으로 기력이 쇠잔하므로 꾸준한 운동으로 기력을 보충하면서 장수하게 됩니다.

시		일		월		년		구분
辛		乙		壬		丁		천간
巳		丑		寅		未		지지
庚	己	戊	丁	丙	乙	甲	癸	대운
戌	酉	申	未	午	巳	辰	卯	

사주에 木金이 균형을 이루고 水火역시 균형을 이루고 있습니다. 火운에 水火의 균형이 깨지며 삶에 어려움이 많았지만 木金의 균형으로 건강하므로 장수할 요건을 갖추고 있습니다.

시		일		월		년		구분
己		丙		壬		乙		천간
丑		戌		午		卯		지지
甲	乙	丙	丁	戊	己	庚	辛	대운
戌	亥	子	丑	寅	卯	辰	巳	

사주에 火土가 강하다고 하지만 丑戌의 음지에 앉아 있고 壬水가 투출하여 음양이 균형되어 있습니다. 火土와 水의 화평이 이루어진 명조이므로 100세를 넘도록 활동을 하는 의료인 김○○의 명조입니다.

시	일	월	년	구분
庚	丙	己	乙	천간
寅	申	丑	丑	지지

								구분
辛	壬	癸	甲	乙	丙	丁	戊	대운
巳	午	未	申	酉	戌	亥	子	

사주에 木金과 火土水가 균형을 이루며 조화로운 상태입니다. 운에서 木金과 水火로 조합되며 화평지인을 만들고 있으므로 정치인으로 성장하고 92세에 별세한 김○○ 전 총리의 명조입니다.

시	일	월	년	구분
壬	辛	庚	乙	천간
辰	巳	辰	丑	지지

								구분
壬	癸	甲	乙	丙	丁	戊	己	대운
申	酉	戌	亥	子	丑	寅	卯	

사주에 木金의 균형으로 조화로운 화평을 만들고 있습니다. 운에서 水金으로 흐르며 화평의 균형을 유지하므로 90세가 넘도록 연예활동을 활발하게 하고 있는 송○○ 연예인의 명조입니다.

시	일	월	년	구분
壬	庚	丁	庚	천간
午	午	亥	辰	지지

								구분
乙	甲	癸	壬	辛	庚	己	戊	대운
未	午	巳	辰	卯	寅	丑	子	

사주에 水火의 균형을 이루고 있으며 활발한 사회적 활동으로 木火운에 연예인으로 성공하지만 대신 金水기의 약화로 건강을 잃고 폐암으로 사망한 연예인 이○○의 명조입니다.

오행이 조화로우면 일생동안 질병이 없으나 혈기가 난잡하면 평생 질병으로 고생하며 기신이 오장에 침입하면 병이 깊어지나 운에서 오는 병은 정도가 깊지 아니하다. - 적천수

◆ 혈기가 난잡한 것은 오행의 조화가 깨진 것입니다.
오행의 태과불급으로 흐름이 원활하지 않으면 혈기가 난잡하여 역극과 배반의 현상이 일어나며 질병이 발생하는 것입니다.

시		일		월		년		구분
庚		戊		甲		癸		천간
申		戊		寅		未		지지
丙	丁	戊	己	庚	辛	壬	癸	대운
午	未	申	酉	戌	亥	子	丑	

甲木칠살과 庚金식신의 세력이 균형을 이루고 있습니다. 일생동안 질병이 없이 90세까지 건강하게 살고 명예, 재산, 복, 수명을 모두 갖추었다고 합니다.

시		일		월		년		구분
甲		戊		庚		甲		천간
寅		寅		午		寅		지지
戊	丁	丙	乙	甲	癸	壬	辛	대운
寅	丑	子	亥	戌	酉	申	未	

甲木칠살이 火인성화되어 일간을 생하고 운에서 金水기운으로 설기하니 오행의 흐름이 원활하여지고 있습니다. 그러므로 일생동안 질병이 없이 부귀수복을 모두 누렸다고 합니다.

시	일	월	년	구분
庚	丁	乙	丙	천간
戌	未	未	申	지지
癸　壬　辛　庚	己　戊	丁　丙		대운
卯　寅　丑　子	亥　戌	酉　申		

未월에 丙丁火의 기세가 강합니다. 乙木이 丙丁火의 기세를 더하며 金기를 찌그러지게 하는 화다금결火多金缺이 되어 혈기가 난잡하므로 어려서부터 가래를 끓는 담화의 증세가 있었다고 합니다.

己亥대운에 불기운을 水기로 잠재워야 하나 己土가 水기를 막으니 한 잔의 물로 수레의 장작불을 끄지 못하는 격으로 죽었다고 합니다.

시	일	월	년	구분
壬	丙	丙	甲	천간
辰	寅	寅	辰	지지
甲　癸	壬　辛	庚　己	戊　丁	대운
戌　酉	申　未	午　巳	辰　卯	

寅월에 丙火가 투출하고 지지 세력으로 甲木인성의 세력이 강하므로 木火의 기세가 강합니다. 壬水칠살은 辰土에 세력이 있다고 하나 미약합니다. 강한 木火기로 인하여 水기가 메마르니 신장에 문제가 생기고 폐金도 자연히 쇠약해지므로 적수오건適水熬乾이 되어 庚午대운에 피를 토하고 죽고 말았다고 합니다.

적수오건適水熬乾
한 방울의 물을 뜨거운 불로 볶아 타버리게 한다는 뜻입니다.
뿌리가 없는 壬癸水가 천간에 하나 있을 경우입니다.

◆ 기신이 오장을 침입하면 병이 깊어집니다.

기신이 오장을 침입한다는 것은 기신이 암장되어 있다가 운에서 기신이 들어오며 기신을 동하게 만들어 피해를 극심하게 만드는 것입니다.

길신이 노출되면 쟁탈하는 바람이 일게 되고 기신이 암장되면 호랑이를 기르는 우환이 있게 된다. - 적천수

시		일		월		년		구분
壬		辛		辛		丁		천간
辰		未		亥		亥		지지
癸	甲	乙	丙	丁	戊	己	庚	대운
卯	辰	巳	午	未	申	酉	戌	

亥월의 辛金일간이 미약한데 壬水상관이 강하여 설기가 과다하므로 壬水를 억제하는 土기를 용신으로 하고 용신을 극하는 木기가 기신이 됩니다. 木기신이 지지에 곳곳이 암장되어 있어 용신인 土기를 극하니 비장이 허약하고 위경련도 심하여 편할 날이 없었다고 합니다.

시		일		월		년		구분
庚		壬		戊		癸		천간
戌		寅		午		丑		지지
庚	辛	壬	癸	甲	乙	丙	丁	대운
戌	亥	子	丑	寅	卯	辰	巳	

지지에 寅午戌 火국을 이루고 戊癸합으로 火의 세력이 매우 강하므로 설기를 하여야 하나 土기가 없으므로 水용신을 쓰지만 용신이 미약하여 역할이 어렵습니다. 乙卯대운에 火기가 더욱 더 강해지며 金水기운이 상하니 폐와 신장에 병이 들고 기침을 심하게 하다가 甲戌년에 丙寅월에 木火가 강해지며 火기신이 동하니 죽고 말았다고 합니다.

◆ 기가 통하지 못하면 정체가 되어 썩거나 상하게 됩니다.

기가 원활하게 흐르면 병이 없고 장수하게 되지만 기가 원활하게 유통되지 않는다면 정체가 되어 질병이 생기게 됩니다.

시		일		월		년		구분
丙		庚		甲		壬		천간
戌		午		辰		辰		지지
壬	辛	庚	己	戊	丁	丙	乙	대운
子	亥	戌	酉	申	未	午	巳	

庚金일간이 辰월에 태어나 세력이 미약하고 丙火의 세력이 강하므로 土를 용신으로 하여 丙火의 세력을 설기하니 木기가 기신의 역할을 하게 됩니다.

남방 火운에는 용신 土기를 지원하여 비위의 병은 없었고 戊申 己酉운에는 용신이 작용하여 큰돈을 벌었으나 미약한 金기가 火기에 의하여 녹으니 약한 폐질환이 있었고, 북방 水운으로 넘어가며 辛亥대운에는 용신의 기가 통하지 못하고 甲木기신이 세력을 얻어 돌연히 풍병으로 죽었다고 합니다.

시		일		월		년		구분
壬		己		己		庚		천간
申		亥		丑		辰		지지
丁	丙	乙	甲	癸	壬	辛	庚	대운
酉	申	未	午	巳	辰	卯	寅	

사주에 金水의 세력이 강하므로 설기하는 木기가 용신이 되며 동방 木운에 약간이라도 유통이 되면서 괜찮았지만 남방 火운에는 기가 흐르지 못하고 甲午대운 己巳년에 용신을 합거하고 火土기가 강하여지므로 위병과 혈병으로 죽었다고 합니다.

핵심 Tip

오행이 균형을 이루고 운에서 흐름이 좋고 뿌리가 튼튼하다면 건강한 음양화평지인이 됩니다.

사주팔자에 木金과 水火의 균형이 조화를 이루어야 합니다.

음양화평지인이 되려면 木金과 水火의 균형을 이루어 조화가 되어야 합니다. 또한 운에서 도와주어야 건강하게 유지가 되면 삶이 편안해지는 것입니다. 건강한데 삶이 어렵다면 운이 작용하는 것이며 삶은 성공하였는데 건강하지 못하다면 역시 운이 그렇게 만든 것입니다.

에너지를 과도하게 쓰면 쉽게 지치게 됩니다.

기세가 약한데 재물과 명예를 취하기 위하여 과도한 에너지를 쓰게 되면 에너지 고갈로 인하여 질병이 생깁니다. 사주에 木金과 水火의 에너지가 균형을 이루었다면 재물과 명예를 취하는데도 유리합니다.

기세가 균형을 이루어야 건강합니다.

태과불급으로 인하여 기세가 기울어져 있다면 강한 것으로 인하여 약한 것이 무너지게 됩니다. 강한 것도 병이 되고 약한 것도 병이 되니 고치기 어렵습니다.

◆ 오행의 태과불급은 질병을 일으킵니다.

사 상	태양인	소양인	태음인	소음인
태 과	木	火土	金	水
불 급	金	水	木	火土
대표 증상	하체무력	발열 염증	피부질환	소화장애

04 성격

① 오행의 성정

木	火	土	金	水
인仁	예禮	신信	의義	지智
측은지심	사양지심	신뢰지심	수오지심	시비지심
분노, 사랑	기쁨	욕망	미움, 슬픔	두려움

인의예지신은 사람이 갖추어야 하는 다섯 가지 도리로서 오상五常이라고 합니다. 오상은 맹자의 사단四端에 한나라의 동중서가 오행설에 기초하여 土의 신信을 추가한 것이라고 합니다.

◆ 사단칠정론

구 분	근 거	내 용
사 단	맹 자	측은지심(惻隱之心) 수오지심(羞惡之心) 사양지심(辭讓之心) 시비지심(是非之心)
칠 정	중 용	희(喜기쁨) 노(怒분노) 애(哀슬픔) 구(懼두려움) 애(愛사랑) 오(惡미움) 욕(欲욕망)

사단이란 사람의 본성에서 우러나오는 네 가지의 마음씨를 말합니다.
칠정이란 인간이 가지고 있는 감정이라고 합니다.
오욕칠정은 인간의 성격을 결정하는 중요한 기준이 됩니다.

측은지심惻隱之心은 다른 사람의 불행을 불쌍하게 여기는 마음이며
사양지심辭讓之心은 겸손하여 남에게 사양할 줄 아는 마음이며
신뢰지심信賴之心은 상대를 신뢰하는 성실한 마음이며
수오지심羞惡之心은 정의로움으로 악을 배척하는 마음이며
시비지심是非之心은 지혜로 옳고 그름을 판단하는 마음입니다.

❷ 오행의 태과불급에 따른 성격의 변화

오행	木	火	土	金	水
적당	인자	겸손	신의	의리	이해
태과	분노	오만	독선	독재	고집
불급	비겁	비굴	의심	비열	불안

사주팔자에 木이 적당하다면 인자하고 남을 배려하며 보살피는 성정으로 부드럽고 원만한 성격을 가졌다고 합니다. 木이 태과하다면 화를 잘 내며 분노로 인하여 난폭한 성격이 됩니다. 木이 불급하다면 남을 배려하지 못하고 겁이 많으므로 비겁한 성격이 됩니다.

사주팔자에 火가 적당하다면 겸손하고 예의바른 성격을 갖게 됩니다.
火가 태과하다면 불같이 매우 급하고 물불을 가리지 않는 오만한 성격이 됩니다. 火가 불급하다면 예의가 없으며 비굴한 성격이 됩니다.

사주팔자에 土가 적당하다면 신의와 신용이 있는 성격이 됩니다.
土가 태과하다면 자신만을 믿는 독선적인 성격이 되며, 土가 불급하다면 남을 의심하는 성격이 있게 됩니다.

사주팔자에 金이 적당하다면 의리와 정의가 있는 성격이 됩니다. 金이 태과하다면 혼자서 차지하려는 독재적인 성격이 되며, 金이 불급하다면 뒤에서 남을 깎아내리고 사기를 치는 비열한 성격이 됩니다.

사주팔자에 水가 적당하다면 지혜가 있고 안정된 성격을 갖게 됩니다.
水가 태과하고 흐르지 못하면 우물 안 개구리가 되며 고집스러워지고, 水가 불급하다면 지혜가 없으니 시시비비를 가리지 못하고 우유부단한 성격이 되며 불안하게 됩니다.

③ 오행의 균형과 조화

木과 金의 중화	火土와 水의 중화

오행의 불균형은 건강과 마찬가지로 성격에도 변화를 가져옵니다. 오행이 균형되면 성격의 화평지인으로 원만하고 부드러운 성격이 되지만 태과불급으로 불균형을 이루면 성격이 어그러지며 독선적이고 고집스러우며 자신만 아는 이기적인 사람이 됩니다.

木과 金이 균형을 이루면 인자한 성격과 정의로움이 빛을 발휘하는데
木이 태과하고 金이 불급한 태양인은 화를 잘 내고 비열한 성격이 되며, 반대로 木이 불급하고 金이 태과한 태음인은 욕심을 탐하기 쉬우며 남을 배려하는 마음이 없고 독단적인 주장으로 고립되기 쉽습니다.

水와 火土가 균형을 이루면 예의바르고 지혜가 빛을 발휘하는데
火土가 태과하고 水가 불급한 소양인은 지혜를 버리고 어리석은 위인이 되기 쉬우며, 반대로 火土가 불급하고 水가 태과한 소음인은 나약한 사람으로 자신만을 생각하며 안일한 마음이 되기 쉬운 것입니다.

④ 사주팔자로 보는 성격 통변

시		일		월		년		구분
丁		己		壬		庚		천간
卯		丑		午		辰		지지
庚	己	戊	丁	丙	乙	甲	癸	대운
寅	丑	子	亥	戌	酉	申	未	

午월 여름생으로 火土의 기세가 강하고 金水의 기세가 약한 소양인의 성격을 가지고 있으나 일지 丑土가 金水의 기운을 보완하고 운에서 金水운으로 흐르므로 원만한 성격을 가진 연예인 최○○명조입니다.

시		일		월		년		구분
丁		己		丙		甲		천간
卯		未		寅		午		지지
甲	癸	壬	辛	庚	己	戊	丁	대운
戌	酉	申	未	午	巳	辰	卯	

사주에 木火土가 강하므로 소양인의 성격을 가지고 있습니다.

金水가 없어 시작은 잘하지만 마무리를 못하는 성격이며 조그만 일에도 분노하고 어리석은 마음으로 자신만을 생각하는 위인이 되기 쉽습니다.

다행히 金운으로 흐르며 수렴을 도우니 급한 성정을 누르는 수행으로 마음을 다스리며 음양의 화평을 이루어 편안한 삶을 살게 됩니다.

시		일		월		년		구분
辛		乙		壬		丁		천간
巳		丑		寅		未		지지
庚	己	戊	丁	丙	乙	甲	癸	대운
戌	酉	申	未	午	巳	辰	卯	

사주에 木金이 균형을 이루고 水火역시 균형을 이루고 있으나 음의 기운이 강한 사주이므로 시작의 기운보다는 마무리의 기운이 좋습니다. 그러므로 시작에 어려움을 겪기에 모든 일을 시작하기 두려워하며 철저한 준비와 계획을 세우는데 시간과 에너지를 소비하며 자칫 기회를 놓치기 쉬운 것입니다.

火운에 급한 마음으로 어설프게 시작하여 고생하였다면 金운에는 결실을 맺기 위하여 일을 차근차근 진행하며 인의의 성정으로 베푸는 삶을 살면서 편안한 삶을 영위하게 됩니다.

오행의 기운이 어긋나지 아니하면 성정이 바르고 온화하며
탁하고 난잡하여 편고되면 성정이 괴팍하게 됩니다. - 적천수

◆ 오행이 균형되면 성정이 바르다고 합니다.

시		일		월		년		구분
戊		甲		丙		己		천간
辰		子		寅		丑		지지
戊	己	庚	辛	壬	癸	甲	乙	대운
午	未	申	酉	戌	亥	子	丑	

寅월의 甲子일주는 木이 당령하여 기세가 있고 子水로 적셔주므로 맑고 어
질다고 합니다. 甲木이 丙火를 생하여 예절이 바르다고 하며 강한 土기로 설
기하므로 신의가 있으며 매사에 겸손하다고 합니다.

시		일		월		년		구분
乙		己		丁		己		천간
丑		卯		卯		酉		지지
己	庚	辛	壬	癸	甲	乙	丙	대운
未	申	酉	戌	亥	子	丑	寅	

卯월에서 乙木이 투출하여 木기가 강왕한데 火土기는 미약하여 金기를 생하
지 못합니다. 木金의 균형이 깨지면서 火土기와 金기가 미약하므로 신의와
예의가 없으며 이기석인 마음만 가득하다고 합니다.

◆ 火가 맹렬한데 金水가 충격하면 성격이 조급하게 됩니다.

火는 맹렬하여도 본래 예절을 중시하므로 丑辰 습토로 조절하며 그 성질을 따르면 반드시 사리에 밝고 자애로운 덕성을 나타내지만 金水가 충격하면 격노해지며 예절을 모르고 재앙을 당하게 된다고 합니다.

시		일		월		년		구분
己		丙		甲		丙		천간
丑		午		午		戌		지지
壬	辛	庚	己	戊	丁	丙	乙	대운
寅	丑	子	亥	戌	酉	申	未	

午월의 丙火가 맹렬하고 甲木이 생하여 더욱 더 맹렬하지만 丑土가 火기를 흡수하고 金水운으로 흘러 유통이 순조로우므로 위아래를 공경하고 겸손하며 부귀하였다고 합니다.

시		일		월		년		구분
甲		丙		甲		辛		천간
午		子		午		巳		지지
丙	丁	戊	己	庚	辛	壬	癸	대운
戌	亥	子	丑	寅	卯	辰	巳	

午월의 丙火가 맹렬하고 甲木이 생하여 더욱 더 맹렬한데 일지 子水로 인하여 火기가 격노하게 됩니다. 火기를 흡수하는 土기가 없고 金기가 미약하여 水기를 생하지 못하고 오히려 火기의 성질을 건드리는 결과를 만들게 됩니다. 무술을 배우기 좋아하며 건달들과 몰려다니며 방탕한 생활을 하다가 호랑이에 물려 죽었다고 합니다.

◆ 水가 金과 木으로 유통이 되면 성질이 유연하다고 합니다.

水가 강하여도 金으로 기세에 순종하거나 木으로 흡수하여 유통시켜 준다면 유연해진다고 합니다. 그러나 火土로 자극한다면 그 기세는 폭풍우와 같이 매우 거세어집니다.

시		일		월		년		구분
庚		壬		甲		癸		천간
子		申		子		亥		지지
丙	丁	戊	己	庚	辛	壬	癸	대운
辰	巳	午	未	申	酉	戌	亥	

子월에 壬癸水의 세력이 강한데 미약한 甲木을 설기하는 용신으로 삼기 어려우니 庚金을 용신으로 하여 기세에 순종하여 인덕을 겸비하였으나 火운에 용신을 극하니 파산하고 죽었다고 합니다.

시		일		월		년		구분
戊		壬		癸		癸		천간
申		子		亥		未		지지
乙	丙	丁	戊	己	庚	辛	壬	대운
卯	辰	巳	午	未	申	酉	戌	

亥월의 水의 세력이 강한데 戊土가 자극하니 시비를 가리지 못하고 멋대로 행동하며 무뢰 하였다고 합니다. 초년 壬戌운에는 지지에 土가 왕하니 부모를 모두 여의고 辛酉 庚申운에는 土를 설기하고 水를 생하니 비록 사악하고 요행만 바라는 삶이지만 무난하게 지냈으며 己未운에는 강한 水를 극하니 식구가 모조리 불에 타죽었다고 합니다.

◆ 木이 火운을 만나면 연약하고 겁이 많다고 합니다.

木이란 원래 火를 만나면 자애롭게 되는 것인데 남방 火운으로 가게 된다면 火가 맹렬하여지므로 반드시 金水로 유통되어야 합니다. 또한 辰土는 火의 기운을 흡수하므로 공손하고 온화해진다고 합니다.

시		일		월		년		구분
丙		甲		壬		庚		천간
寅		午		午		辰		지지
庚	己	戊	丁	丙	乙	甲	癸	대운
寅	丑	子	亥	戌	酉	申	未	

午월의 甲木이 왕한 火기에 의하여 설기되어 연약하고 겁이 많다고 합니다. 그러므로 壬水를 용신으로 하고 庚金을 희신으로 합니다. 마침 년지 辰土가 있어 火기를 흡수하고 운에서 金水로 도우니 조화를 이루어 인자함과 덕성이 겸비되었다고 합니다.

시		일		월		년		구분
丙		甲		甲		丙		천간
寅		申		午		戌		지지
壬	辛	庚	己	戊	丁	丙	乙	대운
寅	丑	子	亥	戌	酉	申	未	

午월의 甲木이 寅午戌 火국으로 인하여 火기가 매우 강렬하므로 木이 매우 허약하여 연약하고 겁이 많다고 합니다. 일지 申金은 火국에 의하여 뽑혀나 가니 의심이 많고 결단력이 적으며 소탐대실하니 한 가지도 성사된 일이 없다고 합니다.

◆ 金이 水로 흐르면 지혜를 발휘하는 융통성이 있습니다.

金의 성질은 강하고 결단성이 있습니다. 水를 보면 강건한 결단력으로 지혜를 발휘하는 융통성이 있게 됩니다. 金水가 모두 강하다면 안으로 반듯하고 밖으로 원만하게 되며 베풀 줄 아는 사람이나 金이 약하고 水가 강하다면 겉과 속이 다르고 남을 속이는 위인이라고 합니다.

시		일		월		년		구분
乙		庚		癸		甲		천간
酉		子		酉		申		지지
辛	庚	己	戊	丁	丙	乙	甲	대운
巳	辰	卯	寅	丑	子	亥	戌	

酉월의 金기 세력이 강하고 癸水가 申子에 통근하여 金기를 설기하니 맑다고 합니다. 강한 성품으로 자신의 주장을 굽히지 아니하였지만 베풀기 좋아하고 남을 헌신적으로 도와주었다고 합니다.

시		일		월		년		구분
丙		庚		壬		壬		천간
子		辰		子		申		지지
庚	己	戊	丁	丙	乙	甲	癸	대운
申	未	午	巳	辰	卯	寅	丑	

子월의 庚金이 丙火칠살을 만나 금수상관희견관으로 조후가 구비되었습니다. 그러나 水기가 매우 강하여 金기와 火기가 약하므로 예의를 모르며 의리가 없고 사기로 남의 재물을 갈취하였다고 합니다.

동방 木운에는 재물을 어느 정도 모았으나 남방 火土운에는 강한 水기가 흐르지 못하여 유통되지 아니하므로 모아둔 재물이 모두 없어졌다고 합니다.

◆ 가을의 水가 火운으로 돌아가면 성격이 비뚤어진다고 합니다.

서방의 水란 가을 金기로부터 나오는 水로서 강한 샘물과도 같은 것입니다. 그러므로 동쪽 木운으로 흘러야 지혜가 동하여 인자하게 되며 안정되게 흐르게 됩니다. 그러나 남쪽 火운으로 흐른다면 세력을 거스르는 것이니 반항하고 비뚤어지며 인자함과 예절이 없다고 합니다.

시		일		월		년		구분
甲		壬		庚		癸		천간
辰		申		申		亥		지지
壬	癸	甲	乙	丙	丁	戊	己	대운
子	丑	寅	卯	辰	巳	午	未	

이 명조는 가을의 水이지만 운이 남방 火운으로 흐르므로 성품이 비뚤어지기 쉬우나 다행히 甲木이 있어 水기를 유통시켜주므로 지혜로운 성품으로 인자하였으며 부귀하였다고 합니다.

시		일		월		년		구분
丙		壬		庚		癸		천간
午		子		申		亥		지지
壬	癸	甲	乙	丙	丁	戊	己	대운
子	丑	寅	卯	辰	巳	午	未	

이 명조는 앞의 명조와 같이 가을의 水가 남방으로 흐르고 있습니다.
그러나 사주에 木대신 火가 있어 水가 유통을 거역하고 있으므로 성격이 비뚤어지고 예의가 없었다고 하며 남방 火운에 남의 처를 빼앗다가 맞아 죽었다고 합니다.

◆ 火가 겨울의 水운으로 돌아서면 맹렬하게 됩니다.

맹렬한 火기는 강렬하게 타오르는 불꽃이므로 土기로 설기하여야만 자애로운 성품이 된다고 합니다. 만약에 土기가 불비한데 북방 水운을 만나면 타오르는 기세를 억제하는 水기로 인하여 오히려 맹렬한 火기를 촉발하므로 무례하게 된다고 합니다.

시		일		월		년		구분
己		丙		甲		丙		천간
丑		午		午		寅		지지
壬	辛	庚	己	戊	丁	丙	乙	대운
寅	丑	子	亥	戌	酉	申	未	

이 명조는 지지에 寅午합으로 火기가 맹렬한데 시에서 己丑이 설기하므로 겸손하고 교양이 있다고 하며 행운이 金水로 흐르며 부귀하였다고 합니다.

시		일		월		년		구분
庚		丙		丙		丁		천간
寅		午		午		卯		지지
戊	己	庚	辛	壬	癸	甲	乙	대운
戌	亥	子	丑	寅	卯	辰	巳	

이 명조 역시 지지에 寅午합에 火기가 매우 강하지만 사주에 土기가 없으므로 火기를 촉발시키는 水기를 막지 못하고 있으므로 성격이 불같이 급하다고 합니다. 동방 木운에는 무난하였으나 북방 水운에 火기를 거스르며 어려움이 많았다고 합니다.

◆ 순조롭게 생하여 나가는 것을 충격하면 저항합니다.

순조롭게 나아간다는 것은 목생화 화생토가 되어 성질이 유순하게 되지만
중간에 수극화가 된다면 순조롭게 나아가지 못하니 반항하는 것입니다.

시		일		월		년		구분
壬		甲		丙		己		천간
申		寅		寅		亥		지지
戊	己	庚	辛	壬	癸	甲	乙	대운
午	未	申	酉	戌	亥	子	丑	

이 명조는 木의 기세가 강한데 丙火가 용신이 되어 설기하므로 총명하여 수
재 소리를 듣고 인자하고 예절바르다고 합니다. 그러나 己土가 허약하여 金
水기운으로 제대로 흐르지 못하니 강한 金운에 甲木이 충격을 받으므로 공
명을 이루지도 못하고 辛酉대운에 저항하다 죽었다고 합니다.

시		일		월		년		구분
壬		甲		戊		庚		천간
申		午		寅		寅		지지
丙	乙	甲	癸	壬	辛	庚	己	대운
戌	酉	申	未	午	巳	辰	卯	

이 명조는 木의 기세가 강하고 비록 火土와 金水의 세력이 약하지만 제대로
유통되고 있으므로 덕성이 있고 마음도 솔직하며 후손이 발복하였다고 합
니다. 다만 火운에 金水를 충격하여 유통의 흐름을 막으니 출세하여도 성공
하지 못하고 재산손실만 많았다고 합니다.

◆ 음탁한 곳에 火가 암장되면 지체되어 발전하지 못합니다.

음습하고 어두운 기운은 본래 발전하기 어렵다고 합니다. 마음은 하고자 하여
도 의지가 약하여 우유부단하고 결단성이 없고 의심이 많아 일이 지체되기 마
련입니다. 운이 木火운으로 흐른다면 밝은 기운으로 나오니 발전하게 됩니다.

시		일		월		년		구분
壬		癸		辛		癸		천간
戌		丑		酉		亥		지지
癸	甲	乙	丙	丁	戊	己	庚	대운
丑	寅	卯	辰	巳	午	未	申	

이 명조는 모두 金水의 음기로 되어있는데 戌중 丁火가 갇히어 있고 亥중 甲
木이 丁火를 생하여주지 못하니 답답하게 됩니다. 그러나 운이 남방 火운으
로 흐르며 火기를 이끌어 내어주니 포장되어 있는 기운을 유통시켜 뜻을 펼
칠 수 있었다고 합니다.

시		일		월		년		구분
癸		癸		辛		丁		천간
亥		亥		亥		丑		지지
癸	甲	乙	丙	丁	戊	己	庚	대운
卯	辰	巳	午	未	申	酉	戌	

이 명조는 지지에 亥水가 가득하고 丑土마저 있으니 매우 음탁하다고 합니
다. 년간 丁火는 지지에 뿌리가 없어 亥중 甲木을 이끌어 낼 수가 없어 답답
하기만 합니다. 그러나 운이 남방 火운으로 흐르며 출세를 하게 되고 높은
벼슬까지 하여 귀하게 되었다고 합니다.

◆ 양인격은 싸우면 위력을 나타내고 쇠약하면 두려워합니다.

양인격과 상관격은 자평진전에서도 일간에게 해가 되므로 역용한다고 합니다.
양인격이 싸우려면 상대가 있어야 합니다. 水火가 상대이고 木金이 상대입니다.
양인이 지지에 삼합을 이루면 매우 강하여지므로 눈이 높고 오만하여 싸우게
되면 세력을 믿고 위엄해진다고 합니다. 반대로 쇠약해지면 의심이 많고 일을
두려워하며 합을 하면 억지를 부리고 다른 태도를 보인다고 합니다.

시		일		월		년		구분
壬		丙		甲		丙		천간
辰		申		午		寅		지지
壬	辛	庚	己	戊	丁	丙	乙	대운
寅	丑	子	亥	戌	酉	申	未	

이 명조는 丙火일간이 午월 양인격으로 寅午가 합을 하고 甲木인성과 丙火비
견이 도와주어 매우 강하다고 합니다. 상대가 되는 壬水칠살이 申辰에 통근
하여 세력이 있고 운이 金水운으로 흐르며 양인을 제어하니 군대에서 대권
을 장악하였다고 합니다.

시		일		월		년		구분
壬		丙		甲		丙		천간
辰		寅		午		申		지지
壬	辛	庚	己	戊	丁	丙	乙	대운
寅	丑	子	亥	戌	酉	申	未	

위의 명조와 년지와 일지가 바뀔 뿐인데 삶은 전혀 다르게 됩니다. 丙申대운
甲子년에 상대가 되는 申子辰 水기의 영향으로 향시에 합격하였으나 壬水의
세력이 년지에 있어 기운을 이어주지 못하므로 양인을 효과적으로 제어하
기 어려워 벼슬길이 막히게 되었다고 합니다.

◆ 상관격이 맑으면 겸손하고 온화하고 탁하면 강하고 맹렬합니다.

상관은 총명의 신이라고 합니다. 상관격이 맑으면 사람이 공손하고 예절이
있다고 하며 재능이 탁월하고 총명하여 수재 소리를 듣게 됩니다. 반대로 상
관이 탁하면 오만하고 남을 우습게보며 억세고 예의도 없다고 합니다.

시		일		월		년		구분
庚		甲		壬		庚		천간
午		戌		午		午		지지
庚	己	戊	丁	丙	乙	甲	癸	대운
寅	丑	子	亥	戌	酉	申	未	

木火상관격으로 지지에 午戌합이고 午火가 많아 火기가 매우 강한데 상대세
력인 壬水는 뿌리조차 없이 庚金에 의지하고 있어 火기를 다스리지 못하므로
용신으로 삼기도 어렵습니다. 총명하여 시험에는 여러 번 합격하여도 상관
이 탁하여 오만하므로 벼슬길에 나아가지 못하였다고 합니다.

시		일		월		년		구분
庚		庚		丙		甲		천간
辰		辰		子		子		지지
甲	癸	壬	辛	庚	己	戊	丁	대운
申	未	午	巳	辰	卯	寅	丑	

金水상관격에는 조후로 丙火를 매우 반기는 편이나 丙火의 세력이 없어 미
약하므로 강한 水기를 제어하기 어렵습니다. 그러므로 辰土를 용신으로 하
여 水기 상관을 제어하게 됩니다. 庚辰 辛巳운에 용신이 힘을 받으니 연이어
승진을 하였다고 합니다.

오행이 태과불급하고 어긋나면 성격이 괴팍하다고 합니다.

사주팔자에 오행의 흐름이 좋아야 합니다.

월령에서 힘차게 잘 흘러간다면 성격이 시원하고 소통이 잘된다고 합니다. 오행이 흐르는 중도에 흐름이 끊기거나 약해지면 성격에 결함이 생기며 집착과 아집으로 괴팍한 성격이 되기 쉽습니다.

오행의 태과불급은 성격이 이그러집니다.

오행이 태과되면 강한 기세로 인하여 배려심이 없고 난폭하여지기 쉽습니다. 오행이 불급하면 기세가 약하므로 남에게 의지하고자 하며 눈치보고 배신을 잘하기 쉽습니다.

◆ 오행의 태과불급으로 인한 성정의 변화

오행	木	火	土	金	水
기본성정	인仁	예禮	신信	의義	지智
마음	측은	사양	신의	수오	시비
태과불급	오만	교만	고집	무모	간사

木火가 태과불급하면 화를 잘내고 급한 성격을 갖습니다.

혼자만 독주하려는 이기심이 작동하고 화를 잘 내며 주위에 피해를 입히며 예의가 없이 교만한 마음을 갖게 됩니다.

土金水가 태과불급하다면 정의롭지 못하고 우울한 성격을 갖습니다.

불의를 보고도 지나치거나 불의를 저지르며 간사하며 남을 믿지 못하고 어리석은 행동을 일삼게 됩니다.

05 결혼과 궁합

사주팔자에 관성과 재성이 있다고 결혼운이 있는 것이 아닙니다. 자식을 낳고 가정을 이끌어 갈 수 있는 능력이 있어야 하며 운에서 작용을 해준다면 결혼과 자식운이 있다고 할 것입니다.

결혼을 하는 배우자의 선택이 무엇보다도 중요합니다.
성인이 되면 연애를 하게 되고 결혼을 하여 자식을 낳고 가정을 꾸리고자 합니다. 남녀가 만나 연애를 하면서 서로를 알게 되고 확신이 서면 결혼을 하게 됩니다. 이때 배우자의 선택이 가장 중요한 요소가 됩니다. 잘못된 선택은 가정을 파괴하고 이혼이라는 수순을 밟으며 서로에게 깊은 상처를 안겨주기 때문입니다.

배우자는 가정을 유지할 능력이 있어야 합니다.
가정을 이끌어 갈 능력이 없다면 독신으로 혼자서 사는 것이 편할 것입니다. 배우자와 자식을 고생시키기 때문입니다.

남성은 가족을 보호하고 생계를 유지할 수 있는 능력이 있어야 합니다. 원시시대에 남성은 사냥을 하여 가족을 먹여 살리고자 노력하였으며 외부의 적으로부터 가족을 보호하는 임무를 맡았습니다.

여성은 자식을 낳아 기르며 가정을 유지할 수 있는 능력이 있어야 합니다. 남성이 사냥을 나간동안 가족을 보호할 책임이 있으며 남성이 사냥한 것으로 음식을 만들어 가족의 건강을 돌보고 자식을 교육하고 양육하는 임무를 맡았습니다.
요즈음 현대사회에서는 남성과 여성의 역할이 모호하므로 굳이 구분할 필요성을 느끼지 아니하지만 자신의 사회적 역할과 가정을 구성하기 위하여 남녀 모두 가정을 유지할 수 있는 능력이 있는가를 가늠하면서 상대의 장점과 단점을 보며 배우자를 선택을 하는 것이 일반적입니다.

① 상대가 나에게 관심을 가질만한 장점

직업

명예

성격

재물

건강

이상형

재물을 만들고 유지시키는 능력이 있어야 합니다.

윤택한 생활을 위하여 상대가 재물이 있는 가를 탐색하게 됩니다. 요즈음은 남녀가 모두 상대가 재물을 만들고 유지시키는 능력이 있어야 연애 대상으로 인정을 받게 됩니다.

부모에게서 넉넉한 재산을 물려받는 사람이 아니라면 스스로 재물을 만드는 능력이 있어야 합니다. 또한 어느 정도 현명한 사람이라면 상대가 부모에게서 물려받은 재산이 있다고 하여도 재산을 유지시킬 수 있는 능력이 있는가를 우선 판단하게 됩니다.

재물이 없으면서도 재물이 있는 척하는 사람을 구별하여야 연애에 실패하지 아니합니다. 외제차를 타고 명품으로 둘렀다고 하여도 속빈 강정이면 그들은 나의 재물을 빼앗거나 나를 데리고 노는 대상으로 밖에 여기지 않을 것입니다.

명예롭고 안정된 직업이 있어야 능력이 있다고 합니다.

흔히들 '사'자 직업을 가졌으면 능력이 있다고 합니다. 판사, 검사, 변호사, 의사 등을 말합니다. 재물과 명예를 모두 갖추어진 직업으로 판단하기 때문입니다.

요즈음은 공무원을 최고의 직책으로 여기는 경우도 있습니다. 정년퇴직까지 안정된 직장을 유지할 수 있기 때문입니다. 그러나 고위직으로 오르기 어렵다면 중산층에 머무르는 것으로 만족하여야 할 것입니다.

일류대학을 나왔다면 대기업의 명함을 갖기도 합니다. 그러나 열심히 일하지 아니하면 언제 명함을 빼앗길지 모르는 불안감으로 살아야합니다. 고위직으로 오르며 성공하기도 하지만 때로는 재무구조가 건실한 중소기업에서 안정된 직위를 유지하는 것이 현명하기도 합니다.

사업가나 자영업자는 항상 불안한 상태에서 사업체를 운영하여야 합니다. 안정적이지는 아니하지만 가끔 큰돈을 벌 수 있으므로 매력이 있다고 할 것입니다. 그러나 사업실패로 이어지면 길거리에 나앉아야 할 때로 있을 것입니다.

예술이나 연예인으로 사는 삶은 누구나 선망의 대상이 되지만 대중의 인기를 얻으면 스타로서 부귀로 영화롭고 대중의 인기를 얻지 못하면 도태될 수 있기 때문입니다.

정치인의 삶은 대중의 인기를 얻어야 하는 연예인의 삶과 다를 것이 없으나 권력을 잡을 수 있다는 매력이 있습니다. 당에서 능력을 인정받아야 선거에 명함이라도 내밀 수 있으므로 등용문을 통과하기는 하늘의 별따기보다 어렵다고 합니다.

그러므로 직업은 자아실현과 사회적 성취를 위한 수단이 되기도 하지만 가정을 유지하는 중요한 조건이 되는 것입니다.

성격이 조화가 되어야 오래갑니다.

성격은 크게 내향적인 성격과 외향적인 성격으로 나눌 수 있습니다.
내향적인 성격은 음간의 성격처럼 소심하고 활동범위가 작지만
외향적인 성격은 양간의 성격처럼 활달하고 스케일이 크다고 할 것입니다.

여성이 바라는 남성의 성격은 대체로 외향적인 성격을 선호하며 카리스마가 있고 박력감이 넘치는 성격을 좋아하는 편입니다. 사주팔자에 힘이 있어 하고자 하는 의지가 강하다면 외향적인 성격으로 발전하게 됩니다. 木火가 식상과 재성으로 분출하는 경우가 많습니다.

남성이 바라는 여성의 성격은 대체로 내향적인 성격을 선호하며 작은 것도 놓치지 아니하고 섬세한 성격을 좋아하는 편입니다. 사주팔자에 포용하는 성분이 있다면 내향적인 성격으로 발전하게 됩니다. 土金水가 관성과 인성으로 포용하는 경우가 많습니다.

남성에게도 여성상이 있고 여성에게도 남성상이 있다는 심리이론이 있습니다. 사주팔자에 외향적인 여성은 남성상이 강한 것이고 내향적인 남성은 여성상이 강한 것입니다.

적극적이고 외향적인 여성이 연하의 소극적이고 내향적인 남성을 선호하기도 하는가 하면 소극적이고 내향적인 남성이 연상의 적극적이고 외향적인 여성을 좋아하는 것이 요즈음의 실태이기도 합니다.

사주팔자의 오행이 조화가 되어야 극단적인 외향성과 내향성이 나타나지 아니하고 원만한 성격을 나타냅니다. 오행의 태과불급은 성격을 왜곡시키고 편협하면서 주위와 타협하지 아니하고 자신의 주장만 되풀이하거나 줏대 없이 이리 저리 흔들리는 극단적인 외향성과 내향성의 성격을 나타내며 상대를 고통스럽게 하고 결국 관계는 파탄의 경지에 이르게 됩니다.

건강은 행복의 조건입니다.

결혼을 하고자 한다면 건강진단서를 첨부하는 것은 기본상식이 되어갑니다. 건강하지 아니하면 결혼 후에 심적으로나 경제적으로 상당한 부담이 되기에 그러합니다.

건강하지 아니하면 결혼생활을 유지하기 어렵습니다. 지극한 사랑이 없다면 자식을 낳고 살다가도 대부분 아픈 사람에게서 떠나는 것이 현실입니다. 삶이 어렵고 견디기 힘들기에 떠나는 것입니다.

건강 역시 사주팔자의 태과불급이 만들어내는 불균형의 현상으로 발생하는 경우가 대부분입니다. 역량이 부족한데도 불구하고 욕망이 지나쳐 무리를 하게 된다면 질병이 발생하는 것이며 건강을 해치게 됩니다.

한의학에서는 태과불급을 허실虛實이라고 합니다. 허증은 불급하여서 생기는 병이고 실증은 태과하여서 생기는 병입니다. 사주의 태과불급은 병증을 유발하고 몸과 마음을 허약하게 만듭니다. 몸과 마음이 허약해지면 가정을 유지할 능력이 없어지게 되며 가족을 고통스럽게 하는 원인이 됩니다.

사주팔자에 약이 있어 스스로 치료를 할 수 있다면 사주팔자가 조화가 되어 건강할 것이고 또한 운에서 치료하여 준다면 역시 어느 정도 건강을 유지시킬 수 있습니다. 하지만 사주팔자가 심하게 태과불급되어 있다면 허실의 병증으로 고생을 하기 마련이고 운에서 치료하기도 어렵다고 할 것입니다.

또한 과욕이 부르는 허증이 더욱 위험한 것으로 사회적 성취를 위한 욕망이 크다보니 자신의 역량을 가늠하지 아니하고 무리하다가 결국 쓰러지는 결과를 낳게 되며 역시 가정을 위험에 빠뜨리게 되는 것입니다.

자신의 이상형을 만나야 오래갑니다.

누구나 자신의 이상형이 있습니다. 나는 이러한 사람을 좋아한다는 이상형을 그리며 이성을 찾고 있는 것입니다. 자신의 이상형과 다르다면 결혼생활이 지옥으로 변하고 결국 이상형을 찾아 불륜이라는 행각을 하기도 합니다.

재물과 명예를 이상형으로 보는 사람도 있습니다. 재물과 명예가 지금 있다고 하여도 언제 없어질지 모르기에 일장춘몽이라고 하는 것입니다. 재물을 만드는 능력이 있는가 하는 것을 보고 명예를 만들 수 있는 능력이 있는 가를 보는 것이 이상형으로 좋다고 할 수 있습니다.

이상형은 자신의 마음속에 그리는 행복입니다. 부모와 같이 자신을 돌보아 주는 사람이 이상형이 되기도 하고 자식과 같이 자신을 의지하며 효도하는 사람이 이상형이 되기도 하고 친구와 같이 인생의 동반자로서 함께 삶을 살기를 바라는 사람이 이상형이 되기도 합니다.

여성은 아버지와 같은 사람이 이상형이 되기도 하고 아들과 같은 사람이 이상형이 되기도 합니다. 남성은 어머니와 같은 사람이 이상형이 되기도 하고 딸과 같은 사람이 이상형이 되기도 합니다. 친구와 같은 이상형은 남녀 모두에게 적용이 된다고 할 수 있습니다.

◆ 여성이 좋아하는 남성상과 남성이 좋아하는 여성상의 모습

여성이 좋아하는 남성상	남성이 좋아하는 여성상
아버지 같은 남자 친구 같은 남자 아들 같은 남자	어머니 같은 여자 친구 같은 여자 딸 같은 여자

❷ 궁합의 조건

궁합은 상대의 능력을 보는 것입니다.
재물을 만들 수 있는 능력을 보는 것이고, 직업을 유지할 수 있는 능력을 보는 것이고, 성격이 치우쳐 난폭하거나 극단적이 아닌 가를 보는 것이고, 건강을 유지할 수 있는 능력을 보는 것이고, 같은 취미를 갖고 행복한 삶을 살 수 있는 능력을 보는 것입니다.

궁합의 조건이 100% 충족된 결혼은 없습니다.
흔히들 궁합을 보면서 상대와 잘 살 수 있는가를 묻습니다.
조건이 맞아야 잘 살 수 있는 것입니다. 조건이 맞지 아니하면 살면서 애환이 생기고 갈등이 생기며 결국 인내하면서 참아가면서 억지로 살거나 아니면 별거나 이혼을 하는 불행한 결혼생활을 하게 됩니다.
그러므로 한두 가지 조건은 갖추어지지 아니하여도 이를 감내하고 행복으로 승화시키는 결혼이 오래가는 것입니다. 상대에게 부족한 조건을 갖추라고 강요한다고 억지로 만들어지는 것이 아니기 때문입니다. 차라리 상대에 대한 자신의 기대치를 낮추고 함께 행복을 만들어가는 것이 훨씬 쉬운 것입니다.

궁합에서는 사주팔자에서 내가 바라는 조건을 만들 수 있고
조건을 유지할 수 있는 능력이 있는 가를 보는 것입니다.

궁합은 현대에서도 필요합니다.
중국 한나라 혜제 어머니인 여후가 정권을 잡고 있을 때 흉노로부터 청혼이 들어왔는데 이를 거절하는 구실로 궁합을 만들었다는 설이 있습니다. 실제로 궁합은 청혼을 한 상대방의 처지를 고려하여 거절하는 수단으로 이용되었다고 합니다.

궁합은 과거 혼인 당사자 간의 접촉이 어려운 시대에서 보다 안정된 혼인을 하고자 민간신앙으로 관습적으로 전해져오던 것입니다. 혼인을 하고자 하면 먼저 상대방의 가문에 사주단자를 보내어 혼인 승낙을 받아야 하는 전통적 관습이 궁합의 전통이라고 합니다.

그러나 현대사회에서는 궁합보다는 연애로 상대를 알 수 있는 기회가 공개적으로 주어지기 때문에 궁합의 필요성은 많이 사라졌지만 아직도 궁합에 의존하는 경우가 많이 남아 있습니다. 그러므로 궁합을 과거의 방식으로 본다면 현대의식과 맞지 아니하므로 궁합도 현대의식에 의한 방법으로 보아야 할 것입니다.

궁합은 조건에 부합되어야 합니다.
궁합의 조건은 이상형의 재물, 직업, 성격, 취미, 건강이라고 하였습니다. 사주팔자에서 이러한 조건을 보는 것입니다. 겉궁합과 속궁합이 좋다고 하여도 이혼하는 경우가 많은 것은 띠의 합이나 일지의 합 등으로 보는 구시대의 궁합법으로 보았기 때문입니다.

남녀가 만나서 가정을 꾸미고 자식을 생산하고 기르고자 한다면 재물과 직업의 안정적인 경제적인 능력이 있어야 하는 것입니다. 또한 서로 상대방의 생각과 뜻이 맞고 성격이 서로 조화가 되어 상대를 배려하게 되며 더구나 취미가 같은 이상형을 만난다면 행복한 결혼생활을 할 수 있습니다.

자신의 이상형이 아닌데도 불구하고 재산이 많다거나 명예가 높다고 하여 결혼을 한다면 불행한 결혼생활로 이어지기 쉽습니다. 우선적으로 나의 이상형에 맞는 배우자상이 되어야 하고 다음으로 가정을 유지할 수 있는 능력이 있는 가를 보는 것이 제대로 된 궁합을 보는 것이라고 할 수 있습니다.

좋은 궁합은 자신이 바라는 배우자상이어야 합니다.

어머니와 같은 부인 = 아들 같은 남편
딸 같은 부인 = 아버지 같은 남편
친구 같은 부인 = 친구 같은 남편

궁합의 조건에서 가장 중요한 부분을 차지합니다.
대개 성격 탓이라고 헤어지는 경우가 자신이 바라는 배우자상과 맞지 아니하기 때문입니다.

어머니 같은 부인상을 원했는데 알고 보니 자신이 아버지 역할을 하여야한다는 사실에 집에 가기 싫어지고 술집으로 발길을 옮기던가 아니면 다른 여자에게서 어머니의 품을 그리워하며 가정을 파탄으로 이끄는 경우가 많습니다.

아버지 같은 남편을 원했는데 알고 보니 자신이 어머니 역할을 하여야 한다는 사실에 남편을 미워하는 마음이 점점 커지면서 심한 잔소리로 남편을 구박하여 결국 집을 떠나게 만들거나 자신이 집을 떠나는 일이 비일비재합니다.

친구 같은 배우자를 원했는데 알고 보니 어머니나 아버지 같다거나 아들이나 딸 같은 배우자를 만나 결혼생활에 염증을 느끼기도 하고 사랑하고 싶은 마음이 사라져 버리면서 이혼이나 별거를 하는 경우도 많습니다.

사주팔자에는 자신이 원하는 배우자상이 나와 있습니다.
자신이 원하는 배우자상을 알고 배우자를 선택한다면 위와 같은 갈등이 줄어들 것입니다. 궁합에서 매우 중요한 요소가 되는 것입니다. 사랑을 잃은 결혼생활은 아무리 재산이나 명예가 많아도 지옥과 같은 결혼생활이 될 것이기 때문입니다.

🔳 사주팔자에 나타나는 배우자상의 모습

부모 같은 배우자상	관성과 인성을 중요하게 쓰는 관살격, 인수격
자식 같은 배우자상	식상과 재성을 중요하게 쓰는 식상격, 재격
친구 같은 배우자상	비겁을 중요하게 쓰는 록겁격, 양인격

관성과 인성은 자신을 기르며 보호하는 육신입니다. 그러므로 부모와 같은 성정을 가진 배우자상을 원하게 되는 것입니다. 자신을 보호하고 사랑하는 배우자와 함께 가정을 유지하고 싶은 것입니다. 격국으로는 관인상생격이나 인수격 또는 관살격에 해당된다고 할 수 있습니다.

식상과 재성은 자식을 기르며 보호하는 육신입니다. 그러므로 자식과 같은 성정을 지닌 배우자상을 원하게 됩니다. 자식을 돌보고 기르는 마음으로 배우자에게 사랑을 베풀기를 바라는 것입니다. 격국으로는 식상생재격이나 식상격 또는 재격에 해당된다고 할 수 있습니다.

비겁은 자신과 함께 삶을 행복하게 만들고자 하는 욕구가 있는 육신입니다. 그러므로 친구와 같은 성정을 가진 배우자상을 원하는 것입니다. 같은 취미를 가지고 같은 생각을 가지고 인생을 즐기면서 가정을 유지하고 싶은 것입니다. 격국으로는 록겁격이나 양인격에 해당된다고 할 수 있습니다.

한편으로 인성과 식상 또는 재성과 관성을 중하게 쓰는 전문가의 사주가 있습니다. 이러한 경우에는 부모의 상과 자식의 상을 동시에 가지고 있으므로 부모와 같은 배우자를 원하면서도 한편으로는 자식과도 같이 배우자를 돌보는 마음을 갖기도 합니다.

시	일	월	년	구분
辛	丁	甲	戊	천간
丑	未	寅	寅	지지

丙	丁	戊	己	庚	辛	壬	癸	대운
午	未	申	酉	戌	亥	子	丑	

적천수천미 여명장에 소개된 부인의 명조입니다. 가난한 집안에서 태어났으나 남편이 金대운에 돈을 많이 벌고 자식들이 모두 잘되어 출세하였다고 합니다.

寅월 인수격에 甲木인성이 투출하여 인수격이 강합니다. 아버지와 같은 배우자를 원하면서 남편의 품에서 사랑을 느끼는 한편 인성을 극하는 재성을 스스로 제어하며 자식을 대하는 마음으로 남편을 내조하고 사랑하며 가정을 평화스럽게 만들고 있습니다.

시	일	월	년	구분
丁	乙	丙	乙	천간
亥	卯	戌	卯	지지

甲	癸	壬	辛	庚	己	戊	丁	대운
午	巳	辰	卯	寅	丑	子	亥	

적천수천미 여명장에 소개된 부인의 명조입니다.
사람됨이 단정하고 온순하며 남편이 향시에 합격하여 금당이라는 벼슬을 하고 아들 셋을 낳으며 행복하게 살았다고 합니다.

戊土에서 투출한 丁火식신격입니다. 자식과도 같은 남편상을 가지고 있습니다. 식신이 미약하므로 비겁이 식신격을 생하는 용신의 역할을 하며 동방 木운에 발전하게 됩니다. 자식을 기르는 마음으로 남편을 내조하며 남편을 출세시키기 위한 노력을 마다하지 않고 남편을 친구와 같은 마음으로 대하며 행복을 추구하는 모습입니다.

❹ 겉궁합과 속궁합의 진실

겉궁합	가정을 유지할 수 있는 능력의 여부
속궁합	자신이 원하는 배우자상의 여부

설에 의하면 겉궁합은 성격을 보는 것이고 속궁합은 성적인 것을 보는 것이라고 합니다. 겉궁합은 일반적으로 년지를 위주로 보며 속궁합은 일지를 위주로 상생 상극과 합의 여부를 보지만 현대적 의미에는 부합되지 않습니다.

현대적 의미의 겉궁합이란
우선 가정을 유지할 수 있는 능력이 있어야 할 것입니다. 가정을 유지하기 어려운 사주팔자라면 결혼은 허울뿐이 될 것이며 이혼이나 별거라는 과정을 밟게 되는 것입니다.

가정을 유지할 수 있는 사주팔자는 격국의 틀이 잡히고 기세가 왕성하여야 할 것이며 운에서 도와주어야 좋은 팔자로서 가정을 유지할 수 있는 능력이 있다고 할 것입니다. 그래야 재물과 명예를 만들고 유지하는 능력이 있다고 할 것이며 태과불급이 조화되어 심신이 건강하여야 현대적인 의미로 겉궁합이 좋다고 할 수 있는 것입니다.

현대적 의미의 속궁합이란
자신이 원하는 이상형으로서 상대를 배려하고 사랑하고 상대를 위하여 기꺼이 희생할 수 있는 육체와 정신을 소유하여야 할 것입니다.
아버지 같은 남편을 만나야 하는데 아들과 같은 남편을 만나거나 어머니 같은 부인을 만나야 하는데 딸 같은 부인을 만난다면 매우 혼란스러워하며 정체성이 무너지기도 합니다. 또한 친구 같은 배우자를 원하는데 부모나 자식 같은 배우자를 만난다면 인생의 흥미를 잃고 방황하는 삶을 살게 될 것입니다.

⑤ 궁합의 실례

◆ A부부의 궁합

부 인	남 편
辛 丁 己 己	丁 戊 壬 甲
亥 丑 巳 未	巳 戌 申 寅
丁 丙 乙 甲 癸 壬 辛 庚	壬 辛 庚 己 戊 丁 丙 乙
丑 子 亥 戌 酉 申 未 午	辰 卯 寅 丑 子 亥 戌 酉

연예인 부부 이○○와 이○○의 사주입니다.

부인의 사주는 巳월 록겁격에 己土식신과 辛金재성이 투출하여 식신생재의 격국을 이루고 있습니다. 격국의 힘이 강하므로 사회적인 활동이 왕성하고 재물을 만드는 능력을 갖추었습니다.

남편의 사주는 식신격이지만 壬水재성이 투출하여 甲木칠살을 생하고 있으므로 재생살의 격국을 가지게 됩니다. 丁火인성이 재생살의 격국을 인화하여 일간을 도우니 오행이 조화롭게 순환되므로 성격이 원만하고 건강하며 조용한 삶을 살기 원합니다.

부부의 겉궁합은 서로가 어울리는 궁합으로 모두 사회적 능력이 있으므로 가정을 유지할 수 있는 능력이 있다고 할 것입니다.

부부의 속궁합을 살펴보면 부인은 아들과도 같은 남편을 원하는 배우자상이 있고 남편은 어머니와도 같은 부인을 원하는 배우자상이 있으니 서로가 원하는 배우자의 이상형이 어울리므로 속궁합 역시 좋다고 할 수 있습니다.

부부는 서로의 이상형의 상대를 만난 것이며 서로가 바라는 삶을 살 수 있는 조건을 갖추었으므로 이상적인 부부상인 것입니다. 아들 같은 남편과 어머니 같은 부인의 조합으로 남편은 부인을 통하여 소속감을 충족하고 부인은 남편을 통하여 행복감을 느끼며 살 수 있습니다.

◆ B부부의 궁합

남편	부인
丁 辛 戊 乙 酉 卯 寅 巳 庚 辛 壬 癸 甲 乙 丙 丁 午 未 申 酉 戌 亥 子 丑	丙 甲 乙 丁 寅 申 巳 未 癸 壬 辛 庚 己 戊 丁 丙 丑 子 亥 戌 酉 申 未 午

연예인 부부로서 김○○와 강○○의 사주입니다.

남편의 사주는 寅월 재격으로 戊土인성을 쓰고 있습니다. 재물과 명예를 동시에 추구하는 명으로 능력이 있다고 할 수 있습니다. 다만 지지의 寅巳형과 卯酉충은 삶을 역동적으로 만들며 에너지가 많이 소모되므로 건강에 항상 유의하고 성격을 원만하게 하여야 할 것입니다.

부인의 사주는 巳월 식신격으로 자신의 끼로 인기를 누리며 명예를 추구하는 명이라고 할 수 있습니다. 지지에 寅巳申 삼형의 에너지가 강한 명으로 역시 역동적인 삶을 살게 되므로 건강에 항상 조심하고 성격을 느긋하게 하여야 할 것입니다.

두 분의 겉궁합은 능력이 있는 사주로서 가정을 유지할 수 있지만 건강과 성격을 조화시키는 삶을 살 수 있도록 노력하여야 할 것입니다.

속궁합으로는 남편은 딸 같은 부인보다는 자신을 자상하게 돌봐주는 어머니와 같은 부인을 원할 것이며 부인은 식상이 강하고 일간이 쇠약하니 자신이 의지할 수 있는 자식과도 같은 남편을 원하므로 이상적인 이상형의 부부라고 할 것입니다.

두 분은 서로 이혼의 아픔을 가지고 있으며 사랑의 소중함도 알고 있으므로 서로를 배려하는 동반자로서의 삶을 원할 것이므로 부인은 남편을 자상하게 보살펴 주어야 할 것이고 남편은 부인을 품어 안고 사랑하는 정성을 보여야 행복할 것입니다.

◆ 배우자관이란 배우자를 바라보는 이상형의 마음입니다.

배우자를 비겁으로 바라본다면 친구와 같습니다.

배우자를 식상으로 바라본다면 자식과 같습니다.

배우자를 재성으로 바라본다면 직원이나 소유재산과 같습니다.

배우자를 관성으로 바라본다면 직장 상사와 같습니다.

배우자를 인성으로 바라본다면 부모와 같습니다.

◆ 자신의 이상형에 알맞은 배우자가 진정한 배우자입니다.

자식과 같은 배우자를 원한다면 상대가 나를 부모와 같이 보아야 할 것입니다. 부모와 같은 배우자를 원한다면 상대가 나를 자식처럼 보아야 할 것입니다. 그러하지 아니하다면 서로 속궁합이 맞지 아니하고 갈등만 생기며 결국 이혼이라는 수순을 밟게 됩니다.

친구같은 배우자는 취미가 같고 직업이 같으면 오래갑니다.

자식같은 배우자는 자신을 믿고 의지하여야 오래갑니다.

부모같은 배우자는 자신을 항상 돌봐주어야 오래갑니다.

◆ 상대의 결핍된 기세를 서로 보완해주면 금슬이 좋다고 합니다.

자신의 사주에 水火가 많고 木金이 부족하다면

배우자는 木金이 많고 水火가 부족하여야 궁합이 좋습니다.

서로의 기세를 보완해주기 때문입니다.

◆ 용신의 작용

격국용신	억부용신	조후용신
적 성	능 력	환 경

◆ 직업적 적성

직장인	명예를 추구하며 승진에 대한 욕구 충족
사업가	재물을 추구하며 영역확장에 대한 욕구 충족
전문가	자아실현을 추구하며 명예 혹은 재물의 욕구 충족

직장인은 소속감을 갖고 명예에 대한 욕구가 강합니다.
인성대 관살은 명예를 드높이고자 합니다.
비겁대관살은 조직에서 자신의 권력을 강화하고자 합니다.
식상대관살은 전문적인 지식으로 조직에 봉사하고자 합니다.

사업가는 재물에 대한 욕구가 강합니다.
신왕재왕은 안정된 부를 이루는 경우가 많습니다.
식상생재는 부의 창조의 대표적인 모습입니다.
재왕생관은 재물과 명예를 동시에 추구합니다.

전문가는 인비식의 세력이 강한 것이 특징입니다.
전문가는 대체적으로 인비식이 강한 삼상격이나
인비나 비식이 강한 인성대식상이나
식상패인의 격국을 갖는 것이 일반적입니다.

◆ 기세의 능력

기는 기운으로 하고자 하는 자신감이며 세는 세력으로 하고자 하는 실행력
입니다. 기세는 성공의 밑거름입니다.

기氣	세勢
자신감	실천력

◆ 사주팔자에 기세가 있으면 에너지와 능력이 있다고 합니다.

에너지는 할 수 있는 자신감과 실천력이므로 삶을 살아가는 원동력이 되는
것입니다. 기세가 있는 사주팔자에서 성공한 사람들이 많으며 기세가 없는
사주팔자에서는 성공한 사람들을 찾아보기 어렵습니다.

◆ 기세의 중심은 월령과 지지에 있습니다.

월령에서 나오는 격용신은 적성으로 자신감의 발로가 되고 지지의 지장간
에 통근하여 나오는 실천력은 세력의 중심으로 억부의 대상이 됩니다.

기氣 - 자신감	세勢 - 실천력
월령의 기	지지의 통근 세력

◆ 재물과 명예를 만드는 능력이 있어야 합니다.

사주팔자에 관성이나 재성이 있다고 명예와 재물을 만들 수 있는 것이 아닙
니다. 명예와 재물을 만들 수 있는 적성과 능력이 있어야 하며 대운에서 작
용을 해준다면 명예와 재물 운이 있다고 할 수 있습니다.

직장인은 명예를 만드는 능력이 대체로 강한 편이고
사업가는 재물을 만드는 능력이 대체로 강한 편이며
전문가는 재물과 명예를 동시에 만드는 능력이 대체로 강한 편입니다.

◆ 오행의 태과불급으로 발생하는 질병

사주팔자에서 오행이 조화로우면 유통이 잘되므로 건강하다고 합니다.
오행이 조화롭다고 하는 것은 태과불급이 되지 아니하고 왕쇠강약의 정도
가 비슷하며 흐름이 좋아 유통이 잘되는 것입니다.

◆ 오행의 태과불급에 따른 성격의 변화

오행	木	火	土	金	水
적당	인자	겸손	신의	의리	이해
태과	분노	오만	독선	독재	고집
불급	비겁	비굴	의심	비열	불안

◆ 결혼과 궁합

사주팔자에 관성과 재성이 있다고 결혼운이 있는 것이 아닙니다. 자식을 낳
고 가정을 이끌어 갈 수 있는 능력이 있어야 하며 운에서 작용을 해준다면
결혼과 자식운이 있다고 할 것입니다.

◆ 여성이 좋아하는 남성상과 남성이 좋아하는 여성상의 모습

여성이 좋아하는 남성상	남성이 좋아하는 여성상
아버지 같은 남자 친구 같은 남자 아들 같은 남자	어머니 같은 여자 친구 같은 여자 딸 같은 여자

◆ 궁합의 조건

궁합은 상대의 능력을 보는 것입니다.

재물을 만들 수 있는 능력을 보는 것이고, 직업을 유지할 수 있는 능력을 보는 것이고, 성격이 치우쳐 난폭하거나 극단적이 아닌 가를 보는 것이고, 건강을 유지할 수 있는 능력을 보는 것이고, 같은 취미를 갖고 행복한 삶을 살 수 있는 능력을 보는 것입니다.

◆ 사주팔자에 나타나는 배우자상의 모습

부모 같은 배우자상	관성과 인성을 중요하게 쓰는 관살격, 인수격
자식 같은 배우자상	식상과 재성을 중요하게 쓰는 식상격, 재격
친구 같은 배우자상	비겁을 중요하게 쓰는 록겁격, 양인격

◆ 겉궁합과 속궁합

겉궁합	가정을 유지할 수 있는 능력의 여부
속궁합	자신이 원하는 배우자상의 여부

직업

명예

성격

재물

건강

이상형

제4장
사주심리

四
柱
心
理

01 육신의 심리이해

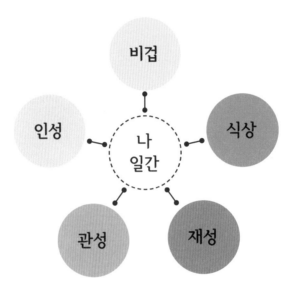

육 신	일간, 비겁, 식상, 재성, 관성, 인성
십 신	편인, 정인 / 비견, 겁재 / 식신, 상관 / 편재, 정재 / 편관, 정관

비 겁	자아실현욕구	협동심리, 경쟁심리
식 상	생존욕구	연구생산심리, 인기홍보심리
재 성	안전욕구	소유심리, 안전심리
관 성	소속욕구	소속심리, 조직관리심리
인 성	자기존중욕구	자기존중심리, 자격인정심리

① 육신의 심리와 매슬로우 욕구 5단계

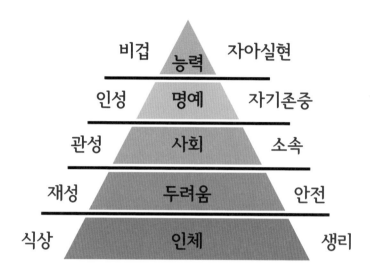

매슬로우는 미국의 심리학자로서 아인슈타인 루즈벨트 등 성공한 사람들의 심리를 연구하여 1954년에 '동기와 성격- Motivation and Personality'의 저서를 통하여 인간동기이론을 발표하고 그의 이론은 심리학과 경영자 교육 등에서 인성교육으로 널리 활용되고 있습니다.

매슬로우는 인간의 욕구를 생리적 욕구, 안전에 대한 욕구, 소속에 대한 욕구, 자기존중에 대한 욕구, 자아실현에 대한 욕구 등 5단계로 구분하고 있습니다.

욕구는 단계적으로 만족을 통하여 성장하게 됩니다.
만족을 하지 못하면 결핍으로 이어지므로 부족한 것을 채우고자 하는 욕망으로 성장을 하지 못하고 욕구불만에 의한 성격 결함으로 나타나기도 합니다.

(1) 생리적 욕구

인체가 생존하기 위하여서는 먹는 것, 입는 것, 잠자는 것이 해결되어야 하며 종족을 보존하기 위한 성행위 등이 이에 포함됩니다.

인체가 살기 위해서는 반드시 필요한 욕구로서 이 욕구가 충족되지 아니하면 인체의 생존과 종족의 보존을 유지할 수 없는 것입니다.

먹는 것을 해결하기 위하여 농사를 짓고 가축을 기르고 공장에서
식품을 연구생산하며 안정된 먹거리를 확보하는 것입니다.
입는 것을 해결하기 위하여 계절에 따른 의복을 생산하고
잠자는 것을 해결하기 위하여 집을 짓는 행위들이 포함되고
종족을 보존하기 위하여 성행위를 하는 것입니다.

식상의 심리는 생리적 욕구입니다.
인체가 바라는 생존욕구가 식상의 심리입니다. 살기 위하여 먹고 마시고 잠자는 행위들은 생리적 욕구이며 살기 위한 생존욕구입니다. 또한 자신의 자손을 남기기 위한 종족 보존의 본능에 따른 성적욕구도 여기에 포함된다고 할 수 있습니다.

식상의 심리는 살기 위한 생존욕구로서 생리적 욕구를 나타내므로 농사를 짓고 사냥을 하고 가축을 기르고 생필품을 생산하는 모든 활동들이 생리적 욕구를 충족하기 위한 식상의 심리이며 이러한 욕구가 충족되지 아니하면 생명을 보존하기 어려우므로 식상을 수명으로 보는 이유입니다.

여성이 종족보존의 본능으로 자식을 생산하기 때문에 식상을 자식으로
보는 이유이기도 합니다.

(2) 안전에 대한 욕구

생리적 욕구가 충족된 상태에서 삶의 환경에서 받는 두려움으로부터 안전하고자 하는 욕구로서 신체적 안전과 심리적 안정을 포함합니다.

삶의 환경은 천재지변, 외부의 공격 등으로 항상 위험에 처하여 있다는 두려움이 상존하므로 사고 질병으로부터 신변에 대한 안전, 재산의 안전, 직업의 안정, 건강에 대한 안전, 행복에 대한 안전 등을 요구하는 것입니다.

신변의 안전을 보호받기 위하여 집을 짓고 담을 쌓고 경계를 세우며 군대를 키우고 질병으로부터 보호받기 위하여 건강보험을 들고 건강검진을 받으며 면역력을 키우는 모든 행위들이 안전에 대한 대비입니다. 이러한 안전에 대한 대비는 사회적 시설에 의하여 충족이 됩니다.

재성의 심리는 안전에 대한 욕구입니다.
재성은 소유욕을 나타내므로 자신의 소유에 대한 안전을 확보하기 위한 욕구를 나타냅니다. 재산을 확보하고 금고에 보관하는 등의 행위들은 겁탈에 대한 두려움을 해소하기 위한 것입니다.

영토에 말뚝을 박고 성을 쌓는 행위 등은 역시 안전을 보장받기 위한 재성 활동입니다. 재성이 위협을 당한다면 생명이 위협당하는 것과 같습니다. 재성을 생명으로 보는 이유이기도 합니다.

과거의 여성은 결혼을 하고 일정기간 시집살이를 통하여 인정을 받게 되면 시어머니로부터 곳간열쇠를 인계받게 됩니다. 곳간열쇠는 재물을 보관하는 곳으로 부인이 집안의 재물관리를 하기 때문에 부인을 재성으로 보는 이유입니다.

(3) 소속에 대한 욕구

인간은 사회적 동물이기에 혼자서 생활하기 어렵습니다.
가정, 직장, 사회에 대한 소속감을 보장받으며 친밀감으로 형성하고 우정과
사랑의 감정을 갖게 됩니다.

대부분의 사람들은 가정이나 회사 또는 일터에서 소속감을 갖고 우정이나
사랑을 통하여 친밀감을 느끼며 외로워지지 아니하려고 합니다.
부모형제와 배우자와 자식을 통하여 가정에 대한 소속감을 갖고 가족애를
통하여 사랑을 느끼며 행복을 보장받게 됩니다.

직장에 대한 소속감을 갖고 자신의 직업 활동에 대한 열정과 행복을 보장받
게 됩니다. 동료들과의 우정과 충성심 등을 나타내며 리더십으로 자신의 권
위를 보장받기도 합니다.

관성의 심리는 소속에 대한 욕구입니다.
가정에 대한 소속감은 관성을 가정으로 보기도 합니다. 관성은 재성을 보호
하는 역할을 하며 자신의 재산을 보호하고 관리하는 능력입니다. 학생은 학
교에 대한 소속감을 갖는 관성으로 보기도 합니다.

직장에 대한 소속감은 관성을 직장으로 보기도 합니다. 관성은 사회적 경제적
활동을 하는 직장이며 직장인이 되기도 하고 사업가가 되기도 하고 자영업자
가 되기도 합니다.

사회적 소속감은 관성을 법과 질서로 보기도 합니다.
법과 질서를 유지하기 위하여 행정력을 동원하고 정부를 관리하며 공공질
서를 해치는 자들을 응징하는 사법기관의 역할을 하고 적으로부터의 공격
을 방어하는 군대의 역할을 합니다.

(4) 자기존중에 대한 욕구

모든 사람으로부터 존경을 받고 싶어 하는 것입니다.
지위에 따른 명예와 자격, 권한 등으로 충족되며 능력과 기술을 다른 사람들로부터 인정받는 것이기도 합니다.

지위에 따른 명예는 자신의 자존감을 충족시켜주며 권한을 행사하며 사람들로부터 존경을 받는 행위 등은 직장에서 승진과 진급을 추구하는 욕망으로 발전하게 됩니다.
자격증을 획득하는 것은 자신의 기술과 능력을 인정받기 위한 것이며 사람들로부터 존경을 받고 싶어 하는 욕구라고 할 수 있습니다.

재산권을 인정하는 권리증서 등은 자신의 재산에 대한 권리를 확보하는 것으로 역시 사람들에게 존경받고 싶어 하는 욕구가 있습니다.

인성의 심리는 자기존중에 대한 욕구입니다.
직장에서의 직위에 대한 권한을 인정받는 것이 인성이며
재산에 대한 등기권리를 인정받는 것이 인성이며
자신의 기술과 능력에 대한 자격증으로 인정받는 것이 인성이며
교육 종교 등 지적이고 영적인 지도자로 인정받는 것도 인성입니다.

인성印星은 도장의 뜻으로 권한을 나타냅니다. 도장은 결재권자가 권한을 행사하는 것입니다. 국가에 옥쇄가 있고 조직에 직인이 있으며 개인에게 도장이 있는 것은 권한을 나타내는 것입니다.

인성은 권한을 상징하므로 직위, 문서, 자격 등으로 통변되는 이유입니다. 직위에 따른 진급 승진 등이 해당되며 문서에 따른 등기권리 등이 해당되고 기술 자격증 등이 여기에 해당하는 이유입니다.

(5) 자아실현의 욕구

자신의 잠재된 능력으로 자아를 실현하는 욕구입니다.
자아실현은 자신감의 발로이기도 하며 잠재적 능력으로 자신이 성취하고
싶은 것을 성취하고 만족과 행복감을 추구하는 것입니다.

비겁은 잠재적 능력이 강하고 독립심이 있습니다.
잠재적 능력이 크면 혼자서 독립적으로 이루려고 하는 자신감이 생기며 스스
로 하고자 할 것입니다. 조직을 구성하고 지배하며 권력을 행사하기도 합니
다. 국가의 대통령이나 조직의 수장이 되고자하는 욕구가 크다고 할 수 있습
니다.

능력이 크다면 독립심이 생기고 자신감이 생기며 다른 사람이나 조직과의
경쟁심이 발동하고 이기려고 하는 승부욕이 생기게 됩니다. 운동, 개인사
업, 예술, 발명 등과 같은 일에서 독립적인 성과를 내며 발전하게 됩니다.

비겁의 심리는 자아실현의 욕구입니다.
자신이 가지고 있는 잠재적인 능력을 발휘하여 성취하고자하는 욕구가 있
으므로 독립적이고 자주적입니다. 다른 사람과 경쟁하여 이기려는 승부욕
이 강하고 지배적이지만 개인의 잠재능력으로 창조적이기도 합니다.

비겁이 강하다면 능력이 크고 힘이 있는 것으로 다른 사람이나 조직과의 경
쟁을 하며 승리하고 지배하고자 하는 욕구가 크다고 할 수 있습니다. 운동
선수나 권력자에게서 흔히 나타나는 경우입니다. 운동선수는 승리하기 위
하여 자신의 역량을 최대한 이끌어내며 혹독한 훈련과정을 마다하지 아니
할 것이며 권력자는 국가나 조직을 지배하기 위하여 자신의 능력을 최대한
펼칠 것입니다.

육신의 심리는 욕구입니다.

식상은 생존의 욕구입니다.
재성은 소유의 욕구입니다.
관살은 소속의 욕구입니다.
인성은 자기존중의 욕구입니다.
비겁은 자아실현의 욕구입니다.

욕구가 충족되지 아니하면 결핍의 증상을 보입니다.
태과불급은 결핍의 증상을 보이고 적당한 욕구는 삶의 만족감을 가져
다줍니다. 식상이 부족하면 생존 욕구의 결핍으로 생존하고자 하는
욕망이 커지면서 모든 에너지를 쏟아 붓게 됩니다.
식상이 태과하면 과다한 생존욕구로 인하여 소유의 결핍증상을 보이
며 자기존중이나 자아실현은 꿈도 꾸지 못하게 됩니다.

지금 만족하고 있다면 더 이상 욕심을 부릴 이유가 없습니다.
미국에 사는 부자가 대서양의 섬에 휴가를 즐기러 갔는데 한 어부의 생
선 맛이 일품이었다고 합니다. 어부에게 좀 더 많은 고기를 잡으면 큰
돈을 벌어 행복한 생활을 즐길 수 있다고 제안하자, 어부가 말하기를 저
는 오전에 고기를 잡고 오후에는 와인을 마시며 가족들과 함께 행복한
삶을 살고 있으니 지금의 생활에 만족한다고 하였답니다.

욕구의 충족은 삶의 만족을 가져다줍니다.
적당한 욕심은 동기부여가 되기도 하지만 지나친 욕심은 삶을 피곤하
게 만듭니다.

❷ 식상食傷의 심리

연구생산심리	인기홍보심리

식상은 일간이 생하는 오행으로 생존욕구이며 연구하여 생산하고자 하는 심리와 대중의 인기를 얻기 위하여 자신을 홍보하고자 하는 심리가 강합니다.

식상은 연구생산심리를 갖습니다.

식상은 생존하기 위하여 보다 좋은 양질의 생산물을 확보하기 위하여 머리를 쓰며 연구를 하게 됩니다. 농사를 짓거나 수렵을 통한 사냥으로 식량을 확보하던 고대사회에서 비롯된 연구생산의 심리는 현대에는 대량 생산으로 이어지며 식량뿐만 아니라 생활에 필요한 생필품을 생산하여 보다 나은 삶의 질을 향유하고자 생산을 하게 됩니다.

일간이 강하고 식상이 강하다면 혼자서도 많은 생산을 할 수 있지만 일간이 약하고 식상이 강하다면 혼자서 생산하기 어려우므로 비겁의 도움을 받아야 할 것입니다. 일간이 강한데 식상이 약하다면 생산할 의욕은 있으나 생산력은 떨어질 것이며 일간도 약하고 식상이 약하다면 생산할 의지도 없으므로 제대로 생산하지 못할 것입니다.

식상은 인기홍보심리를 갖게 됩니다.

식상은 자신의 능력을 과시하며 상대의 환심을 사기 위하여 인기홍보심리를 갖게 됩니다. 이 역시 생존을 위한 것으로 자신의 능력을 홍보하고 주위로부터 인기를 받기 위하여 상대를 설득하고 이해시키려고 할 것입니다. 그러므로 언어가 발달하고 자신을 홍보하는 행위가 발달하게 되는 것입니다. 비겁과 재성이 강하다면 자신의 능력을 마음껏 펼치면서 생산의 결과물을 자랑하며 남에게 인정받고자 노력할 것입니다.

시		일		월		년		구분
甲		丙		丁		己		천간
午		申		卯		卯		지지
己	庚	辛	壬	癸	甲	乙	丙	대운
未	申	酉	戌	亥	子	丑	寅	

아인슈타인 박사의 명조입니다.

午火에서 투출한 己土 상관은 丁火겁재와 甲木인성의 도움으로 총명함을 나타내어 과학자로서의 명성을 돋보이게 하는 역할을 하고 있습니다. 水운에 과학 연구에 몰두하고 金운에 결실을 뽑아내니 상대성원리를 발견하고 세계적인 과학자로서의 명성을 얻게 됩니다.

시		일		월		년		구분
癸		辛		癸		丙		천간
巳		酉		巳		寅		지지
乙	丙	丁	戊	己	庚	辛	壬	대운
酉	戌	亥	子	丑	寅	卯	辰	

마릴린 먼로 여배우의 명조입니다.

辛金일간의 강한 기세를 癸水식신으로 설기하며 자신의 끼를 발휘하고 있습니다. 세계적인 여배우로 명성을 날리게 됩니다.

시		일		월		년		구분
乙		丙		己		戊		천간
未		寅		未		午		지지
丁	丙	乙	甲	癸	壬	辛	庚	대운
卯	寅	丑	子	亥	戌	酉	申	

넬슨 만델라의 명조입니다.

戊己土 식상이 매우 강하지만 운에서 金水기운으로 잘 유통이 되므로 흑인들의 생존욕구를 충족시키기 위한 중개저인 노력을 하게 됩니다.

시		일		월		년		구분
乙		癸		甲		庚		천간
卯		酉		申		午		지지
丙	丁	戊	己	庚	辛	壬	癸	대운
子	丑	寅	卯	辰	巳	午	未	

스케이트의 여왕 김○○선수의 명조입니다.

가을의 癸水가 甲乙木 식상을 좌우에 두고 자신의 끼를 마음껏 발휘하게 됩니다. 火운에 열정적인 에너지로 위업을 달성하고 木운에 자신을 홍보하며 인기관리를 하고 있습니다.

시		일		월		년		구분
己		丙		壬		乙		천간
丑		戌		午		卯		지지
甲	乙	丙	丁	戊	己	庚	辛	대운
戌	亥	子	丑	寅	卯	辰	巳	

연예인 주○○의 명조입니다.

여름 태생으로 己土상관의 기운이 강하므로 인기를 얻고 생산성이 강하여 사업에도 성공을 하며 水운에는 안정적인 생활을 할 것입니다.

시		일		월		년		구분
庚		己		辛		乙		천간
午		酉		巳		亥		지지
癸	甲	乙	丙	丁	戊	己	庚	대운
酉	戌	亥	子	丑	寅	卯	辰	

이○○ 전 총리의 명조입니다.

庚辛金 식상이 강하고 火기가 불급하지만 운에서 木水운으로 흐르며 조화가 되므로 사회적 지위가 높아지게 됩니다.

❸ 재성財星의 심리

소유심리	안전심리

재성은 일간이 극하는 오행으로서 안전욕구이며 소유심리와 안전심리가 있습니다.

재성은 소유심리를 갖습니다.

재성은 일간이 극하는 존재이기에 일간은 재성을 제압하여 손안에 넣고 다스리고자 하는 소유성향이 있습니다.

일간이 강하고 재성이 강하다면 서로의 세력이 비등하니 만족한 소유로 부자가 될 수 있으나 재성이 약하다면 비겁과 함께 군겁쟁재가 되어 재성을 서로 차지하려는 경쟁과 다툼의 연속이 될 것입니다.

일간이 약하고 재성이 강하다면 재다신약이 되어 재물에 대한 강박관념에 시달릴 것이며 일간도 약하고 재성도 약하다면 소유하고자 하는 의욕이 부족하므로 부자가 되기는 어려울 것입니다.

재성은 소유 재산을 보호하고자 하는 안전심리를 갖습니다.

소유한 재성을 지키려는 안전심리가 강합니다. 재성을 빼앗고자 노리는 비겁으로부터 자신의 소유인 재성을 지키고자 스스로 관성을 생하여 비겁을 억제하고 자신의 재성을 안전하게 지키고자 하는 것입니다.

비겁이 강하면 군겁쟁재가 되어 내 것을 빼앗길 우려가 많으므로 관성을 생하여 재성을 보호하여야 하는 것입니다. 재왕생관의 사주가 부자의 요건이 되는 이유입니다. 기업을 만드는 것은 관성을 활성화하는 것으로 기업공개를 통하여 재산을 법과 규정으로 안전하게 보호하고자 하는 것입니다.

시		일		월		년		구분
壬		丙		丙		丙		천간
辰		寅		申		午		지지
甲	癸	壬	辛	庚	己	戊	丁	대운
辰	卯	寅	丑	子	亥	戌	酉	

丙火비견이 3개나 있으니 군비쟁재가 필연적입니다. 가을의 재성이 壬水칠살을 생하여 재성을 보호하는 안전심리가 작동되고 있습니다. 水火의 균형이 조화되어 원만한 삶을 살며 기업을 번창시키고 있는 기업가 백○○회장의 명조입니다.

시		일		월		년		구분
戊		乙		丁		庚		천간
寅		丑		亥		子		지지
乙	甲	癸	壬	辛	庚	己	戊	대운
未	午	巳	辰	卯	寅	丑	子	

겨울의 戊土재성이 투출되어 소유욕구가 강하지만 비겁의 지지인 寅木위에 있으므로 군겁쟁재의 위험이 항상 있다고 합니다. 그러므로 년간 庚金정관으로 재성을 보호하고자 기업을 세우고 亥子丑의 인성 방국위에서 안정된 기업 활동으로 재성을 소유하며 보호하는 기업가 최○○회장의 명조입니다.

시		일		월		년		구분
癸		丙		己		庚		천간
巳		午		卯		子		지지
丁	丙	乙	甲	癸	壬	辛	庚	대운
亥	戌	酉	申	未	午	巳	辰	

봄의 丙火가 노력하여 얻은 庚金재성의 결실을 癸水정관으로 안전하게 보호하고자 하는 의지가 강한 기업가 이○○회장의 명조입니다.

4 관살官煞의 심리

소속심리	조직관리심리

관살은 일간을 극하는 오행으로 소속욕구이며 소속에 속하고자 하는 심리와 조직을 관리하고자 하는 심리가 강합니다.

관살은 소속심리를 갖습니다.

관살은 소속심리가 작용하여 자신의 재산과 생명을 보호받고자 합니다. 법과 규칙을 준수하며 소속에 대한 친밀감을 갖고 가정과 직장에서 인간적인 유대관계를 통하여 사랑과 우정을 실천하고 소속심리를 갖게 됩니다.

관살이 강하고 일간이 약하다면 인성으로 관살을 인화하여 쓰면서 조직에 소속되어 명예를 추구하게 됩니다. 관살이 약하고 일간이 강하다면 조직을 무시하고 스스로 독립하여 자신의 아성을 구축하고 자신의 이익을 추구하고자 하는 경향이 많습니다.

관살은 조직관리의 심리를 갖습니다.

관살은 조직을 관리하고자 하는 욕구가 강합니다. 비겁대관살이 균형을 이루면 조직을 장악하고 관리하고자 합니다. 조직의 수장으로 경영자나 기관장으로서 조직을 관리하는 수장의 위엄을 나타내기도 합니다.

비겁이 강하면 독재자의 모습이 되고 비겁이 약하면 조직에 의존하기도 합니다. 비겁이 강하면 식상을 통하여 조직을 통제하고 비겁이 약하면 인성을 통하여 조직에 헌신하며 충성을 다하기도 합니다.

시	일	월	년	구분
丁	庚	丁	壬	천간
丑	辰	未	午	지지

乙	甲	癸	壬	辛	庚	己	戊	대운
卯	寅	丑	子	亥	戌	酉	申	

未월에 火土기가 치성한데 년간 壬水식신이 火기를 식혀주며 庚金일간을 성장시켜주고 있습니다. 운이 金水운으로 흐르며 일간을 도우니 조직의 수장으로 은행장을 지낸 김○○의 명조입니다.

시	일	월	년	구분
丁	壬	丁	甲	천간
未	戌	丑	午	지지

乙	甲	癸	壬	辛	庚	己	戊	대운
酉	申	未	午	巳	辰	卯	寅	

丑월 壬水가 火土기와 대립하고 있는 양상입니다. 운이 木火운으로 흐르며 火土기를 도와주고 대운의 천간의 金水기로 흐르며 일간을 도와 균형을 유도하고 있으므로 조직의 수장으로 재벌을 일군 유○○ 회장의 명조입니다.

시	일	월	년	구분
癸	壬	己	庚	천간
卯	寅	丑	辰	지지

丁	丙	乙	甲	癸	壬	辛	庚	대운
酉	申	未	午	巳	辰	卯	寅	

丑월의 壬水가 己土정관과 대대관계를 이루고 있습니다. 년간 庚金인성은 정관과 일간을 잇는 가교역할을 하고 지지의 寅卯辰방합은 조직을 장악하는 세력으로 작용하게 됩니다. 火운으로 흐르며 강한 조직을 만들고자 노력하는 흥선 대원군의 명조입니다.

⑤ 인성印星의 심리

자격인정심리	자기존중심리

인성은 일간을 생하는 오행으로 자기존중욕구이며 자격을 인정받고자 하는 심리와 자기를 존중하고자 하는 심리가 강합니다.

인성은 자격인정심리를 가집니다.

인성은 학문이나 기술을 인정받고자 자격증을 획득하는 등 자격을 인정받고자 하는 심리를 갖게 됩니다. 인성은 부동산 권리증이나 유가증권 등으로 자신의 소유를 인정받고자 하는 심리도 있습니다. 또한 조직에서 승진을 통한 직책으로 자신의 권한을 인정받고자 하는 심리도 있습니다.

인성이 강하면 조직에서 자신의 권한을 확대하고 재성을 문서화하며 능력을 확대하여 권한을 행사하고자 합니다. 인성이 약하면 조직에 의존하거나 비겁에 의존하는 삶이 되기도 합니다.

인성은 자기존중심리를 가집니다.

인성은 다른 사람들로부터 존경을 받고자 하며 스스로를 존중하는 자존감으로 자기존중심리를 갖게 됩니다.

재물보다는 명예를 숭상하며 지위를 통하여 다른 사람들로부터 자신의 권한을 인정받고 존경받고자 하며 자신의 권리에 대한 자존감을 누리고 싶은 것입니다. 또한 조직에서 승진을 통한 직위확보로 명예욕을 성취하고 다른 사람들의 존경을 받는 직위를 선호하게 됩니다.

시		일		월		년		구분
庚		丁		己		乙		천간
子		亥		卯		亥		지지
辛	壬	癸	甲	乙	丙	丁	戊	대운
未	申	酉	戌	亥	子	丑	寅	

卯월의 乙木인성이 지지의 亥卯로 인하여 명예욕이 매우 강합니다. 庚金재성으로 강하여진 관살이 운에서 도와 대통령의 지위에 오른 이○○ 전 대통령의 명조입니다.

시		일		월		년		구분
丁		癸		己		庚		천간
巳		酉		丑		午		지지
丁	丙	乙	甲	癸	壬	辛	庚	대운
酉	申	未	午	巳	辰	卯	寅	

지지에 巳酉丑을 이루고 庚金인성이 투출하여 명예욕이 매우 강합니다. 己土칠살이 인성을 생하고 운에서 도와 권력을 장악하게 되지만 丁火재성의 재생살로 인하여 곤욕을 치르기도 하는 전○○ 전 대통령의 명조입니다.

시		일		월		년		구분
乙		乙		甲		癸		천간
酉		酉		子		卯		지지
丙	丁	戊	己	庚	辛	壬	癸	대운
辰	巳	午	未	申	酉	戌	亥	

子월의 癸水인성이 투출하여 명예욕이 강합니다. 하지만 지지에 子卯형으로 인하여 비겁들의 구설수가 발목을 잡게 됩니다. 비겁들을 잘 다스려야 명예를 보존할 수 있는 이○○ 도지사의 명조입니다.

⑥ 비겁比劫의 심리

협동심리	경쟁심리

비겁은 일간과 오행이 같으므로 든든한 협력자이기도 하지만 경쟁자이기도
합니다.

비겁은 협동심리를 갖습니다.

비겁은 잠재적인 능력을 최대한 이끌어 내면서 독립적인 자아성취를 통하
여 자신의 존재감을 부각시키고자 합니다.

식상이 강하여 설기가 심하거나 재성이 강하여 재다신약이 된다면 혼자서
이루기 어려우므로 주위의 비겁과 서로 힘을 합쳐서 일을 하므로 협동심리
를 갖게 됩니다. 비겁과 함께 성취하고 나면 반드시 함께 일을 한 비겁과 함
께 결과물을 나누어야 뒤탈이 없게 됩니다. 만약에 혼자서 독차지하고자 한
다면 주위의 비겁들이 달려들어 빼앗게 됩니다.

비겁은 경쟁심리를 갖습니다.

비겁이 강하거나 많다면 잠재능력이 강한 것이므로 승부욕이 강하며 독립
적이고 창조적인 경쟁심리와 지배심리를 갖게 됩니다.

비겁이 많은데 재성이 약하다면 군비쟁재나 군겁쟁재가 일어나며 서로 차
지하려고 경쟁심이 발동하게 되며 싸움이 일어나게 됩니다. 형제 많은 집안
에서 유산상속을 둘러싸고 싸움이 일어나는 현상과 같은 것입니다.

비겁이 강한데 재성이 강하다면 경쟁심리는 협동심리로 바뀌며 커다란 부
를 형성할 수 있는 기반이 됩니다. 신왕재왕身旺財旺의 모습으로 부자의 요
건이 되는 것입니다.

시		일		월		년		구분
壬		戊		戊		庚		천간
戌		申		寅		戌		지지
丙	乙	甲	癸	壬	辛	庚	己	대운
戌	酉	申	未	午	巳	辰	卯	

戊土비견이 협동하여 식신생재를 하고 있는 사주입니다. 함께 성취를 이룬 직원들에게 골고루 혜택을 주었기에 노조가 없는 재벌 기업을 일군 이○○ 회장의 명조입니다.

시		일		월		년		구분
壬		丙		丙		丙		천간
辰		寅		申		午		지지
甲	癸	壬	辛	庚	己	戊	丁	대운
辰	卯	寅	丑	子	亥	戌	酉	

申월에서 투출한 壬水칠살이 강하므로 丙火비견이 협동하여 칠살과 대대관계를 이루며 상생하는 모습을 보이고 있습니다. 자신의 노하우를 공개하며 비견들을 돕고있는 기업가 백○○회장의 명조입니다.

시		일		월		년		구분
丁		甲		丙		甲		천간
卯		午		寅		辰		지지
甲	癸	壬	辛	庚	己	戊	丁	대운
戌	酉	申	未	午	巳	辰	卯	

寅월의 甲木이 강하지만 丙丁火식상의 설기를 돕기 위하여 년간 甲木비견과 협동하는 모습입니다. 도민을 위하여 꿈을 심어주고 열심히 일하는 원○○ 지사의 명조입니다.

핵심 Tip

육신의 심리는 경영관리와도 같습니다.

인성은 총무관리이며

비겁은 영업관리이고

식상은 생산 및 홍보관리이고

재성은 재무와 유통 및 재고관리이며

관성은 조직관리입니다.

사주 경영에도 각자의 역할이 있습니다.

회사를 운영하는 것과 같이 사주를 운영하는 육신의 역할은 경영관리의 중책을 맡게 됩니다. 강한 육신의 역할은 강할 것이며 육신이 약하다면 역할을 제대로 수행하기 어려운 것입니다.

강한 육신이 업무를 수행하고자 한다면 상대적인 대대관계가 중요합니다. 대대관계란 충극이 되는 상대라고 이해하면 될 것입니다. 木은 金과 대대관계이고 水는 火土와 대대관계가 되는 것입니다. 대대관계는 균형을 이루어야 성장하고 발전할 수 있는 것입니다. 한쪽이라도 기울면 발전하기 어렵습니다.

자신의 사주에서 어느 부분이 강점인가 하는 것을 알고 맡은 일을 성실히 임하여야 삶이 건실해 지는 것입니다. 자신의 강점을 알고 자신의 역할이 무엇인지를 정확하게 파악하고 맡은 일을 성실히 수행한다면 행복을 만들 것입니다.

사람들은 누구나 스스로 자신의 삶에 변화를 일으킬 힘을 지니고 있다. - 오프라 윈프리

02 육신의 직업적성심리

기본개념

작용력	본능, 소망, 의지, 감정
실천력	성취 노력, 실행가능성

육신의 작용력은 천간에서 나타나고
육신의 잠재력은 지장간에서 나타납니다.

◆ 육신의 직업적성

비 겁	정치가, 자영업자, 운동선수
식 상	연구개발직, 제조생산업, 연예인, 교사
재 성	재정관리, 금융업, 유통업
관 성	기업 임원, 검경군 관련직, 조직경영관리
인 성	학자, 종교인, 예술인, 선출명예직

육신이 강할 때 직업적성의 장점이 나타납니다.
육신이 약하면 직업적성의 결핍 증세를 채우려고 하지만
능력이 부족하여 제대로 발휘하기 어렵습니다.

① 육신의 작용력과 실천력

작용력	본능, 소망, 의지, 감정
실천력	성취 노력, 실행가능성

육신은 소망을 실천하는 작용력입니다.
어릴 때 소망이 대통령이 되고 싶다거나 작가가 되고 싶다거나 과학자가 되고 싶다고 하는 등의 소망은 명예와 재물을 향한 본능적인 소망과 희망으로 육신의 작용력이며 이를 성취하기 위하여 노력하는 것이 육신의 실천력이라고 할 수 있습니다.

소망을 이루기 위하여서는 하고 싶다는 의지가 있어야 하며
할 수 있다는 능력으로 노력하여야 성취할 수 있는 것입니다.

소망은 실현가능성과 능력과 노력이 있어야 성취할 수 있습니다.
되고 싶다고 하여 모두 될 수 있는 것이 아니고 하고 싶다고 하여 모두 할 수 있는 것이 아닙니다. 능력이 있어야 하고 실행가능성이 있어야하며 소망을 실현할 수 있는 노력을 하여야 할 것입니다.

육신의 잠재력이란 무의식에 잠재한 능력의 에너지로서 소망을 실현할 수 있는 실천력입니다. 강한 에너지가 있어야 실천할 수 있는 능력이 있는 것이며 노력으로 성취할 수 있는 것입니다. 예술가는 잠재적 능력에 의하여 발현되는 것이며 사업가 역시 잠재적 능력에 의하여 발현되는 것입니다. 적성이 있다고 하여도 능력이 부족하다면 성취하기 어려운 것입니다.

❷ 육신의 직업적성

(1) 비겁比劫의 적성

비겁은 경쟁심의 발로이므로 남과 경쟁하는 직업에 적성이 있다고 할 수 있습니다. 주로 정치가나 운동선수 또는 기업가나 자영업자에게 유리한 적성입니다.

정치가나 운동선수는 동료들과 경쟁을 하여 선발되거나 좋은 기록을 내야 하므로 비겁이 강하다면 정치가나 운동선수로서 적성이 있다고 할 것입니다. 비겁이 약하다면 협동하여야 하므로 독립적인 활동을 하기 어렵습니다.

자영업자도 역시 동종 업계와 치열한 경쟁을 하여 매출 실적을 올려야 하므로 비겁이 강하다면 자영업자로서 좋은 조건을 갖추었다고 할 수 있습니다. 비겁이 약하다면 조직에 소속되어 활동을 하여야 하므로 자영업자의 조건이 어렵다고 할 것입니다.

시		일		월		년		구분
庚		辛		庚		辛		천간
寅		丑		子		巳		지지
壬	癸	甲	乙	丙	丁	戊	己	대운
辰	巳	午	未	申	酉	戌	亥	

천간에 庚辛金의 비겁이 많으므로 경쟁을 통한 소망을 성취하기 위한 노력을 하게 됩니다. 金운에 강한 비겁의 힘으로 고속 승진을 통하여 경영을 장악하고 火운에 조직을 장악하여 권력을 쟁취하여 경영인과 정치가로 성공하는 이○○ 전 대통령의 명조입니다.

시		일		월		년		구분
己		己		甲		丙		천간
巳		未		午		戌		지지
壬	辛	庚	己	戊	丁	丙	乙	대운
寅	丑	子	亥	戌	酉	申	未	

己土비견이 매우 강한 명조인데 丙火인성이 생을 하여주므로 더욱 강하여 종왕격의 성격을 갖는 격국입니다. 자존감으로 명예를 고수하며 독단적인 정책을 펼치기를 선호하는 트럼프 대통령 명조입니다.

시		일		월		년		구분
丁		庚		戊		乙		천간
亥		戌		子		卯		지지
庚	辛	壬	癸	甲	乙	丙	丁	대운
辰	巳	午	未	申	酉	戌	亥	

庚金일간이 戌土위에 앉아 金운이 도우니 노련한 경기를 펼치며 부와 명예를 모두 거머쥐지만 火운에 水기의 설기가 슬럼프에 빠지게 하며 구설수에 휘말리는 요인이 되어 고전하는 골프선수 타이거우즈의 명조입니다.

시		일		월		년		구분
甲		丁		丁		壬		천간
辰		酉		未		戌		지지
乙	甲	癸	壬	辛	庚	己	戊	대운
卯	寅	丑	子	亥	戌	酉	申	

丁火비견이 강하고 상대적으로 壬水정관이 미약하지만 운에서 金水운으로 도와 대대관계의 균형을 유지하므로 축구선수로서 대성한 박○○ 선수의 명조입니다.

(2) 식상食傷의 적성

식상은 재능을 나타내는 적성입니다.
제조생산을 하거나 연구개발에 적합한 적성이며 강사나 연예인 등의 인기
홍보직이나 농공수산물 생산직에 알맞은 적성이기도 합니다.

제조생산은 식상의 기본적인 재능입니다.
농수산물을 생산하는 것이 식상이며 생필품을 제조하여 공급하는 것도 역시
식상이라고 할 수 있습니다. 보다 나은 상품을 만들기 위하여서는 연구개발이
필수적입니다. 그러므로 식상은 연구개발을 하는 적성으로도 알맞은 것입니
다. 농수산물을 생산하여 재성을 충족시키는 것이 식상의 할 일입니다.

자신의 끼를 발산하는 것도 식상의 능력입니다.
노래나 춤 등 연예인들의 재능은 식상의 표현 능력이며 작가나 미술 계통의 예
술인들의 천부적인 재능을 끼라고 합니다. 끼도 역시 식상의 재능이라고 할 수
있습니다. 영업직이나 홍보직 등의 직업은 식상의 끼가 있어야 능력을 발휘할
수 있습니다. 다른 사람들을 매혹시키며 설득을 시켜야 하는 것입니다.

인성을 패인하는 식상은 습득한 지식을 펼쳐내는 것입니다.
식상이 인성을 거느리는 것을 패인佩印이라고 합니다. 패인한 식상의 끼는
총명한 재능의 꽃이라고 합니다. 상관패인격이나 식신패인격이 총명하다고
합니다. 총명한 머리로 습득한 지식을 펼쳐내기 위하여 교사나 강사를 하거
나 책을 집필하여 독자에게 제공하는 것입니다.

강사는 자신들의 지식을 전달하는 것입니다. 작가들의 표현능력은 독자에
게 자신의 생각을 전달하는 것입니다. 독자들에게 인기가 있는 작가나 강사
들은 식상의 능력을 가졌기 때문입니다.

시		일		월		년		구분
癸		甲		乙		丁		천간
酉		申		巳		未		지지
癸	壬	辛	庚	己	戊	丁	丙	대운
丑	子	亥	戌	酉	申	未	午	

巳월에서 투출하고 未土에 통근한 丁火상관의 기세가 강하므로 가수로서의 끼를 발휘하게 됩니다. 癸水인성으로 패인하여 丁火의 불꽃을 더욱 밝히니 인기를 얻으며 가수로서의 정상자리에 오른 강○○의 명조입니다.

시		일		월		년		구분
壬		壬		甲		乙		천간
寅		辰		申		卯		지지
壬	辛	庚	己	戊	丁	丙	乙	대운
辰	卯	寅	丑	子	亥	戌	酉	

申월생이지만 식상 木기의 기세가 강하므로 배우로서의 끼를 유감없이 발휘하게 됩니다. 세계적인 배우로서 죽을 때까지 최고의 배우로 대접받은 잉그리드 버그만의 명조입니다.

시		일		월		년		구분
甲		丁		己		己		천간
辰		丑		巳		未		지지
丁	丙	乙	甲	癸	壬	辛	庚	대운
丑	子	亥	戌	酉	申	未	午	

己土식신의 기세가 강하므로 배우로서의 끼를 발휘하며 인기를 얻게 됩니다. 甲木인성을 패인하고 金운이 설기를 하여 부와 명예를 동시에 이루며 안정적인 인기를 유지하는 이○○ 연예인의 명조입니다.

(3) 재성財星의 적성

재성은 재물을 관리하는 재능을 가졌습니다. 자신의 재물이든 남의 재물이든 재물을 관리하는 적성이 탁월합니다. 회계나 재정관리직이나 금융업자와 유통업자에게서 많이 나타나는 적성입니다.

회계나 재정관리직은 기업이나 국가의 재물을 관리하는 직업입니다.
재성이 강하거나 없는 사주는 이러한 직업에 적성을 가졌다고 할 수 있습니다. 재성이 강하다면 소유욕이 강하다는 것이며 재성이 없다는 것은 소유욕이 없다는 것입니다.

금융업자는 고객의 재산을 관리하여주는 적성이 탁월합니다.
재성이 맑거나 없다면 이러한 직업에 적성이 있다고 할 수 있습니다.

유통업자는 상품을 관리하는 적성이 탁월합니다.
도매상이나 소매상이나 상품을 유통하여 판매하는 업에 탁월한 능력을 발휘합니다. 백화점, 대형마트, 소규모 슈퍼마켓, 동네 구멍가게 등에서 적성을 나타냅니다.

신왕재왕의 명조는 부자가 많습니다.
재성이 강하고 맑으며 비겁이 강하고 맑다면 부자의 범주에 속합니다.
재성이 많고 탁하며 비겁이 쇠약하다면 이를 재다신약財多身弱이라고 합니다. 재다신약의 사주는 재성에 대한 욕심으로 재성의 피해를 보는 대표적인 패턴입니다.

비겁이 많고 탁한데 재성이 쇠약하다면 이를 군겁쟁재 또는 군비쟁재라고 합니다. 재성이 작은데 이를 서로 차지하려고 경쟁하며 싸우는 행위로서 재성으로 인하여 고생하는 팔자입니다.

시		일		월		년		구분
壬		戊		戊		庚		천간
戊		申		寅		戌		지지
丙	乙	甲	癸	壬	辛	庚	己	대운
戌	酉	申	未	午	巳	辰	卯	

寅월생이지만 戊土일간과 庚金식신의 세력이 강하므로 壬水재성을 생재하는 사업가로서 무역과 유통업을 통하여 재벌 그룹을 만듭니다. 식상생재의 특징은 노력한 만큼 재성을 확보할 수 있으므로 식상의 세력이 강하여야 하며 재성이 감당할 수 있는 세력도 있어야 합니다.

시		일		월		년		구분
癸		戊		辛		丙		천간
亥		午		丑		子		지지
己	戊	丁	丙	乙	甲	癸	壬	대운
酉	申	未	午	巳	辰	卯	寅	

丑월에서 辛金상관하고 癸水재성이 투출하여 상관생재의 격국을 이루고 있습니다. 癸水재성은 기세가 강하니 소유심리가 강합니다. 재성의 세력으로 재벌의 기업을 이룬 김○○ 회장의 명조입니다.

시		일		월		년		구분
壬		己		乙		壬		천간
申		未		巳		辰		지지
癸	壬	辛	庚	己	戊	丁	丙	대운
丑	子	亥	戌	酉	申	未	午	

己土일간이 未土와 辰土에 통근하여 기세가 강합니다. 壬水재성 역시 강하므로 신왕재왕의 격국을 보이며 乙木칠살의 조직관리능력을 보이니 전문경영인으로 중소기업을 재벌의 기업으로 성장시킨 남○○ 회장의 명조입니다.

(4) 관살官煞의 적성

관살은 조직관리에 적성이 있다고 할 수 있습니다. 국가나 기업 등의 조직에서 임직원으로 활동하고 검찰이나 경찰 또는 군에서 활약하는 적성도 있습니다.

조직을 유지 관리하는 직장인의 적성입니다.

조직은 사회적인 구조로서 법과 규정에 의하여 관리되고 운영되므로 관살의 조직관리적성이 필요합니다. 조직관리는 법과 규정을 철저히 지키며 규율을 엄격하게 적용하여야 맑아집니다. 국가나 기업을 유지 관리하는 임직원은 법과 규정을 지키며 조직을 관리하고 유지하는 능력이 필요하므로 적성으로 적합합니다.

조직을 수호하는 경찰의 적성입니다.

조직과 사회를 수호하고 질서를 유지시키는 검찰이나 경찰 또는 군은 법과 규정을 지키지 아니하고 사회질서나 국가를 공격하는 세력을 차단하고 응징하여 규율을 엄격하게 관리하는 직책으로 조직관리능력이 적성으로 필요하게 됩니다.

관살이 인화하면 명예를 추구하게 됩니다.

관살이 인성과 합치면 조직에서 명예를 빛내기 위한 활동을 하며
관살이 식상과 합치면 자신의 능력을 조직을 위하여 헌신하게 되고
관살이 재성과 합치면 자신의 영역을 조직과 결합하는 사업가이며
관살이 비겁과 합치면 조직을 운영하고자 하는 경영자가 됩니다.

관살의 청탁으로 살펴본다면

정관이 맑으면 조직관리가 투명해지고
정관이 탁하면 조직을 이용하여 자신의 이익을 챙기려고 합니다.
칠살이 맑으면 조직을 수호하려는 의지가 강하고
칠살이 탁하면 조직을 어지럽히는 행위를 하기 쉽습니다.

시		일		월		년		구분
庚		乙		壬		丁		천간
辰		卯		寅		酉		지지
庚	己	戊	丁	丙	乙	甲	癸	대운
戌	酉	申	未	午	巳	辰	卯	

寅월생이면서 지지에 寅卯辰 木방합을 이루고 있어 비겁의 기세가 매우 강하므로 경쟁심리와 조직의 경영심리가 있습니다. 록겁격에 庚金관성을 쓰는 명조로서 법무부장관을 지낸 강○○변호사입니다.

시		일		월		년		구분
丁		丙		乙		癸		천간
酉		戌		丑		亥		지지
丁	戊	己	庚	辛	壬	癸	甲	대운
巳	午	未	申	酉	戌	亥	子	

丑월에서 투출한 癸水정관의 기세가 강하므로 조직관리 능력이 있습니다. 金운에 조직의 세력을 감당하지 못하여 어려움을 겪다가 火운에 조직을 장악한 김○○ 전 대통령의 명조입니다.

시		일		월		년		구분
乙		己		己		辛		천간
丑		巳		亥		卯		지지
辛	壬	癸	甲	乙	丙	丁	戊	대운
卯	辰	巳	午	未	申	酉	戌	

亥卯합이 기반인 乙木칠살의 세력과 巳丑합이 기반인 辛金식신 세력으로 木金의 대대관계가 성립이 되고 있습니다. 자신의 인기홍보심리를 조직에 헌신하고자 하는 마음이 있으며 한편으로는 조직을 지배하고픈 권력욕도 있으므로 기업인이 정치인으로 변신한 정○○ 국회의원의 명조입니다.

(5) 인성印星의 적성

인성은 자기존중의 욕구가 있으므로 정치인, 학자, 예술인, 종교인으로서의 적성과 실력과 능력을 인정하는 인사관리, 문서관리의 적성으로 적합합니다.

인성은 자격을 인정받은 전문인입니다.
인성은 학문과 기술 습득으로 스펙을 쌓아가는 과정이며 자신의 실력을 인정받기 위한 자격이나 학위 등을 습득하여 타인으로부터 존경과 인정을 받고자 하는 행위라고 할 수 있습니다.

인성의 적성은 직위관리를 위한 인사관리에 적합하고 명예직에 적합한 적성을 가지게 됩니다. 또한 자격 등을 인정하는 문서관리에 탁월한 능력을 가졌다고 볼 수 있습니다. 또한 부동산 등의 재산에 대한 권리를 인정받기 위한 문서나 증서를 보유하는 행위도 인성이라고 할 수 있습니다.

인성은 자기존중의 명예를 존중하는 직업인입니다.
학자와 예술인 그리고 종교인은 자신의 철학과 사상으로 정신세계를 구축하는 적성이 필요하고 내적인 자아성취를 위한 능력이 탁월하며 정치인은 자기존중심리로 명예욕을 나타내기도 합니다.

자기존중욕구는 타인으로부터 존경을 받고자 하는 욕구이며 자신의 능력과 실력을 인정받는 행위도 자기존중의 욕구라고 할 수 있습니다. 자신의 실력과 능력은 조직에서 직위 상승과 권리의 확대로 이어지며 최고의 권위를 나타내는 자리까지 올라가며 명예를 빛내고자 하는 욕망이 나타내게 됩니다.

시		일		월		년		구분
乙		丁		辛		辛		천간
巳		未		卯		酉		지지
癸	甲	乙	丙	丁	戊	己	庚	대운
未	申	酉	戌	亥	子	丑	寅	

乙木인성이 卯未 木국으로 세력이 강하고 일간은 巳未로 세력이 있으므로 운동선수로 성공하며 편인의 자기존중심리는 명예심을 고취시키고 재성의 영역확보심리로 축구로 세계를 제패하려는 욕망이 가득한 박○○ 선수의 명조입니다.

시		일		월		년		구분
壬		乙		癸		壬		천간
午		酉		丑		午		지지
乙	丙	丁	戊	己	庚	辛	壬	대운
巳	午	未	申	酉	戌	亥	子	

丑월에서 투출한 壬癸水 인성의 기세가 강합니다. 자기존중심리가 강하며 정신세계를 구축하는 내적자아성취를 위한 능력이 탁월하여 수많은 드라마의 시나리오를 작성하여 성공한 김○○ 작가의 명조입니다.

시		일		월		년		구분
乙		癸		丁		辛		천간
卯		酉		酉		未		지지
乙	甲	癸	壬	辛	庚	己	戊	대운
巳	辰	卯	寅	丑	子	亥	戌	

辛金인성의 세력이 강하므로 자기존중심리가 강하고 이를 乙木식신으로 표현하며 작품세계를 이룬 박○○ 작가의 명조입니다.

직업은 적성과 기세가 있어야 성공가능성이 있습니다.

사주에서 가장 강한 장점이 적성입니다. 격국용신은 사주에서 가장 강한 성분입니다. 그러므로 격국용신이 직업의 적성으로 적합하다고 하는 것입니다.

기세가 왕성하고 이를 대적하거나 설기하는 기세가 왕성하다면 장점이라고 할 수 있습니다. 대대관계가 형성되어 있고 기세가 왕성하다면 적성의 질이 좋다고 하는 것이며 격국의 질이 높다고 하는 것입니다.
독불장군의 기세는 오래가지 못합니다. 주변의 기세와 유통이 되어야 하며 균형이 이루어져야 맑고 높은 격이 이루어지는 것입니다.

건강과 성격은 사주의 흐름이 좋고 균형이 되어야 이상적입니다.

사주의 흐름이 좋아야 원만한 성격을 갖게 되고 건강하게 됩니다.
사주의 흐름이 끊기거나 막힌다면 건강과 성격에 이상이 생깁니다.
사주의 오행간의 균형을 이루어야 성격과 건강이 좋다고 하는 것입니다. 역시 한쪽으로 치우친다면 성격이 비뚤어지고 건강에 이상이 생기는 것입니다.

운이 도와야 모든 것이 좋아집니다.

아무리 강한 기세를 가진 육신이라 할지라도 운에서 도와주지 않는다면 성공할 가능성이 줄어듭니다. 또한 건강과 성격도 운에서 도와주어야 원만하게 유지할 수 있습니다.

사주팔자가 강하게 흐르거나 균형이 잡혀있다면 운의 영향을 크게 받지 않지만 기세가 다소라도 떨어진다면 운의 영향을 크게 받기 마련입니다.

03 육친의 심리

남성의 사주	여성의 사주
모친 – 인성	부친 – 재성
자식 – 관성 부인 – 재성	자식 – 식상 남편 – 관성

◆ 나를 중심으로 한 육친성

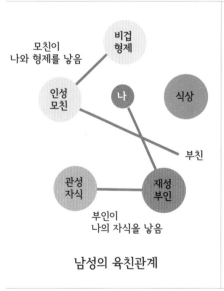

남성의 육친관계

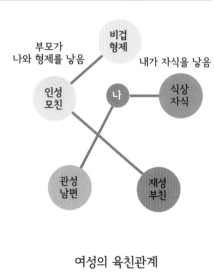

여성의 육친관계

❶ 여성 중심의 육친관계

인류는 고대로부터 여성을 중심으로 한 모계사회이며
사주에서도 여성을 중심으로 한 육친관계가 형성됩니다.

◆ 육친관계

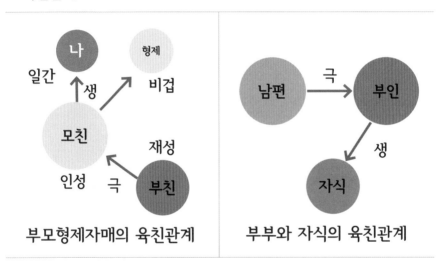

부모형제자매의 육친관계   부부와 자식의 육친관계

부모형제자매의 육친관계는 모친인 인성을 기준으로 편성됩니다.
인성인 모친이 낳은 비겁이 형제자매가 되는 것입니다. 모친인 인성을 극하는
재성이 모친의 남편이며 나와 형제자매에게는 부친이 되는 것입니다.

부부와 자신의 육친관계는 여성을 중심으로 편성됩니다.
남성에게 부인은 재성이고 여성은 일간인 자신을 기준으로 합니다.
여성의 자식은 자신이 낳았으므로 식상이 됩니다.
남성의 자식은 부인인 재성이 낳은 자식으로 관성이 됩니다.

❷ 남성 사주에서의 육친관계

남성의 사주에서는 모친과 부인이 중심이 되어 가족관계가 형성됩니다.
모친이 인성이며 부친이 재성이 됩니다.
부인은 나의 재산을 관리하여 주므로 재성이 되는 것이며 부인이 낳은 자식
이 나에게는 관성이 되는 것입니다.

모친은 나와 형제자매를 낳아주는 인성이 됩니다.

인성은 비겁을 생하여 주므로 모친 인성이 일간인 나와 비겁인 형제자매를
낳는 것입니다. 부친은 모친의 남편이므로 인성의 관성인 재성이 부친이 되
는 것입니다. 재성이 인성을 극하는 관성이기 때문입니다.

부인은 나의 재산을 관리하여 주므로 재성이 됩니다.

여자가 시집을 와서 일정기간 시집살이를 하면 시어머니로부터 곳간 열쇠를
물려받게 됩니다. 집안의 재정권을 부여하는 것입니다. 그러므로 부인이 재성
이 되는 것입니다. 지금도 부인을 재무부장관이라고 일컫는 경우가 많습니다.

자식은 부인이 낳으므로 남성의 사주에서는 자식이 관성입니다.

부인이 재성이므로 재성이 생하는 관성은 부인이 낳은 자식입니다. 그러므로
남성의 사주에서 관성이 자식이 되는 것입니다. 대체로 편관이 아들이고 정관
이 딸이라고 하지만 성별을 구분하지 않는 것이 일반적이기도 합니다.

부친과 부인이 같은 재성으로 인하여 빚어지는 오해

부친을 편재로 하고 부인을 정재로 하여 구분하여야 한다는 주장도 있으나 이
는 모계중심사회를 이해하지 못하기 때문입니다.
모친을 중심으로 보자면 모친의 남편은 인성을 극하는 재성이기 때문입니다.
부인을 중심으로 보자면 재성을 극하는 일간이 부인의 남편인 나이기 때문입
니다. 그러므로 부친과 부인은 같은 재성이 되는 것입니다.

❸ 여성 사주에서의 육친관계

여성의 사주에서는 모친은 남성 사주와 마찬가지로 모친이 인성이며 부친이 재성이고 형제자매는 비겁이 됩니다. 남편은 나를 극하는 관성이고 일간이 낳은 자식은 일간이 생하는 식상이 되는 것입니다.

모친은 나와 형제자매를 낳아주는 인성이 됩니다.
인성은 비겁을 생하여 주므로 모친 인성이 일간인 나와 비겁인 형제자매를 낳는 것입니다. 부친은 모친의 남편이므로 인성의 관성인 재성이 부친이 되는 것입니다. 재성이 인성을 극하는 관성이기 때문입니다.

남편은 가정을 보호하고 관리하여 주므로 관성이 됩니다.
모계사회의 고대에도 남성은 가족의 생계를 위하여 사냥을 하였고 가정을 보호하는 책임을 가졌습니다. 현대에도 이와 마찬가지로 남성은 가정을 보호하고 부양할 의무를 지녔으므로 여성의 남편은 관성이 되는 것입니다. 또한 관성의 재성은 일간이 되는 것입니다.

일부 관법에서 정관을 남편으로 보고 편관을 애인으로 보는 경향이 있습니다. 사주팔자에 정관이 많다고 남편이 많은 것은 아니며 편관이 많다고 애인이 많은 것이 아닙니다. 또한 여성의 사주에서 관살혼잡이 되면 남성편력이 많은 것으로 오해하는 경우가 많지만 이는 관성이 탁한 것으로 보아야 하는 것입니다. 관살혼잡이 되면 관성이 탁하므로 남성으로 인하여 어려운 일이 발생할 수 있다고 해석하여야 할 것입니다.

자식은 여성이 낳으므로 여성의 사주에서는 식상이 자식입니다.
여성의 사주에서 자식은 식상이 됩니다. 일간이 식상을 생하므로 일간이 낳은 자식이기 때문입니다. 대체로 상관이 아들이고 식신이 딸이라고 하지만 성별을 구분하지 않는 것이 일반적이기도 합니다.

시		일		월		년		구분
壬		戊		己		丁		천간
戊		子		酉		巳		지지
丁	丙	乙	甲	癸	壬	辛	庚	대운
巳	辰	卯	寅	丑	子	亥	戌	

丁火인성이 년간에 있으며 巳酉합으로 식상을 표현하고 있습니다. 부모의 헌신적인 노력으로 세계적인 골프선수가 된 박○○ 선수의 명조입니다.

시		일		월		년		구분
癸		壬		己		庚		천간
卯		寅		丑		辰		지지
丁	丙	乙	甲	癸	壬	辛	庚	대운
酉	申	未	午	巳	辰	卯	寅	

己土정관이 월령에서 투출하여 확고한 위치로 자리 잡고 있습니다. 자식을 왕으로 내세워 지지의 寅卯辰방합으로 자신의 권력을 극대화하는 흥선 대원 군의 명조입니다.

시		일		월		년		구분
庚		庚		壬		壬		천간
辰		寅		子		寅		지지
庚	己	戊	丁	丙	乙	甲	癸	대운
申	未	午	巳	辰	卯	寅	丑	

지지에 木재성의 기세가 강하므로 부인의 밭에서 안정을 취하고 있는 모습 입니다. 水식상이 강하므로 부인에 대한 사랑이 지극하다고 합니다. 연예인 부부 중에 금슬이 좋다는 최○○ 배우의 명조입니다.

④ 육친궁으로 보는 육친관계

시	일	월	년
나의 가정		부모의 가정	
자식궁	부부궁	형제궁	부모궁

년월은 부모의 가정입니다.

년월은 사회적 환경으로 내가 자라고 공부하는 청소년기의 환경으로 부모의 영향이 가장 크게 작용하는 시기입니다. 년주를 부모궁으로 보고 월주는 형제궁으로 보지만 년월을 부모궁으로 보아도 무방합니다.

일시는 나의 가정입니다.

배우자와 결혼하여 자식을 낳는 나의 가정을 말합니다. 일반적으로 일지를 배우자궁으로 보고 시주를 자식궁으로 보지만 일시를 가정으로 보아 배우자와 자식의 동태를 살피기도 합니다.

육친궁의 심리

년월은 부모의 궁이므로 부모로부터 보호받고자 하는 심리가 있습니다.
일시는 나의 궁이므로 내가 배우자와 자식을 보호하고 가정을 관리하고자 하는 심리가 있습니다.

년월의 부모궁에 관성과 인성이 자리 잡고 있다면 부모의 사랑과 보호를 받지만 재성과 식상이 자리 잡고 있다면 내가 부모를 보호하고 모셔야 하는 상황이 올 수도 있습니다. 년월의 비겁은 형제와의 협동과 경쟁의 상태를 나타낸다고 할 수 있습니다.

일시는 나의 궁이므로 내가 가정을 보호하고 사랑하고자 하는 심리가 있습니다. 일시의 궁에 식상과 재성이 자리잡고 있다면 내가 가정을 보호하고 사랑하는 심리가 작용하지만 관성과 인성이 자리잡고 있다면 내가 배우자나 자식으로부터 보호받고 사랑받고자 하는 심리가 작용하기도 합니다.

육친궁과 육친의 덕과 길흉

부모궁에 인성이 희신으로 있다면 부모덕이 있다고 합니다.
형제궁에 비겁이 희신으로 있다면 형제덕이 있다고 합니다.

남성의 처궁에 재성이 희신으로 있다면 처덕이 있다고 합니다.
여성의 남편궁에 관성이 희신으로 있다면 남편덕이 있다고 합니다.

남성의 자식궁에 관성이 희신으로 있다면 자식덕이 있다고 합니다.
여성의 자식궁에 식상이 희신으로 있다면 자식덕이 있다고 합니다.

육친궁에 희신이 있으면 해당 육친으로 인하여 길한 작용이 있는 것이며 육친궁에 기신이 있으면 해당 육친으로 인하여 흉한 작용이 있다고 통변하게 됩니다.

시	일	월	년	구분
丙	壬	癸	戊	천간
午	戌	亥	午	지지

癸水겁재가 丙火재성을 빼앗으려고 합니다. 남편 戊土가 癸水겁재를 합거하여 丙火재성을 지켜줍니다. 戊土남편이 희신으로 작용하여 자신을 보호하므로 부자가 되는 사례입니다.

적천수천미의 저자 임철초는 재성은 내가 극하는 존재이므로 부인은 수긍이 가지만 아버지를 극한다는 것은 인륜을 저버리는 것으로 수긍을 할 수 없다고 하면서 인성을 부모로 보아야 한다고 주장합니다.

"자평법에서는 재성을 처로 보는데 재성이란 재산으로 나를 시중드는 사람이니 이 이치는 올바르다고 할 것이다. 또 재성을 부친으로 논하는데 이것은 후세 사람들의 잘못된 논리이며 만약 이 논리가 정확하다면 시아버지와 며느리가 동종이니 이것은 윤리적으로 맞지 않는다고 할 것이다. 비록 처와 부친을 정재와 편재로 나눈다하나 억지로 뜻을 만든 것이며 재성의 편재와 정재라고 하는 것은 음양을 구분한 것에 불과하지 처와 부친의 기로 바뀌는 것이 아니다. 만약 재성을 부친으로 하고 관성을 자식으로 한다면 인륜이 멸망되고 말 것이며 시아버지와 며느리가 동종에 속하고 할아버지가 손자를 낳게 되니 이런 도리가 어찌 있을 수 있겠는가! 　　　　　　　　　　- 적천수천미 육친론"

임철초는 부모를 인성으로 통합하는 관법을 주장하여 부인과 부친이 같은 육친성을 가짐으로써 생기는 모순점과 자식이 일간을 극하는 모순점을 해결하고자 한 것입니다.

부모를 인성으로 통합하면서 부부는 재관으로 그대로 둔 것은 당시의 시대상황이 남존여비의 사상과 여성의 사회진출이 어려웠기 때문에 여성을 남성의 재산관리인으로 취업하도록 배려한 것이라고 합니다.

◆ 임철초의 육친관

부 모	부 부	자 식
모친 - 인성 부친 - 인성	부인 - 재성 남편 - 관성	남녀의 사주에서 자식은 공히 식상

시	일	월	년	구분
丁	庚	乙	癸	천간
丑	申	丑	卯	지지

丁	戊	己	庚	辛	壬	癸	甲	대운
巳	午	未	申	酉	戌	亥	子	

丑월 추위에 丁火가 용신인데 乙木재성 부인이 癸水를 흡수하여 용신을 극하는 것을 막아주므로 부인이 희신이라고 하여 부인의 내조가 좋았다고 합니다.

시	일	월	년	구분
癸	丁	乙	丁	천간
卯	酉	巳	未	지지

丁	戊	己	庚	辛	壬	癸	甲	대운
酉	戌	亥	子	丑	寅	卯	辰	

酉金이 처궁인데 부인의 내조로 木운에 관성을 생하니 비록 가난하였으나 癸卯운에 학교가고 壬寅운에 등과하고 辛丑운에 군수벼슬을 하였다고 하며 오직 부인의 공이었다고 합니다.

시	일	월	년	구분
壬	丙	庚	乙	천간
辰	申	辰	亥	지지

壬	癸	甲	乙	丙	丁	戊	己	대운
申	酉	戌	亥	子	丑	寅	卯	

庚金재성이 乙木을 합금하여 재생살을 하니 乙木인성이 壬水칠살을 인화하지 못하고 칠살의 기세가 강하여 庚金부인의 성격이 정상이 아니고 질투도 대단하므로 일간이 부인의 성정에 견디지 못하였다고 합니다.

시		일		월		년		구분
癸		戊		辛		辛		천간
丑		戊		丑		丑		지지
癸	甲	乙	丙	丁	戊	己	庚	대운
巳	午	未	申	酉	戌	亥	子	

일간이 강하고 戊土는 火의 창고에 앉아 추위에 얼지 않아 부인의 내조로 부자가 되었으며 辛金자식을 16명이나 낳았다고 합니다. 남명에서 식상을 자식으로 본 사례입니다.

시		일		월		년		구분
癸		丁		甲		癸		천간
卯		酉		子		亥		지지
丙	丁	戊	己	庚	辛	壬	癸	대운
辰	巳	午	未	申	酉	戌	亥	

酉金재성이 부인으로 癸水자식을 많이 생산하였으나 용신인 甲木을 극하는 존재이므로 처첩에게서 낳은 16명의 자식이 모두 딸이었다고 합니다. 酉金재성 부인을 기신으로 보아 딸만 낳았다고 하는 것입니다.

시		일		월		년		구분
丁		戊		辛		乙		천간
巳		戊		巳		未		지지
癸	甲	乙	丙	丁	戊	己	庚	대운
酉	戌	亥	子	丑	寅	卯	辰	

사주에 水기 재성이 전혀 없으니 처덕이 없다고 하며 乙木이 丁火를 생하여 더욱 조열하므로 처가 둘이나 죽고 12명의 자식을 낳으나 모두 죽고 2명만 남았다고 합니다.

시		일		월		년		구분
甲		壬		癸		戊		천간
辰		戌		亥		子		지지
辛	庚	己	戊	丁	丙	乙	甲	대운
未	午	巳	辰	卯	寅	丑	子	

사주가 亥월에 생하고 壬癸水가 투출하여 水기가 강한데 부부궁의 戊土가 丁火를 품고 있어 따뜻하므로 아들을 10명이나 낳았으나 戊癸합으로 관성이 합거되어 출세는 하지 못하였다고 합니다.

시		일		월		년		구분
丁		戊		丁		丁		천간
巳		戌		未		酉		지지
己	庚	辛	壬	癸	甲	乙	丙	대운
亥	子	丑	寅	卯	辰	巳	午	

未월에 丁火가 3개나 되고 사주에 火土기가 가득하여 사주가 조열한데 사주를 식혀주는 水木기가 불급하므로 3명의 처와 5명의 아들이 견디지 못하고 죽고 말았다고 합니다.

시		일		월		년		구분
丁		甲		辛		辛		천간
卯		辰		卯		卯		지지
癸	甲	乙	丙	丁	戊	己	庚	대운
未	申	酉	戌	亥	子	丑	寅	

卯월의 甲木이 양인격인데 辛金정관이 양인을 제어하는 용신이지만 뿌리가 없어 용신의 역할을 하지 못하므로 丁火상관으로 설기하는 용신으로 삼으니 丙丁火운에 자식도 얻고 가산도 늘어났다고 합니다.

◆ 적천수에서 보는 부부인연법

부부의 인연은 전생에서 온 것이고 희신의 뜻은 천간의 재성을 곁에 두고자
하는 것이다. - 적천수 부처편에서

남성의 입장에서 부부의 인연은
재성이 희신이라면 부부의 인연은 좋다고 할 수 있으며
재성이 흉신이라면 부부의 인연은 악연이라고 할 수 있습니다.

사주에 희신이 있으면 일생동안 부귀가 있는 것이고 처와 자식도 희신이라
면 인연이 좋다고 하는 것입니다. 대체로 남성의 사주에서는 재성을 처로
보는데 만약 희신이 재성이라면 그의 처는 아름답고 부귀하다고 하며 재성
이 희신을 형극을 한다면 처를 극하거나 혹은 처가 아름답지 않거나 혹은
불화하다는 것입니다.

◆ 자평진전에서 보는 부부인연법
처성이 투출하여 성격이 되는 경우가 있는데 정관격에 재성이 투출하였거나
인성이 많은 사주에 재성을 만났거나, 식상격에 재성이 투출하여 재성이 용신
이 되는 경우로서 비록 일지가 쓰임이 없다 해도 역시 내조를 받는다고 합니다.

처성이 투출하여 파격이 되는 경우도 있는데 인성이 경미한데 재성이 투출
하였거나, 식상이 있는데 칠살이 투출하고 재성을 만난 경우로서 비록 일지
가 쓰임이 있다 해도 역시 형극을 주의하여야 한다고 합니다.

처성이 투출하여 성격이 되고 처궁에 용신이 있지만 일지가 형충이 된 경우
에는 좋은 처를 얻게 되어도 해로하지는 못하며 또한 처성이 두 개 이상 투
출하고 정재와 편재가 섞여 있어 잡해지면 남편 하나에 아내가 여럿인 형상
이니 역시 형극을 주의하여야 한다고 합니다.

육친을 육신으로 바라보는 고정관념보다 육신의 심리로 바라보는 관점이 중요합니다.

사주팔자에서 정해진 육친은 없습니다.

인성이 부모이고 재관이 배우자이고 식상이 자식이라는 공식은 이미 고전과 실제통변을 통하여 맞지 아니하다는 것은 증명되어 온 사실입니다. 그러므로 육친궁에 기반하여 육친의 심리로 통변하여야 할 것입니다.

부모나 배우자, 자식을 바라보는 나의 심리가 어느 것인가?

내가 육친을 바라보는 육신의 심리가 중요합니다.

부모는 나를 보호하고 사랑하는 존재가 되어야 할 것이며 때로는 내가 부모를 보호하고 사랑하여야 하는 경우도 생길 것입니다.

내가 결혼을 하고 자식을 낳아 가정을 이루었다면 내가 배우자와 자식을 보호하고 사랑하는 존재가 되어야 할 것입니다. 때로는 배우자와 자식으로부터 보호받고 사랑을 받아야 하는 경우도 생길 것입니다.

사주팔자에 재관이 없다고 배우자운이 없는 것이 아닙니다.

남성의 사주팔자에 재성이 없다고 부인이 없는 것이 아니며 여성의 사주팔자에 관성이 없다고 남편이 없는 것이 아닙니다. 무재사주라고 하여도 부인과 행복하게 사는 사람이 있는가 하면 무관사주라고 하여도 남편과 함께 평생 해로하는 부부도 있습니다.

배우자운은 일지가 가장 중요합니다.

일지는 배우자궁으로 배우자와 함께 사는 집이라고 보면 됩니다. 일지의 지장간에는 배우자의 성정이 들어있습니다. 배우자의 성정을 살피면 자신이 원하는 배우자상이 무엇인지를 알 수 있는 것입니다.

04 청탁의 심리

기본개념

명리에서 분별하기 가장 어려운 것이 청탁인데 중요한 것은 탁기를 맑게 하는 것이다. - 적천수천미

◆ 청탁의 심리

청淸 - 맑음	탁濁 - 흐림
흐름이 좋아 유통	흐르지 못하여 지체
정신이 연결되어 있음	정신이 끊어져 비천하여짐

사주가 흐름이 좋아 유통이 잘되어 맑고 강한 기가 있다면 정신이 연결되어 있는 것이고 맑지만 기가 없다면 정신이 메말라 버린 것이라고 합니다.

정신이 메말라 있으면 사기가 들어오는 것이고 사기가 들어오면 맑은 기가 흩어져 버리게 되며 맑은 기가 흩어지면 가난하지 않으면 비천한 것이라고 합니다.

사주가 탁기로 가득 차 있으면 고생하고 맑아도 쇠약하면 역시 고생한다. 맑고 흐린 것이 반반인데 제거와 취함이 없다면 평생동안 실패와 성공이 많을 것이다. - 적천수

흐름이 좋아야 맑다고 합니다.

물은 흘러야 맑아집니다. 들어오는 물이 잘 들어오고 나가는 물이 잘 나가야 물이 맑아지는 것입니다. 흐르는 물이 맑아지듯이 유통이 잘 되어야 맑다고 하는 것입니다.

사주팔자에서 오행의 기세가 균형을 이루고 흐름이 좋다면 맑다고 합니다. 흐르는 기세가 강하다면 운으로 흐르는 기운도 강합니다. 그러나 운에서 제대로 받아주지 못하면 흐르지 못하여 탁해집니다. 잘나가다가 갑자기 정체되어 흐르지 못하므로 어렵게 됩니다.

태과불급인 사주팔자는 탁하다고 합니다.

사주팔자에 태과한 오행이 있거나 불급한 오행이 있다면 제대로 흐르지 못하므로 탁하다고 합니다. 마치 도로에 병목현상이 생기는 것처럼 정체되고 마는 것입니다. 정체가 되므로 흐르지 못하고 썩어서 탁해지는 것입니다.

오행의 기세가 약하다면 제대로 흐르기 어렵습니다. 질질질 흐르지만 나아가지 못하니 지체되고 어려운 것입니다. 마침 운에서 도와준다면 잠시나마 유통이 잘되어 삶이 좋아지기도 합니다.

사주팔자가 탁하면 정신이 메마르고 사기가 침범하게 됩니다.

태과불급으로 인하여 탁하면 사기가 쉽게 침범하므로 삶이 어렵기도 하지만 건강에 문제가 생기고 성격도 거칠게 변하기도 합니다. 그러므로 정신이 메마르고 사기가 침범하여 맑은 기가 흩어져 가난하지 않으면 비천하게 된다고 하는 것입니다.

시	일	월	년	구분
乙	丙	甲	癸	천간
未	寅	子	酉	지지

								구분
丙	丁	戊	己	庚	辛	壬	癸	대운
辰	巳	午	未	申	酉	戌	亥	

子月에서 癸水가 투출하여 甲木을 거치며 丙火로 맑게 흐르고 있습니다. 癸水는 년지에 酉金으로 수원을 삼아 유입되는 기운이 끊어지지 않으며 子水월령의 기가 있어 강하므로 甲木으로 흐르게 됩니다.

甲木과 丙火는 寅未에 통근하여 癸水의 흐름을 받아낼 수 있는 기세가 있으므로 흐름이 정체되지 아니하고 잘 흐르게 됩니다. 운에서 유통이 잘되어 막힘이 없어 맑다고 하는 것입니다. 단지 중년운에 火土운이 와서 결실을 맺지 못하니 늙도록 공부만 하여 학자로서의 명예의 맑음을 유지한 것입니다.

시	일	월	년	구분
丁	丙	甲	癸	천간
酉	寅	子	未	지지

								구분
丙	丁	戊	己	庚	辛	壬	癸	대운
辰	巳	午	未	申	酉	戌	亥	

앞의 사주와 년지와 시주가 다를 뿐이지만 탁한 사주입니다.

子月에서 癸水가 투출하여 甲木을 거치며 丙火로 흐르고 있지만 癸水는 未土의 지지를 가지고 있어 유입되는 물이 끊어지며 탁해지고 있으므로 어려서 공부는 하였어도 고시에 번번히 낙방하게 됩니다.

金운에는 유입되는 물의 흐름으로 맑아지며 재물과 명예가 동시에 이루어지지만 火운에 土기가 왕성해지며 흐름을 막으니 다시 탁해지고 처자를 잃고 화재로 가산이 모두 없어졌다고 합니다.

청탁의 관점은 흐름과 균형에 있습니다.

오행의 흐름이 좋으면 맑다고 합니다.

월령에서 시작되는 흐름이 가장 좋습니다.

월령이 약하면 월령을 도와주어 흐르게 하는 것이 좋습니다.

년에서 시작되어 월일시로 흐른다면 유통이 잘 되는 것입니다.

기세가 약한 것은 운에서 도와주면 좋습니다.

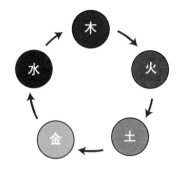

기세의 균형이 적절하면 맑다고 합니다.

서로 대항하는 세력이 기세가 비슷하다면 발전합니다.

년월이 서로 돕고 일시가 서로 도우며 균형을 이루는데 전반기 운에서 년월을 돕고 후반기 운에서 일시를 도우면 매우 좋습니다.

기세의 균형이 비슷하면 맑다고 하며 선의의 경쟁으로 발전합니다.

흐름이 막히면 물이 흐려지듯이 탁하여 지는 것이며

기세가 한쪽으로 치우치면 댐이 터지듯이 재앙이 발생합니다.

이것을 탁하다고 하는 것입니다.

르네상스의 문명은 흐름이 좋은 것이고

냉전시대의 과학발전은 기세의 균형입니다.

05 태과불급의 심리

기본개념

60갑자는 자연의 순환법칙에 의하여 돌아가지만 사주팔자는 단지 4기둥이
므로 태과불급이 생기기 마련이며 중화된 사주팔자가 극히 드문 까닭입니다.

◆ 태과불급의 개념

태과太過	불급不及
평균보다 많은 것	평균보다 적은 것
억제, 설기	방조, 생부

◆ 태과불급의 심리

태과불급의 심리	결핍의 심리
균형의 심리	성장의 심리

태과는 비만한 것이고 불급은 마른 것입니다.
비만하거나 마르면 여러 가지 병이 생기기 마련입니다.
삶에서의 어려움과 고난이 따르고 자신이 하고 싶은 것을
제대로 못하게 됩니다.
성격이나 건강에도 매우 크게 작용하게 됩니다.

태과불급은 한편으로 치우친 것으로 편고偏枯하다고 하며 마르고 고독하여 병든 상태를 말합니다. 자연은 항상 중도를 유지하므로 태과불급이 없습니다. 그러나 인간의 사주팔자에는 태과불급이 있습니다. 태과불급이 있다는 것은 병이 있다고 할 수 있습니다.

태과불급은 결핍의 심리를 유발합니다.

태과는 평균보다 많은 것임에도 불구하고 태과로 인하여 부족하게 되는 상대의 오행에 대한 결핍심리를 갖게 됩니다. 태과된 오행에 대한 나태함이 있기도 하지만 상대적인 결핍 증세는 집착으로 까지 발전이 되며 욕망의 화신이 되기도 합니다.

불급은 평균보다 적은 것이므로 결핍심리가 있기 마련입니다.
상대의 태과로 인하여 결핍된 것이므로 상대를 원망하고 결핍을 채우려는 욕망이 팽배하여 지는 것입니다.

태과불급은 병이고 이를 조절하는 것이 약입니다.

태과불급으로 인하여 생기는 결핍증세가 심하여지면 병이 되는 것이고 이를 치료하는 억부가 약이 되는 것입니다.
억부용신과 병약용신은 태과불급을 치료하는 약이 되는 것입니다.

태과불급이 균형을 이루면 성장을 하게 됩니다.

매슬로우는 욕구가 채워지지 아니하면 결핍 증세를 느끼며 모자란 것을 채우기 위하여 노력한다고 합니다. 욕구가 채워져 만족을 하게 되면 피드백 되어 다음 단계로 성장을 한다고 합니다.

태과불급의 심리는 결핍의 심리이지만
균형의 심리는 성장의 심리가 되는 이유입니다.

① 木오행의 태과불급

태과太過	불급不及
목다화식木多火熄	화다목분火多木焚
목다토괴木多土壞	토다목절土多木折
목다금결木多金缺	금다목분金多木粉
목다수삼木多水滲	수다목부水多木浮

木이 태과하면

목다화식 – 장작이 너무 많으면 불이 꺼지는 이치입니다.
목다토괴 – 나무가 너무 자라면 흙이 무너지는 이치입니다.
목다금결 – 나무가 너무 크면 톱날이 망가지는 이치입니다.
목다수삼 – 나무가 너무 많으면 물을 모조리 흡수하여 고갈됩니다.

木이 불급하면

화다목분 – 불은 거센데 나무가 적으면 모조리 타버리는 이치입니다.
토다목절 – 흙이 많고 나무가 적으면 흙에 묻혀버리는 이치입니다.
금다목분 – 나무가 적으면 분쇄기에 의하여 가루가 되어버립니다.
수다목부 – 물이 너무 많으면 나무가 물에 떠다니는 이치입니다.

② 火오행의 태과불급

태과太過	불급不及
화다목분火多木焚	목다화식木多火熄
화다토초火多土焦	토다화회土多火晦
화다금용火多金熔	금다화식金多火熄
화다수증火多水蒸	수다화멸水多火滅

火가 태과하면

화다목분 – 불이 거세고 나무가 적다면 모조리 타버립니다.

화다토초 – 불이 거세고 흙이 적다면 마르고 갈라터집니다.

화다금용 – 불이 거세고 쇠가 적다면 모조리 녹아버립니다.

화다수증 – 불이 거세고 물이 적다면 증발하여 버리고 맙니다.

火가 불급하면

목다화식 – 불은 적은데 나무가 많다면 불이 꺼져버립니다.

토다화회 – 불이 적은데 흙이 많다면 불은 어두워집니다.

금다화식 – 불이 적은데 쇠가 많다면 불은 꺼져버립니다.

수다화멸 – 불이 적은데 물이 많다면 불이 꺼져버립니다.

❸ 土오행의 태과불급

태과太過	불급不及
토다목절土多木折	목다토괴木多土壞
토다화회土多火晦	화다토초火多土焦
토다금매土多金埋	금다토박金多土薄
토다수약土多水弱	수다토류水多土流

土가 태과하면

토다목절 – 흙이 많은데 나무가 적다면 나무가 흙에 묻혀버립니다.

토다화회 – 흙이 많은데 불이 적다면 불은 꺼지고 어두워집니다.

토다금매 – 흙이 많은데 쇠가 적다면 흙에 묻혀버립니다.

토다수약 – 흙이 많은데 물이 적다면 흙에 스며들어 말라버립니다.

土가 불급하면

목다토괴 – 나무가 너무 크고 흙이 적으면 흙이 무너집니다.

화다토초 – 불이 많은데 흙이 적으면 흙이 메마르게 됩니다.

금다토박 – 바위가 많은데 흙이 적으면 흙이 얇아집니다.

수다토류 – 물이 많은데 흙이 적으면 흙이 떠내려갑니다.

❹ 金오행의 태과불급

태과太過	불급不及
금다목분金多木粉	목다금결木多金缺
금다화식金多火熄	화다금용火多金熔
금다토박金多土薄	토다금매土多金埋
금다수탁金多水濁	수다금침水多金沈

金이 태과하면

금다목분 – 나무가 적으면 분쇄기에 의하여 가루가 되어버립니다.

금다화식 – 불이 적은데 쇠가 많다면 불은 꺼져버립니다.

금다토박 – 바위가 많은데 흙이 적으면 흙이 얇아집니다.

금다수탁 – 바위가 많은데 물이 적으면 물이 탁하게 됩니다.

金이 불급하면

목다금결 – 나무가 너무 크면 톱날이 망가지는 이치입니다.

화다금용 – 불이 거센데 쇠가 적다면 모조리 녹아버립니다.

토다금매 – 흙이 많은데 쇠가 적다면 흙에 묻혀버립니다.

수다금침 – 물이 많은데 쇠가 적으면 물에 가라앉습니다.

5 水오행의 태과불급

태과太過	불급不及
수다목부水多木浮	목다수삼木多水滲
수다화멸水多火滅	화다수증火多水蒸
수다토류水多土流	토다수약土多水弱
수다금침水多金沈	금다수탁金多水濁

水가 태과하면

수다목부 – 물이 많은데 나무가 적으면 물에 떠다닙니다.
수다화멸 – 불이 적은데 물이 많다면 불이 꺼져버립니다.
수다토류 – 물이 많은데 흙이 적으면 흙이 떠내려 갑니다.
수다금침 – 물이 많은데 쇠가 적으면 물에 가라앉습니다.

水가 불급하면

목다수삼 – 나무가 너무 많으면 물을 모조리 흡수하여 고갈됩니다.
화다수증 – 불이 거세고 물이 적다면 증발하여 버리고 맙니다.
토다수약 – 흙이 많은데 물이 적다면 물이 스며들어 말라버립니다.
금다수탁 – 바위가 많은데 물이 적으면 물이 탁하게 됩니다.

> **핵심 Tip**
>
> 중과부적衆寡不敵은 많은 무리를 당할 수 없다고 하는 것입니다. 수백만의 메뚜기 떼는 들판의 모든 곡식을 초토화시킵니다. 스파르타의 300인의 용맹한 전사도 페르시아 25만 대군에게는 당할 재간이 없어 모두 전멸하고 맙니다.
> 강한 것이 무리를 이루면 상대의 작은 세력은 제거되어야 마땅하며 아무리 강하여도 무리가 많은 상대에게 세력이 있는 것이다. – 적천수

06 무자無字의 심리

기본개념

무자無字는 사주에 없는 오행이나 육신을 말합니다.

없는 것은 비워져있는 것입니다.
사주팔자에 없다는 것은 비워져있는 것입니다. 비워져 있는 것이기에 쓰임이 없는 것입니다. 경험한 바가 없기에 실제 현실에 있어도 사용할 줄 모르는 것입니다.

없다는 것은 욕망이 없다는 것입니다.
사주팔자에 있는 글자들은 욕망을 나타내기도 합니다. 재성의 글자가 많으면 재물욕이 많다고 하는 것입니다. 없으면 재물욕이 없다고 하는 것입니다. 욕망이 없으니 재물에 대한 집착이 없습니다. 재물에 대한 집착이 없으니 재물을 내 것으로 만들기 위한 노력을 하지 아니합니다. 재물에 대한 욕심이 없다고 할 수 있습니다.

없는 것은 채우려는 심리가 강합니다.
사주팔자에 없는 오행이나 육신을 바라다보니 그것이 직업적인 요소가 되기도 합니다. 하지만 없어서 바라는 것을 직업으로 채우려나 적성이나 능력이 뛰어나다고 할 수 없습니다. 팔자에 없는 것을 채운다는 것은 엄청난 노력과 시간과 희생이 필요합니다.

없는 것을 채우는 심리를 표현한 것이 허자심리입니다.
사주팔자에 없는데 간합이나 형충회합으로 끌어다 채워서 쓰는 경우가 있습니다. 이를 허자심리이라고도 합니다. 허자심리는 바라는 마음이므로 유용하게 쓰이기도 하지만 운에서 온다면 '전실塡實' 되어 채워지므로 오히려 쓰지 못하기도 합니다.
전실이란 없는 것이 실제로 채워진다는 뜻입니다.

❶ 오행의 무자심리

사주팔자에 없는 오행이 있다면 유통이 되지 아니하고 정체되어 흐름이 막히고 상대 오행에 대한 대항력이 없으므로 태과불급을 양산하여 결핍을 유도하게 됩니다.

(1) 木오행의 무자심리

木오행은 추진력과 돌파력 그리고 시작의 기운이 있습니다. 木오행이 없다는 것은 추진력과 돌파력이 없으며 시작의 기운이 없으니 추진하고 돌파하며 시작하고자 하는 마음이 없습니다. 木은 시작하는 단계인데 木이 없으니 시작이 없다는 것이며 木은 계획을 수립하고 이를 시행하는 것인데 계획 없이 일을 추진하는 것과 같으니 일이 지체될 우려가 많다고 하는 것입니다.

木기가 없으면 水기가 유통하기 어렵고 土기를 제어하기 어렵습니다. 또한 金기의 할 일을 주지 못하고 火기가 에너지를 공급받지 못하므로 꽃을 피울 수 없습니다.

(2) 火오행의 무자심리

火오행은 사교적 활동성과 발전을 통한 확장성입니다. 火오행이 없다면 사교적인 활동을 하지 아니하고 예의가 없으며 발전하고자 하는 의지가 없습니다. 火는 발전하는 단계이고 꽃을 피우는 단계입니다. 火가 없다는 것은 발전하기 어렵고 꽃을 피울 수 없으니 결실을 맺기 어렵습니다.

火기가 없으면 土기가 유통하기 어렵고 金기를 제어하기 어렵습니다. 또한 水기의 할 일을 주지 못하고 土기가 에너지를 공급받지 못하므로 음양의 중개역할을 할 수 없습니다.

(3) 土오행의 무자심리

土오행은 신뢰를 앞세워 조절하고자 하는 심리를 가지게 됩니다. 그러나 土오행이 없다면 조절력이 없으며 신뢰하려는 마음조차도 없습니다. 土기는 음양을 연결시켜 주는 역할을 하는데 土기가 없다면 음양을 연결시켜주지 못하니 결실을 맺기 어렵습니다.

土기가 없으면 火기가 유통하기 어렵고 水기를 제어하기 어렵습니다.
또한 木기의 할 일을 주지 못하고 金기가 에너지를 공급받지 못하므로 결실을 맺을 수 없습니다.

(4) 金오행의 무자심리

金오행은 혁신과 결실을 맺고자 합니다. 金오행이 없다면 이러한 것들이 없으므로 개혁하려는 의지가 없으며 결실조차 무관심하여 집니다. 金은 결실이므로 金기가 없다는 것은 결실이 없다는 것입니다. 木火기의 번성을 金기의 숙살지기로 결실을 완성하는 것인데 이를 못하니 쭉정이만 남게 됩니다.
金기가 없으면 土기가 유통하기 어렵고 木기를 제어하기 어렵습니다.
또한 火기의 할 일을 주지 못하고 水기가 에너지를 공급받지 못하므로 지혜가 없고 재생산을 위한 안정된 휴식을 할 수 없습니다.

(5) 水오행의 무자심리

水오행은 안정과 지혜의 보고입니다. 水오행이 없다면 안정에 대한 개념이 없어 늘 분주하게 움직이게 됩니다. 인내심이 없어 오래하지 못하고 지혜가 없으니 머리가 텅 비어져 있는 듯합니다.

水기가 없으면 金기가 유통하기 어렵고 火기를 제어하기 어렵습니다.
또한 土기의 할 일을 주지 못하고 木기가 에너지를 공급받지 못하므로 싹을 피울 수 없습니다.

시		일		월		년		구분
丁		己		丙		甲		천간
卯		未		寅		午		지지
甲	癸	壬	辛	庚	己	戊	丁	대운
戌	酉	申	未	午	巳	辰	卯	

사주에 金水기가 전혀 없습니다. 열심히 노력하나 성과를 얻기 어렵습니다. 사주가 조열하고 水기를 공급받지 못하여 점차 마르게 됩니다. 金운에 金水기가 사주를 적셔주지만 火기를 더욱 치열하게 하므로 절대 안정이 필요할 때입니다.

시		일		월		년		구분
庚		丁		戊		庚		천간
子		酉		子		子		지지
丙	乙	甲	癸	壬	辛	庚	己	대운
申	未	午	巳	辰	卯	寅	丑	

사주에 木기가 없습니다. 가지가 없이 꽃만 피우려고 하니 결실을 맺기 어렵습니다. 火운에 결실을 맺고자 한다면 많은 노력이 필요한 오○○ 정치가의 명조입니다.

시		일		월		년		구분
壬		戊		己		丁		천간
戌		子		酉		巳		지지
丁	丙	乙	甲	癸	壬	辛	庚	대운
巳	辰	卯	寅	丑	子	亥	戌	

사주에 木기가 전혀 없습니다. 土金水로 흐르면서 유통이 되고 木운에 새로운 기회가 주어지게 됩니다. 없는 오행이 운에서 강하게 흐르면서 발전하는 박○○ 선수의 명조입니다.

❷ 육신의 무자심리

없는 육신이 있다면 상대적 상실감으로 결핍 증세를 느끼게 됩니다.

(1) 비겁의 무자심리
비겁이 없다는 것은 협동심과 경쟁심이 없다는 것입니다. 주위에 아무도 없으니 혼자서 해야만 하므로 쉽게 지치고 포기해야만 할 때가 많습니다. 여력이 부족하므로 눈앞에서 성과를 놓치기 쉬운 것이니 닭 쫓던 개의 신세가 되는 경우가 많습니다. 모든 일을 혼자서 처리하겠다는 욕심을 버려야 살 수 있습니다.

(2) 식상의 무자심리
식상이 없다는 것은 인기를 얻고자 하는 개념이 없으며 제조생산을 하고자 하는 마음도 없다고 할 수 있습니다. 스스로 노력하지 아니하고 결과를 바라는 모양새이므로 베짱이와도 같습니다.

(3) 재성의 무자심리
재성이 없다는 것은 소유욕이 없고 자신의 영역을 확장하고 보호하고자 하지 않습니다. 누군가에게 의지하면서 살고자 합니다.

(4) 관살의 무자심리
관살이 없다는 것은 친밀성과 소속하고자 하는 심리가 없다는 것입니다. 사람들과 함께 조직에 어울리고자 하지 않으며 혼자서 모든 것을 처리하고자 하는 심리가 있습니다.

(5) 인성의 무자심리
인성이 없다는 것은 명예욕과 권한과 자격 인정에 대한 개념도 없다고 할 수 있습니다. 은행에 돈을 맡기지 아니하고 집에 현금으로 쌓아두는 사람들이 이에 속하기도 합니다. 자격증이 필요하지 않은 구석에서 땀 흘리는 달인들의 모습이기도 합니다.

시		일		월		년		구분
丁		己		丙		甲		천간
卯		未		寅		午		지지
甲	癸	壬	辛	庚	己	戊	丁	대운
戌	酉	申	未	午	巳	辰	卯	

사주에 식상과 재성이 없습니다. 하고자 하는 의욕은 있으나 땀 흘려 일하고자 하지 아니하며 소유욕도 없으니 갖고자 하는 의욕도 없습니다. 사업가로서의 자질이 없다고 합니다.

시		일		월		년		구분
庚		丁		戊		庚		천간
子		酉		子		子		지지
丙	乙	甲	癸	壬	辛	庚	己	대운
申	未	午	巳	辰	卯	寅	丑	

일간의 뿌리가 없고 비겁이 전혀 없으므로 혼자서 독단적으로 처리하기 좋아하지만 역부족으로 어려움에 봉착하며 잡았던 것을 놓치기도 합니다. 다행히 운에서 木火로 흐르면서 일간을 도와주어 열심히 노력하는 오○○ 정치가의 명조입니다.

시		일		월		년		구분
壬		戊		己		丁		천간
戌		子		酉		巳		지지
丁	丙	乙	甲	癸	壬	辛	庚	대운
巳	辰	卯	寅	丑	子	亥	戌	

사주에 관살이 전혀없습니다. 조직에 대한 소속감이 없으므로 혼자서 모든 일을 개척해나가는 끈기가 있습니다. 木운에 관살운이 강하게 들어오며 조직을 만들어 후배양성에 힘쓰는 박○○ 선수의 명조입니다.

3 간지의 허자심리

사주팔자에 없는데 형충회합으로 끌어다 쓰는 경우가 있는데 이를 허자심리虛字心理라고 합니다. 허자심리는 간절히 원하는 것이 신기루와 같이 나타나기도 하지만 현실을 자각하고 신기루임을 알게 되면 더욱 더 상실감이 커지게 됩니다. 이것이 '전실塡實'의 부정적인 효과입니다.

(1) 천간합의 허자심리

사주팔자에 甲木이 있는데 己土가 없다면 甲木은 己土를 그리워하면서 己土가 있는 듯이 쓰는 것을 말합니다. 하지만 실제 있는 글자가 아니므로 작용력이나 실행력이 없고 단지 채우기 위하여 원하는 마음만 가득하며 실제 얻기 위하여 무리한 행동을 하게 됩니다.

운에서 실제 己土가 온다면 이를 채워졌다고 하여 전실塡實이라고 하며 甲木이 원하는 己土가 왔으니 이보다 좋을 수는 없을 것입니다. 그러나 甲木이 원하는 己土의 모습을 보면서 신기루에서 보던 모습과 다르다면 커다란 상실감에 젖을 수도 있을 것입니다.

시		일		월		년		구분
丁		己		丙		甲		천간
卯		未		寅		午		지지
甲	癸	壬	辛	庚	己	戊	丁	대운
戊	酉	申	未	午	巳	辰	卯	

사주에 金水가 없으므로 丙火는 辛金식신을 바라고 丁火는 壬水재성을 바라게 됩니다. 辛未대운에 辛金이 들어왔지만 丙辛합으로 신기루처럼 사라지고 壬申대운에 丁壬합으로 신기루처럼 사라지게 되며 오히려 丙丁火인성까지 잃는 상실감이 더욱 커지게 됩니다.

(2) 지장간합의 허자심리

지지에서 지장간들끼리 암합하는 경우도 있습니다.

巳火에는 丙火와 戊土가 있고 丑土에는 辛金과 癸水가 있어 丙辛합이 되고 戊癸합으로 암합하는 것으로 축요사격丑遙巳格이라고도 합니다. 또한 子水가 巳火를 끌고와 子中 癸水와 巳中 戊土가 암합하며 巳中 戊土나 丙火를 재관으로 삼는 경우도 있는데 이를 자요사격子遙巳格이라고도 합니다.

시		일		월		년		구분
戊		辛		辛		戊		천간
子		酉		酉		辰		지지
己	戊	丁	丙	乙	甲	癸	壬	대운
巳	辰	卯	寅	丑	子	亥	戌	

辛金이 丙火정관을 바라는 마음입니다. 子中 癸水가 戊土의 록지인 巳火를 끌어와 巳中 丙火정관을 취하여 쓰게 됩니다. 자요사격이라고 알려져 있지만 자평진전에서 이를 조양격이라고 하는 장지현의 명조입니다. 조양격이란 子시에 태어나 丙火의 태양을 기다리는 마음입니다. 사주에 丙火가 있거나 운에서 丙火가 온다면 전실운이 되어 부정적인 작용이 일어납니다.

시		일		월		년		구분
丙		乙		癸		戊		천간
子		未		亥		子		지지
辛	庚	己	戊	丁	丙	乙	甲	대운
未	午	巳	辰	卯	寅	丑	子	

乙木이 庚金정관을 바라는 마음입니다. 子水가 자요사격으로 역시 巳火를 끌고 오면서 일간에게 巳中 庚金을 안겨주고 있습니다. 연해자평에서 을사서귀격으로 소개된 소어대의 명조입니다.

(3) 지지합의 허자심리

방합, 삼합, 육합이 완전하게 채워지지 아니하였다면 이것을 채우고자 바라는 마음이 지지합의 허자심리입니다.

寅卯辰을 木방이라고 하는데 지지에 寅辰만 있을 경우 卯木이 있기를 바라는 마음입니다. 卯辰만 있으면 寅木을 바라는 마음이 생깁니다.

寅午戌을 火국이라고 하는데 지지에 寅午만 있을 경우 戌土가 있기를 바라는 마음입니다. 寅戌만 있다면 午火를 바라는 마음이 있습니다.

또한 寅午戌이 모두 있다면 申子辰 水국을 바라게 됩니다. 申子辰 水국은 寅午戌 화국을 바라게 됩니다. 巳酉丑 金국은 亥卯未 木국을 바라기도 합니다. 이처럼 삼합국은 상대의 국을 바라보면서 이것을 얻기 위한 노력을 하게 됩니다.

시		일		월		년		구분
庚		庚		庚		戊		천간
辰		申		申		子		지지
戊	丁	丙	乙	甲	癸	壬	辛	대운
辰	卯	寅	丑	子	亥	戌	酉	

지지에 申子辰 水국을 이루어 반대의 기운인 火기를 끌어와 관살의 기운으로 쓰게 됩니다. 자평진전에서 이를 정란차격이라고 하며 곽통제의 명조입니다. 정란차井欄叉란 고대의 무기로서 성벽위의 적을 공격하기 위하여 만든 망루모양의 전차입니다. 사주에 있는 견고한 申子辰 삼합에 대응하기 위하여 寅午戌 火의 세력을 허자로 끌어와 정란차로 활용을 한다는 뜻이 있습니다. 다소 전투적인 모습입니다.

(4) 형충의 허자심리

지지에 같은 글자가 두세 개 있다면 형충이 되는 글자를 허자로 끌어와 재관으로 활용하고자 하는 마음이 형충의 허자심리입니다.

지지에 卯木이 두세 개 있다면 酉金을 부르게 됩니다.
지지에 巳火가 두세 개 있다면 亥水를 부르게 됩니다.
이를 도충이라고 하는데 도충到沖이란 병립하는 두세 개의 글자가 충하는 글자를 불러온다는 이론으로 음양의 극즉반極卽反의 원리입니다. 즉, 두세 개의 글자가 극한 기운이 되면 반대의 기운을 불러온다는 것입니다.

시		일		월		년		구분
戊		戊		戊		戊		천간
午		午		午		午		지지
丙	乙	甲	癸	壬	辛	庚	己	대운
寅	丑	子	亥	戌	酉	申	未	

지지에 午火가 무리지어 있으므로 양인午火의 흉폭함을 해결하기 위하여 子水를 끌어다 쓰고 싶은 마음이 간절합니다. 자평진전에서 이를 도충격이라고 하며 관운장의 명조라고 합니다.

시		일		월		년		구분
乙		丁		癸		辛		천간
巳		巳		巳		酉		지지
乙	丙	丁	戊	己	庚	辛	壬	대운
酉	戌	亥	子	丑	寅	卯	辰	

壬水정관을 바라는 마음이 지극합니다. 지지에 巳火가 무리를 지어있으므로 반대의 기운인 亥水를 도충하여 끌고와 亥중 壬水로 정관을 취합니다. 연해자평에서 도충격으로 소개한 시판원의 명조입니다.

(5) 공협의 허자심리

공협拱協은 지지 사이의 글자를 취하여 쓰는 것입니다.

○○○○ ○○ 寅 辰	寅卯辰의 가운데 글자 卯를 채우는 것을 공협이라고 합니다.
○○○○ ○ 巳 未 ○	巳午未의 가운데 글자 午를 채우는 것을 공협이라고 합니다.
○○○○ ○○ 寅 子	子丑寅의 가운데 글자 丑을 채우는 것을 공협이라고 합니다.
○○○○ ○○ 寅 戌	寅午戌의 가운데 글자 午를 채우는 것을 공협이라고 합니다.

시	일	월	년	구분
戊	戊	癸	癸	천간
午	辰	亥	卯	지지

└, 巳

시	일	월	년	구분
丁	丁	丁	壬	천간
未	巳	未	子	지지

└, 午

丁火의 록이 午火인데 未土와 巳火사이에 있다고 하여 공록격이지만 년지 子水가 충하여 벼슬을 못하였다고 연해자평에서 소개합니다.

◆ 무자와 허자는 사막의 신기루와 같습니다.

사막을 지나면서 갈증이 극도에 다다르면 신기루가 보이기 시작합니다. 사막 저 너머에 보이는 신기루를 보고 달려가지만 점점 멀어져가는 신기루에 그만 지치고 쓰러지고 마는 것입니다.

◆ 신기루가 사라지면 허탈감과 상실감이 커집니다.

잠시 희망에 부풀어 목마름도 잊고 달려가지만 결국 그것이 허상이었음을 알게 되면 허탈해지기 마련입니다. 이를 전실이라고 합니다.
전실塡實이란 없는 것이 실제 나타났지만 오히려 희망이 사라졌기에 허탈감으로 인하여 상실감이 더욱 더 커지는 것을 말합니다.

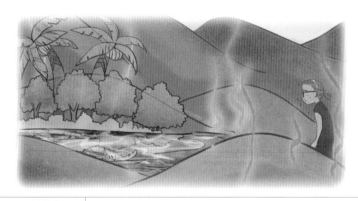

○庚○○ 戌 寅 未 亥	亥卯未 木국 재성과 寅午戌 火국 관성이 신기루처럼 실제 있는 것으로 보입니다.

재관을 획득하기 위하여 희망을 가지고 열심히 일을 합니다.
卯운에 전실이 되면서 장밋빛 희망이 사라지고 재성에 대한 상실감이 극도로 나타나고 재정의 어려움을 겪게 됩니다.
午운에 전실이 되면서 장밋빛 희망이 사라지고 관성에 대한 상실감이 극도로 나타나고 직장의 어려움을 겪게 됩니다.

SUMMARY

◆ 육신의 심리

비 겁	자아실현욕구	협동심리, 경쟁심리
식 상	생존욕구	연구생산심리, 인기홍보심리
재 성	안전욕구	소유심리, 안전심리
관 성	소속욕구	소속심리, 조직관리심리
인 성	자기존중욕구	자기존중심리, 자격인정심리

◆ 육신의 심리와 매슬로우 욕구 5단계

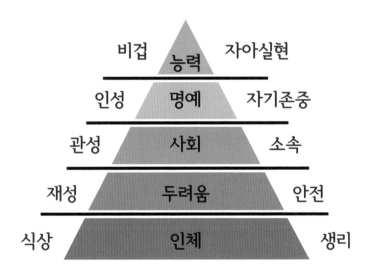

매슬로우는 인간의 욕구를 생리적 욕구, 안전에 대한 욕구, 소속에 대한 욕구, 자기존중에 대한 욕구, 자아실현에 대한 욕구 등 5단계로 구분하고 있습니다.

◆ 육신의 심리

식 상	재 성	관 살	인 성	비 겁
생존욕구	소유욕구	소속욕구	자기존중욕구	자아실현욕구

◆ 육신의 작용력과 실천력

작용력	본능, 소망, 의지, 감정
실천력	성취 노력, 실행가능성

◆ 육신의 직업적성

비 겁	정치가, 자영업자, 운동선수
식 상	연구개발직, 제조생산업, 인기홍보직, 교사직
재 성	재정관리, 금융업자, 유통업자
관 성	기업 임직원, 검경군 관련직, 조직경영관리
인 성	학자, 종교인, 예술인, 선출명예직

직업은 적성과 기세가 있고 운에서 도와야 성공가능성이 있습니다.
격국용신은 사주에서 가장 강한 성분으로 기세가 왕성하고 흐름이 좋으며 대대관계가 형성되어 있고 기세가 왕성하다면 적성의 질이 좋다고 하는 것이며 격국의 질이 높다고 하는 것입니다.

아무리 강한 기세를 가진 육신이라 할지라도 운에서 도와주지 않는다면 성공할 가능성이 줄어듭니다. 또한 건강과 성격도 운에서 도와주어야 원만하게 유지할 수 있습니다.

◆ 육친성

남성의 사주	여성의 사주
모친 - 인성	부친 - 재성
자식 - 관성 부인 - 재성	자식 - 식상 남편 - 관성

◆ 나를 중심으로 한 육친성

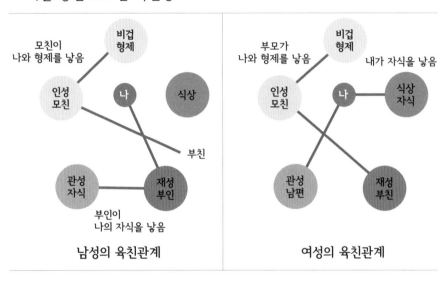

남성의 육친관계 · 여성의 육친관계

남성 사주에서의 육친관계

남성의 사주에서는 모친과 부인이 중심이 되어 가족관계가 형성됩니다.

모친이 인성이며 부친이 재성이 됩니다.

부인은 나의 재산을 관리하여 주므로 재성이 되는 것이며 부인이 낳은 자식이

나에게는 관성이 되는 것입니다.

여성 사주에서의 육친관계

여성의 사주에서는 모친은 남성 사주와 마찬가지로 모친이 인성이며 부친이

재성이고 형제자매는 비겁이 됩니다. 남편은 나를 극하는 관성이고 일간이 낳

은 자식은 일간이 생하는 식상이 되는 것입니다.

◆ 육친궁

시	일	월	년
나의 가정		부모의 가정	
자식궁	부부궁	형제궁	부모궁

◆ 청탁의 심리

청淸 - 맑음	탁濁 - 흐림
흐름이 좋아 유통	흐르지 못하여 지체
정신이 연결되어 있음	정신이 끊어져 비천하여짐

◆ 태과불급

태과太過	불급不及
평균보다 많은 것	평균보다 적은 것
억제, 설기	방조, 생부

◆ 결핍과 성장의 심리

태과불급의 심리	결핍의 심리
균형의 심리	성장의 심리

태과불급은 결핍을 가져오고 균형은 성장을 가져옵니다.
태과불급을 균형으로 조절하는 것이 억부용신과 병약용신입니다.
균형은 만족하는 것으로 다음 단계로 진행하는 피드백입니다.

없는 오행이 있다면 유통이 되지 아니하고 정체되어 흐름이 막힙니다.
없는 육신이 있다면 상대적 상실감으로 결핍 증세를 느끼게 됩니다.

제5장
행운 통변

行運通辯

01 행운 통변의 개념

◆ 대운과 세운의 변화

대 운	세월에 의한 기의 변화
세 운	매년의 길흉화복

◆ 대운의 변화

격 국	사주체의 격국을 변화시킵니다.
억 부	사주체의 기세를 변화시킵니다.
조 후	사주체의 환경을 조절합니다.

◆ 대운과 세운의 변화

생극제화	사주체를 움직여 득실상황 연출
형충회합	사주체가 겪는 길흉화복의 생성

◆ 월운의 상황을 추진하고 마무리하는 시기

구 분	木	火土	金	水
시작월	亥	寅	巳	申
점검월	卯	午	酉	子
마감월	未	戌	丑	辰

❶ 대운의 개념

대운은 세월의 변화에 의한 월령의 흐름으로 사주체의 기가
변화하는 것입니다.

대운은 월령의 흐름입니다.
寅월생이 순행하면 대운은 卯로부터 시작하고, 역행하면 대운은 丑으로부터
시작합니다. 월주가 순행하거나 역행하는 것이 대운입니다.

◆ 순행 대운

8대운	7대운	6대운	5대운	4대운	3대운	2대운	1대운	
71	61	51	41	31	21	11	1	대운수
甲	癸	壬	辛	庚	己	戊	丁	대운
戌	酉	申	未	午	巳	辰	卯	

순행 대운은 丙寅월에 태어난 사주에서는 육십갑자를 순행하므로
1 대운은 1살이 되는 해에 丁卯부터 시작이 됩니다.

◆ 역행 대운

8대운	7대운	6대운	5대운	4대운	3대운	2대운	1대운	
79	69	59	49	39	29	19	9	대운수
戊	己	庚	辛	壬	癸	甲	乙	대운
午	未	申	酉	戌	亥	子	丑	

역행 대운은 丙寅월에 태어난 사주에서는 육십갑자를 역행하므로
1 대운은 9살이 되는 해에 乙丑부터 시작이 됩니다.

대운은 세월에 의하여 기가 변화하는 모습입니다.

사주체가 산이라면 대운이라는 세월을 지나며 변화하는 모습입니다. 금강산이 계절마다 다른 이름을 갖는 것과 같습니다. 봄에는 금강산이고 여름에는 봉래산, 가을에는 풍악산, 겨울에는 개골산이라고 합니다.

사주체도 금강산과 마찬가지로 계절에 따라 변화하면서 세월이 흐르면서 유아기에서 소년기, 청년기, 장년기, 노년기로 나이를 먹고 늙어가는 모습을 보이게 됩니다.

8대운	7대운	6대운	5대운	4대운	3대운	2대운	1대운	생월
노년기		장년기		청년기		소년기		유년

◆ 세월이 흐르며 늙어가는 모습

노년기		장년기		청년기		소년기		유년
8대운	7대운	6대운	5대운	4대운	3대운	2대운	1대운	1세 이전
71	61	51	41	31	21	11	1	
甲	癸	壬	辛	庚	己	戊	丁	丙寅
戌	酉	申	未	午	巳	辰	卯	

태어난 달은 유년기가 됩니다. 이후 20년씩 나누어 보는 것이 일반적입니다. 소년기는 1,2대운이고 청년기는 3,4대운이며 장년기는 5,6대운이며 노년기는 7,8대운입니다. 나이에 따라 세월이 지나면 늙어지는 현상입니다.

대운수가 1세이면 1세 이전을 유년기라고 하며 1세부터 20세까지를 1,2대운 소년기라고 하고, 21세부터 40세까지를 3,4대운 청년기라 하고, 41세부터 60세 까지를 5,6대운 장년기라고 하며 61세 이후를 노년기라고 합니다.

대운은 계절의 기가 흐르며 동정의 기운을 만들어줍니다.

대운은 봄 여름 가을 겨울의 계절의 기에 의하여 순행하기도 하고 역행하며
나이를 먹고 늙어가며 운의 상승기와 하락기를 만들어줍니다.

◆ 세월이 흐르며 늙어가는 모습

8대운	7대운	6대운	5대운	4대운	3대운	2대운	1대운	생월
71	61	51	41	31	21	11	1	1세 이전
노년기		장년기		청년기		소년기		유년
戌	酉	申	未	午	巳	辰	卯	寅
金기			火기			木기		

寅월에 태어나서 대운이 순행한다면 소년기에 木기라는 봄 환경에서 성장하
는 것입니다. 청장년기에는 火기라는 여름 환경이고 노년기는 金기라는 가
을환경이 되는 것입니다. 청장년기 火운이 운의 상승기이면 발전하고 하락
기이라면 발전하지 못합니다.

◆ 세월이 흐르며 늙어가는 모습

8대운	7대운	6대운	5대운	4대운	3대운	2대운	1대운	생월
79	69	59	49	39	29	19	9	3세 이전
노년기		장년기		청년기		소년기		유년
午	未	申	酉	戌	亥	子	丑	寅
火기		金기			水기			木기

寅월에 태어나서 대운이 역행한다면 소년기에 水기라는 겨울 환경에서 성장하
는 것입니다. 청장년기에는 金기라는 가을 환경이고 노년기는 火기라는 여름
환경이 되는 것입니다. 청장년기에 운의 상승기가 되어야 발전하게 됩니다.

대운의 계절환경은 사주팔자의 환경이 됩니다.

대운은 월령의 흐름이므로 봄에 태어난 사주가 순행하면 여름 가을 겨울 순으로 흐르지만 역행하면 겨울 가을 여름 순으로 흐르는 것입니다. 즉, 사주팔자가 대운의 계절 환경에 놓이게 되는 것입니다.

사주팔자도 대운의 흐름과 함께 늙어가며 대운은 사주체가 성장하는 환경입니다. 유년기의 환경이 다르고 청년기의 환경이 다르고 장년기의 환경이 다르고 노년기의 환경이 다른 것입니다. 월령에서 출발하여 계절의 환경에 따라 나이를 먹고 성장하며 늙어가는 것입니다.

◆ 대운의 변화

격 국	사주체의 격국을 변화시킵니다.
억 부	사주체의 기세를 변화시킵니다.
조 후	사주체의 환경을 조절합니다.

용어Tip

◆ 대운의 지지를 부르는 법
대운의 지지는 방향으로 부르며 마을향鄕으로 부르기도 합니다.
寅卯辰 대운을 동방운, 巳午未 대운은 남방운이라고 하고
申酉戌 대운은 서방운, 亥子丑 대운을 북방운이라고 합니다.

庚金일간일 경우에
寅卯辰 대운을 재성향운, 巳午未 대운을 관살향운이라고 하며
申酉戌 대운을 비겁향운, 亥子丑 대운을 식상향운이라고 합니다. 재성향이란 재성의 마을이란 뜻으로 보면 될 것입니다.

❷ 세운의 개념

세운은 매년의 길흉을 관할하는 것으로 손님과 같으므로 천간을 위주로 보지만 지지도 또한 중요한 것이며 세운이 일주나 대운과의 천간의 극과 지지의 충이 가장 흉한 것입니다.

- 적천수천미 세운편

◆ 세운의 변화

생극제화	사주체를 움직여 득실상황 연출
형충회합	사주체가 겪는 길흉화복의 생성

세운은 사주체를 움직여 득실상황을 만듭니다.

천간은 생극제화로 사주체를 움직이며 득실상황을 연출하게 됩니다. 천간이 움직이면 통근하는 지지도 함께 움직이기 시작합니다. 천간은 지지와 함께 움직여야 득실을 만들 수 있습니다. 통근하는 지지가 없다면 하고자 하는 의욕은 있으나 실제 상황으로 연결되지 않으므로 득실이 실제 발생하지 않습니다.

세운에서 정관을 극제하여 퇴직을 하게 되었는데 대가로 재물을 주고 갔다면 퇴직금이 들어오는 상황이 전개되는 이치입니다. 사주의 부모궁을 형충회합하여 부모가 돌아가셨는데 유산을 상속받는 것들이 득실상황이라는 것입니다.

세운은 사주체로 하여금 길흉화복을 겪게합니다.

세운은 사주체에 매년 작용하면서 길흉화복을 겪게 합니다. 사주체는 세운의 작용을 거부할 수 없습니다. 사주체가 주인이라면 세운은 임금이자 손님이기에 요구를 거역하지 못합니다. 세운이 형충회합을 하며 대결을 요청하고 있으니 이에 대응하며 지면 내주어야 하고 이기면 받을 수 있는 것입니다.

❸ 월운의 사건적 환경

丑	子	亥	戌	酉	申	未	午	巳	辰	卯	寅
겨울水			가을金			여름火			봄木		

월운은 계절이 정하여져 있습니다.

寅卯辰월에는 木氣가 왕성하게 활동하는 시기이며 火氣를 시작하는 시기이기도 합니다. 그러나 金氣의 일을 추진하기에는 어려움이 많다고 할 수 있으며 水氣의 일을 마무리 하여야 합니다.

巳午未월에는 火氣가 왕성하게 활동하는 시기이며 金氣를 시작하는 시기이기도 합니다. 그러나 水氣의 일을 추진하기에는 어려움이 많다고 할 수 있으며 木氣의 일을 마무리 하여야 합니다.

申酉戌월에는 金氣가 왕성하게 활동하는 시기이며 水氣를 시작하는 시기이기도 합니다. 그러나 木氣의 일을 추진하기에는 어려움이 많다고 할 수 있으며 火氣의 일을 마무리 하여야 합니다.

亥子丑월에는 水氣가 왕성하게 활동하는 시기이며 木氣를 시작하는 시기이기도 합니다. 그러나 火氣의 일을 추진하기에는 어려움이 많다고 할 수 있으며 金氣의 일을 마무리 하여야 합니다.

◆ 상황을 추진하고 마무리하는 시기

구 분	木	火土	金	水
시작월	亥	寅	巳	申
점검월	卯	午	酉	子
마감월	未	戌	丑	辰

子午卯酉월은 왕성한 활동을 하는 시기이므로 사고를 미연에 방지하기 위하여 반드시 점검이 필요합니다.

❹ 일진운의 기운적 요소

丑	子	亥	戌	酉	申	未	午	巳	辰	卯	寅
밤水			저녁金			낮火			아침木		

일년에 12개월이 있다고 한다면 하루에도 12시진이 있습니다.
그러므로 일진운을 보고자 한다면 시와 함께 보아야 하는 것입니다.

甲午일은 木기가 쇠약해지고 火기가 왕성한 일진입니다.
丙寅 丁卯시는 木火의 기운이 가장 왕성한 시간은 아침입니다. 木火의 일을 보기에는 아주 좋은 때가 아침입니다. 庚午 辛未시에는 휴식을 취하고 壬申시부터 金水일을 계획하고 실행하여야 할 것입니다.

庚午일은 金기가 자라고 火기가 왕성한 일진입니다.
戊寅 己卯시는 木土기가 왕성한 시간입니다.
金기를 도와주는 시간이므로 金기의 일을 계획하는데 알맞습니다.
庚辰 辛巳시는 金기의 기운이 왕성해지므로
金기의 일을 시작해도 무방합니다.

◆ 적천수천미 세운편
부귀가 비록 격국에서 결정된다고는 하지만 실제로 통하는 것은 대운과 관계되는 것인데 이른바 사주팔자가 아무리 좋다고 해도 대운 좋은 것보다 못하다고 하는 말이 이것이라고 합니다.

세운은 오기만 하면 길흉은 즉시 나타납니다. 극하고 충하는 것과 생하고 합하는 기세를 상세히 살펴 그 중에서 승부에 따라가는 이치를 알게 되면 길흉이 확연하게 눈앞에 펼쳐지게 됩니다.

02 대운 통변

대운은 사주의 기운을 도우거나 거스르며 흘러가는 것입니다. 사주의 기운을 도와 제대로 흐르며 유통되어야 하며 사주의 기운을 거스르며 흐름이 막힌다면 삶의 고난이 있다고 하는 것입니다.

❶ 월령의 변화

대운은 월령이 변화하는 과정입니다. 계절의 기가 봄 여름 가을 겨울순으로 흐르는 것이 자연의 이치이지만 음양의 순역의 이치에 따라 겨울 가을 여름 봄의 순으로 역행하기도 합니다.

시		일		월		년		구분
壬		丁		辛		丙		천간
寅		未		丑		申		지지
己	戊	丁	丙	乙	甲	癸	壬	대운
酉	申	未	午	巳	辰	卯	寅	

남성의 사주로 丙申년에 태어나 양남음녀의 순행법칙에 의하여 丑월 겨울에 태어나 봄 여름 가을의 순으로 순행하고 있습니다.

시		일		월		년		구분
癸		辛		癸		丙		천간
巳		酉		巳		寅		지지
乙	丙	丁	戊	己	庚	辛	壬	대운
酉	戌	亥	子	丑	寅	卯	辰	

여성의 사주로 丙寅년에 태어나 음남양녀의 역행법칙에 의하여 巳월 여름에 태어나 봄 겨울 가을 순으로 역행하고 있습니다.

❷ 세월의 변화

대운은 세월의 변화를 나타냅니다. 세월이 가면서 소년기 청년기 장년기 노년기로 사주체는 늙어가게 됩니다.

◆ 세월의 구분

시	일	월	년
실	화	묘	근
노년기	장년기	청년기	소년기
60세 이후	41세 - 60세	21세 - 40세	1세 - 20세

◆ 세월이 흐르며 늙어가는 모습

노년기		장년기		청년기		소년기		유년
8대운	7대운	6대운	5대운	4대운	3대운	2대운	1대운	8세 이전
78	68	58	48	38	28	18	8	
己	戊	丁	丙	乙	甲	癸	壬	辛丑
酉	申	未	午	巳	辰	卯	寅	

辛丑월은 태어난 달로서 8세 이전의 유년의 시절입니다.
壬寅 癸卯대운은 소년기로서 27세 까지의 소년기입니다. 20세부터 27세까지의 기간은 소년기와 청년기의 중복기간이라고 할 수 있습니다.

이와 같이 유년기의 기간이 길면 길수록 중복기간이 길어지는 현상이 발생됩니다. 봄철에 씨앗을 뿌려야 하는데 이 사주의 경우 27세까지 씨앗을 뿌리며 꽃을 피우지 못하고 있지만 어린 모습을 늦게 까지 지니니 동안의 모습으로 아름다우며 늙어서도 꽃을 피우며 아름다움을 유지할 수 있는 장점이 있습니다.

③ 기의 흐름

사주체의 기는 대운에서 원활하게 흘러야 모든 일이 원만합니다. 사주체에서 부족한 기운을 운에서 보충하여주고 넘치는 기운을 극제하거나 설기하여 준다면 금상첨화의 사주가 되는 것입니다.

시		일		월		년		구분
甲		丙		丁		己		천간
午		申		卯		卯		지지
己	庚	辛	壬	癸	甲	乙	丙	대운
未	申	酉	戌	亥	子	丑	寅	

卯월생으로 甲木의 기세가 강하므로 火土로 기세를 설기시키고 있는 사주의 흐름이 좋습니다. 대운에서 水기로 甲木을 더욱 강하게 하므로 운의 상승기가 되며 金운이 辛酉 庚申으로 강하므로 결실을 맺기에 충분합니다. 아인슈타인의 명조입니다.

시		일		월		년		구분
己		辛		戊		戊		천간
丑		丑		午		午		지지
丙	乙	甲	癸	壬	辛	庚	己	대운
寅	丑	子	亥	戌	酉	申	未	

午월생으로 戊土의 기세가 강하므로 일간이 전력을 다하여 설기를 해야 합니다. 庚申 辛酉대운에 강한 金기로 설기를 하니 운의 상승기가 되므로 유명인사가 되었으며 이어서 壬戌 癸亥대운에 유통을 시키니 국회의원까지 하였으나 운의 하락기인 甲子대운을 맞이하며 왕기를 충하고 흐름이 끊기어 사망하게 됩니다. 김ㅇㅇ 전 국회의원의 명조입니다.

❹ 격국의 변화

(1) 희기를 만나는 경우

대운의 한 글자마다 반드시 사주팔자의 간지와 총체적으로 배합하여 희기로 길흉을 판별하는 것입니다.   -자평진전

◆ **격국의 희기**

희	얻으면 도움이 되고 격국을 성격시켜주는 희신
기	오히려 격국을 파격시켜 손해를 끼치는 기신

격국에서는 격국을 도와주는 오행이나 육신을 희신이라고 하고 격국을 파격시키는 것을 기신이라고 합니다. 대운에서 희신이 온다면 격국을 도와주므로 좋을 것이나 기신이 온다면 역시 좋지 않을 것입니다.

시		일		월		년		구분
戊		乙		壬		甲		천간
寅		巳		申		申		지지
庚	己	戊	丁	丙	乙	甲	癸	대운
辰	卯	寅	丑	子	亥	戌	酉	

申월 정관격이지만 壬水인성이 투출하여 인수격으로 화하며 관인상생을 하고 있는 격국입니다. 戊土재성이 壬水을 극제하는 위험이 있지만 甲木겁재가 막아주며 壬水인성을 보호하여 주므로 조직에서 명예를 향한 행보가 순조롭고 水운에 운의 상승기로 격국을 도와주므로 귀하게 된 설상공의 명조입니다.

시		일		월		년		구분
庚		丁		丁		乙		천간
戌		未		亥		卯		지지
己	庚	辛	壬	癸	甲	乙	丙	대운
卯	辰	巳	午	未	申	酉	戌	

亥월의 정관격이지만 지지에 亥卯未 木국을 이루고 乙木인성이 투출하여 인수격이 강하므로 庚金재성으로 인수를 억제하여 인수용재격으로 성격되어 귀하게 된 김장원의 명조입니다. 金대운에 운을 상승기로 이끌고 火운에 비겁을 도와 상승기를 이끌어 나가는 사주입니다.

시		일		월		년		구분
乙		戊		丁		壬		천간
卯		申		未		戌		지지
乙	甲	癸	壬	辛	庚	己	戊	대운
卯	寅	丑	子	亥	戌	酉	申	

未월에서 丁火인성과 乙木정관이 투출하여 인수격과 정관격이 겸격이 되지만 壬水재성이 丁火인성을 합거하여 정관격만 남게 됩니다. 대운이 金水운으로 흐르며 정관을 돕지 못하니 운이 상승하지 못하여 평생 낮은 벼슬에서 고독하게 지냈다고 합니다.

시	일	월	년	구분
庚	丙	甲	乙	천간
寅	申	申	未	지지
丙 丁	戊 己	庚 辛	壬 癸	대운
子 丑	寅 卯	辰 巳	午 未	

庚金재성이 투출하여 재격이 강한데 甲乙木 인성이 일간을 돕고 대운에서
木火운으로 격국을 도우니 운이 상승하므로 귀하게 된 증참정의 명조입니다.

(2) 격국이 변화되는 경우

격국은 사주팔자로 만들어지지만 대운과 배합하면 성격과 변격이 됩니다.
- 자평진전

◆ 대운에 의하여 성격이 되는 경우

○丁○壬 ○○辰○	壬水정관이 투출하여 정관격이 되나 辰중 戊土상관으로 인하여 성격이 완전하지 아니합니다. 대운에서 申金이나 子水를 만나면 壬水정관의 뿌리가 되니 대운에 의하여 성격이 되었다고 하는 것입니다.
○乙○○ ○○辰子	子辰합으로 인수격을 이루고 있는데 대운에서 壬癸水를 만나 인수격이 완전해지므로 대운에 의하여 성격이 되었다고 하는 것입니다.

◆ 대운에 의하여 변격이 되는 경우

○丁○壬 ○○辰○	壬水정관이 투출하여 정관격이 되나 완전하지 못하고 辰중 戊土상관을 대운에서 만나면 상관격으로 변격이 됩니다.
己壬○丁 ○午戌○	戊土중 己土와 丁火가 투출하고 午戌이 합하여 재왕생관격으로 성격이 됩니다. 이때 대운에서 戊土가 온다면 칠살격으로 변격이 됩니다.
己壬○○ ○○亥○	亥월 록겁격에 己土정관이 투출하여 록겁용관격이 됩니다. 이때 대운에서 卯木이나 未土가 온다면 木국을 이루면 상관격으로 변격되었다고 합니다.

◆ 대운에서 변격되어 좋지 않은 경우

○ 壬 ○ 甲 ○ ○ 午 ○	午월 재격인데 대운에서 己土정관이 와서 정관격으로 변격되지만 甲 木이 己土를 합하여 오히려 좋지 않은 경우입니다.

◆ 대운에서 변격되어 좋은 경우

○ 丁 甲 壬 ○ ○ 辰 ○	辰월에 壬水가 투출하여 정관격인데 대운에서 戊土가 와서 상관격으 로 변격이 되나 甲木이 있어 戊土를 극하니 변격이 안되고 정관격으로 남는 경우입니다.

◆ 관살혼잡이 되는 대운과 안 되는 대운의 경우

○ 甲 辛 ○ ○ ○ 酉 ○	대운에서 庚金칠살을 만나면 관살혼잡이 되었다고 합니다. 辛金을 만나면 중관이라고 합니다.
○ 甲 辛 ○ ○ 申 酉 ○	대운에서 申金을 만나도 관살혼잡이 되었다고 하지 아니하고 酉金을 만나도 중관이라고 하지 아니합니다.

◆ 지지가 회국으로 동하는 경우

○ 甲 ○ ○ ○ ○ 酉 午	酉金은 정관격으로 쓰지만 午火가 상관이 되어 파격을 시키지는 못합 니다. 대운에서 寅木이나 戌土가 온다면 火국이 되어 식상으로 동하 니 정관격을 파격시킬 수 있습니다.
○ 甲 ○ ○ ○ ○ 申 午	申金 칠살격이지만 午火가 제살을 하지 못합니다. 대운에서 寅木이 나 戌土가 온다면 火국이 되어 식상으로 동하니 능히 제살을 할 수 있습니다.

자평진전의 저자 심효첨은 대운을 취함에 있어 팔자마다 다르고 그 이치가 매우 정묘하고 그 법칙이 매우 활발하므로 변화를 받아들이면서 지저분한 이론에 집착하지 말라고 강조하고 있습니다.

◆ 정관격의 운의 희기

정관격에서 운을 보는 법은 격국에 운을 배합하는 것입니다.

정관격은 자신을 재성으로 생하고 인성으로 보호하는 것을 좋아합니다. 신약하다면 일간을 돕는 인성운을 취하고 정관이 약하다면 정관을 돕는 재성운을 취하게 됩니다. 정관이 천간에 노출되어 합을 만나거나 칠살로 인하여 관살혼잡이 되거나 정관이 거듭 있어 탁하거나 지지에 형충이 되었다면 불리한 것입니다.

정관용재격에서 신약하다면 인수운과 비겁운을 기뻐하고 식상운을 꺼리며 신강하고 재관이 약하다면 오히려 재관운이 좋습니다.

정관패인격에는 재성운을 기뻐하며 인성을 패인하므로 식상운이 오히려 길하다고 합니다. 만약 정관이 강하고 일간이 약하여 인성을 패인하여 쓰고 있다면 일간을 강하게 하는 운이 최선이고 인성을 극하는 재운은 필요가 없다고 합니다.

정관격에 식상이 있어서 인성으로 식상을 극제하고 있다면 정관과 인성이 강해지는 운을 기뻐하지만 인성을 극하는 재운은 꺼리게 되고 인성이 중첩해 있다면 재운으로 억제하여야 해롭지 않은 것입니다.

정관격에 칠살이 섞이면 식상운이 오히려 좋다고 합니다. 사주에서 겁재로 합살을 하여 칠살을 묶어두면 재운도 좋고 식상운도 좋으며 신강운과 인수운도 역시 좋으나 칠살운은 꺼립니다. 만약 사주에서 상관으로 합살하였다면 식상과 재운이 좋지만 인수를 만남은 불리합니다.

◆ 재격의 운의 희기

재격에서 운을 보는 법은 격국에 운을 배합하는 것입니다.

재왕생관격은 신강운과 인수운이 좋고, 칠살과 상관의 운은 좋지 않습니다. 만약 정관을 생하고 있는데 인수가 투출했다면 상관운도 해롭지 않습니다. 정관을 생하고 있는데 식신으로 인하여 파국이 되었다면 인수운이 좋고 칠살운도 도리어 길하다고 합니다.

재용식생격에서 재성과 식상이 강하고 신약하면 일간을 보조하는 운이 오면 좋습니다. 재성과 식상이 약하고 신왕하면 재운과 식상운이 좋습니다. 칠살운은 식상이 제살하면 꺼리지는 않으나 관인운은 오히려 불리하다고 합니다. 식상이 관성을 억제하거나 인성이 식상을 억제하기 때문입니다.

재격패인격은 관운을 기뻐하며 신약하다면 인수운으로 일간을 강하게 하여 주는 것을 가장 기뻐합니다.

재용식인격에서 재성이 약하다면 재성운과 식신운을 기뻐하고 신약하다면 비겁운과 인수운을 기뻐하며 정관운은 식상으로 인하여 방해가 되나 칠살운은 오히려 꺼리지 않는다고 합니다.

재대상관격은 재운이 좋고 칠살운은 상관과 합하여 불리한 것이며 정관운과 인수운은 상관과 서로 극을 하므로 그다지 아름답지 않다고 합니다.

재대칠살격은 합살이든지 제살이든지 막론하고 식상운과 신강운이 좋다고 합니다.

재용살인격은 인수가 강한 운이 가장 좋고 재운은 칠살을 생하므로 반드시 나쁘며 식상운은 사주구조에 따라 다르다고 합니다.

◆ 인수격의 운의 희기

인수격에서 운을 보는 법은 격국에 운을 배합하는 것입니다.

인수용관격에서 정관이 드러나 있으면서 인수가 강하다면 재운이 도리어 길하고 식상운 역시 유리하다고 합니다.

인수용재격에서는 겁재운이 좋고 관성운과 인성운 모두 좋은데 재성운은 인수격을 파괴하므로 꺼리는 것입니다. 또한 인수격에서 관살이 혼잡하는 경우에는 식상운과 인수운과 신강운이 좋으며 만약에 재성운으로 간다면 관살을 생하므로 재앙을 보게 된다고 합니다.

인수용관격에 식상도 있는 경우에는 정관운과 인수운을 기뻐하며 식상운은 해롭고 칠살운은 꺼리지 않는다고 합니다.

인수용살격에서 식상운과 신강운은 길하지만 재운은 칠살을 생하고 인성을 극하므로 흉한 것이며 만약 인수용살격에서 식상이 함께 있는 경우에도 신강운과 인수운과 식상운이 모두 길하지만 역시 재관운은 칠살을 돕고 격국을 파괴하므로 불길하다고 합니다.

인수용식상격에는 재성운이 도리어 길하고 식상운도 길하지만 인수가 약한데 재성운을 보면 역시 불리하다고 합니다. 정관운으로 흐른다면 식상이 관성을 극제하여 재앙을 볼 것이고 칠살운은 제살이 되므로 오히려 복이 될 가능성이 있다고 합니다.

◆ 식신격의 운의 희기

식신격에서 운을 보는 법은 격국에 운을 배합하는 것입니다.

식신격이 칠살과 인성을 쓸 경우 칠살을 인화하는 인성이 강한 운을 좋아하고 인성을 극제하는 재성운은 절대로 꺼린다고 합니다. 신강하면 일간의 기운을 설기하는 식상운 역시 복이 되고 관살운도 일간의 기운을 억제하므로 역시 길하다고 합니다.

식상대살격에서는 인성운이 좋고 신왕운과 식상운 역시 좋으나 재성운은 가장 나쁘다고 합니다. 만약 식신이 너무 많고 칠살이 약하다면 인성운이 제일 좋고 재성운도 길하다고 합니다.

식신이 태왕하고 인성이 있는 경우는 인성을 극하며 식신을 설기하여 유통시키는 재성운이 가장 좋고 왕신을 돕는 식상운 역시 좋은 것이며 왕신을 극하는 인성운이 가장 불길하고 인성을 돕는 관살운도 불길하다고 합니다.

식신생재격에서 재성이 강하고 식신이 약하다면 식신운으로 가야 좋고 재성이 약하고 식신이 강하다면 재성운으로 가야 좋을 것이며 재성과 식상이 모두 강하다면 신강운으로 가야 좋아 하지만 관살운은 일간을 기운을 극제하므로 흉하다고 합니다.

◆ 칠살격의 운의 희기
칠살격에서 운을 보는 법은 격국에 운을 배합하는 것입니다.
살용식제격에서 칠살이 강하고 식신이 약하다면 식신을 보조해야 할 것이고 칠살이 약하고 식신이 강하다면 칠살을 보조해야 할 것입니다.
칠살과 식신이 균형을 이루고 있는데 일간의 뿌리가 약하면 일간을 보조해야 할 것이며 관살을 혼잡하게 하는 정관운과 식신을 극제하는 인수운을 두려워해야 합니다. 살용상관격으로 오는 운은 살용식제격과 같이 보면 됩니다.

칠살용재격에서 재성이 인성을 제거하고 식신을 남기는 격국이 된다면 겁재운은 재성을 극제하므로 불리하고 식상운은 남겨진 식신을 도우니 대개 길한 편이 되는 것입니다. 칠살용재격은 재성으로 칠살격의 부족함을 보충하는 격국이므로 재성이 이미 충분하다면 식신운과 인성운과 비겁운이 좋고 재성이 부족하다면 재성운과 칠살운 모두 좋으나 인성운을 두려워하며 칠살이 투간해도 역시 순조롭다고 합니다.

살용인수격에서 재성운으로 가면 인성을 극제하므로 불리하며 상관운은 인성의 쓰임을 만드니 좋다고 하는 것이며 인수운과 신강운 모두 격국을 도우니 복이 된다고 합니다.

칠살격에 정관이 있어 관살혼잡이 되어있는 사주는 거관류살이든 거살류관이든 막론하고 일간이 가벼우면 일간을 도와주는 운이 와야 하고 식신이 가벼우면 식신을 돕는 운이 와야 합니다. 어떠한 경우를 막론하고 사주를 맑게 하는 것을 제거하지 않아야 하고 제살하는 용신을 다치게 하여서는 안 된다고 합니다. 칠살이 이미 순수하다면 정관으로 혼잡되는 것이 불리한 것입니다.

칠살격에서 식신의 제살이 없이 양인으로 칠살을 감당하는 살용양인격의 경우에는 칠살이 가볍고 양인이 무겁다면 칠살을 돕는 운이 좋고 양인이 가볍고 칠살이 무겁다면 의당 칠살을 제복하는 식신운이 와야 하는데 식신이 없다면 인성운으로는 칠살을 어찌하지 못하므로 불길하다고 합니다.

◆ 상관격의 운의 희기
상관격에서 운을 보는 법은 격국에 운을 배합하는 것입니다.
상관용재격에서 재성이 강하고 일간이 가볍다면 인성운과 비겁운으로 일간을 도와주어야 좋아하고 일간이 강하고 재성이 약하다면 재성운과 상관운으로 재성을 도와주어야 좋다고 합니다.

상관패인격은 관살운이 좋고 인성운 역시 길하며 식상운은 꺼리지 않지만 재성운은 인성을 극하므로 흉하다고 합니다.

상관격에 재성과 인성을 겸용하는 경우가 있는데 재성이 많고 인수가 적으면 인성을 돕는 운이 좋고 인수가 많고 재성이 적으면 재성을 돕는 운이 좋다고 합니다.

상관격에 칠살과 인성을 쓰는 경우는 상관과 칠살을 동시에 다스리는 인성운이 가장 좋고 식상운 역시 좋으며 관살이 혼잡하면 길하지 못하며 재성운에는 칠살을 생하므로 위험하다고 합니다.

상관대살격은 인성운이 좋고 재성운을 꺼립니다. 상관은 무겁고 칠살이 경미하다면 인성운과 재성운이 모두 길하지만 칠살의 뿌리가 무거우면 식상운을 좋아하고 인성운과 신강운 역시 길하다고 합니다. 그러나 재성운에는 흉하다고 합니다.

상관용관격은 재성운과 인성운이 좋고 식상운이 불길하다고 합니다.
만약 원국에 정관이 노출되고 재와 인수가 왕하다면 비겁운과 상관운은
좋지 않다고 하지는 않는다.

◆ 양인격의 운의 희기
양인격에서 운을 보는 법은 격국에 운을 배합하는 것입니다.
양인용관격의 경우에는 정관을 돕는 운이 좋다고 합니다. 사주에서 정관이 뿌리가 깊다면 인수운과 비겁운이 오히려 좋습니다. 단지 정관을 합거하는 운은 좋지 않다고 합니다.

양인용살격의 경우 칠살이 강하지 않다면 재성운이 칠살을 돕는 것을 기뻐하고 칠살이 너무 강하다면 신강운과 인수운이 좋고 식상운 역시 꺼리지 않는다고 합니다.

양인격에는 관살이 함께 투출하여 양인을 대적하므로 관살혼잡이 되어도 무방하다고 합니다. 단지 식상운이 제복함을 기뻐하며 신왕한 것이 역시 유리하고 재성운이나 관성운은 오히려 불길하다고 합니다.
양인격에 재성을 쓴다면 반드시 식상으로 통관해주어야 합니다.
식상을 쓰면 재성운이 반가운 것입니다.

◆ 록겁격의 운의 희기

록겁격에서 운을 보는 법은 격국에 운을 배합하는 것입니다.

록겁용관격의 경우에 인성의 보호가 있으면 재성운이 좋고 정관을 합하는 운을 꺼리며 칠살운을 두려워하지만 식상운이 해롭지 않다면 비겁운은 흉함이 미미하다고 합니다. 재성의 생조를 받고 있다면 인성운을 기뻐하며 관성은 뿌리가 든든해야 하며 식상의 극제를 두려워하고 재성을 만나면 좋으나 칠살과 섞이면 장애가 드러난다고 합니다.

록겁용재격에서 식상이 있는 경우에 재성과 식상이 강하다면 인성을 기뻐하고 비겁을 꺼리지 않습니다. 그러나 재성과 식상이 약하다면 재성운이 도와야 하고 인성운과 비겁운을 기뻐하지 않는다고 합니다. 칠살운은 제살되어 무방하지만 정관운을 만나면 정관이 상하므로 복이 되지 않는다고 합니다.

록겁용살격에서 식신으로 제살하는데 식상이 강하고 칠살이 약하다면 칠살을 돕는 운으로 가야 하고 식상이 약하고 칠살이 강하면 식상을 돕는 운으로 가야 한다고 합니다. 만약 사주에서 칠살이 합거되고 재성이 남는다면 식상운으로 가야 좋고 재운도 꺼리지 않으며 정관이 투출해도 염려할 바가 없고 신강한 운 역시 좋다고 합니다. 만약 사주에서 재성을 합거하고 칠살을 남겼을 경우에는 식상으로 제살해야 하고 칠살이 약하다면 칠살을 돕는 운이 와야 하며 식상이 약하다면 식상을 돕는 운이 와야 한다고 합니다.

록겁용식상격에서는 재성운이 가장 좋고 칠살운 역시 꺼리지 않으나 인수운은 불길하고 정관운이 투간하여 오는 것도 아름답지 않다고 합니다. 만약 사주에서 식상이 태과하다면 재성운이 당연히 유리하고 인수운 역시 꺼리지 않는다고 합니다

록겁격에 관살이 모두 투출하면 식상운이 좋고 비겁운 역시 좋지만 인수운은 좋은 점이 미미하고 재관운은 복운은 아니라고 합니다.

⑤ 기세의 변화

근원이 어디에서 나와 어디로 흐르는 것을 알고 중심점을 찾는다면 미래와 과거를 알 수 있다고 합니다. - 적천수 원류편

사주의 기운이 대운으로 흐르면 부귀한 명조가 됩니다.
사주의 흐름이 어디서 어떻게 흐르는 것을 감지하고 대운에서 보조를 맞추어 준다면 부귀한 명조가 됩니다.

월령을 득하였는가의 여부에 관계없이 기세가 왕하거나 강한 것을 논하면 됩니다. 기가 왕하다는 것은 득령을 하였다는 것이고 세가 강하다는 것은 무리가 많다는 것입니다. - 적천수 원주

시		일		월		년		구분
戊		乙		壬		甲		천간
寅		巳		申		申		지지
庚	己	戊	丁	丙	乙	甲	癸	대운
辰	卯	寅	丑	子	亥	戌	酉	

사주의 흐름이 申월 정관격에서 출발하고 → 壬水인수가 투출하여 金기에서 水기로 흐르고 있습니다. → 壬水는 甲木겁재와 乙木일간을 생하며 흐르고 시지 寅木으로 흘러 뿌리의 기운을 적셔 근간을 만들어주고 있으며 → 기운은 寅巳형의 火기로 흐르고 → 戊土재성으로 귀결되고 있습니다.

대운 천간 역시 水木火土金으로 흐르고 대운지지 역시 金水木으로 흐르며 흐름이 막히지 아니하며 사주팔자와 흐름이 같으니 격국의 질이 높아지며 부귀하여진 설상공의 명조입니다.

시		일		월		년		구분
乙		戊		丁		壬		천간
卯		申		未		戌		지지
乙	甲	癸	壬	辛	庚	己	戊	대운
卯	寅	丑	子	亥	戌	酉	申	

未月 火월령에 丁火가 투출하였지만 丁壬합으로 인하여 土기로 흐르지 못하고 있습니다. 乙木정관이 丁火인성을 생하지만 흐름이 끊어지고 대운에서 조차 火기의 미흡으로 연결되지 못하고 있으므로 더 이상의 발전이 없이 평생 낮은 직책에 머물렀다고 합니다.

시		일		월		년		구분
戊		辛		戊		丙		천간
子		酉		戌		寅		지지
丙	乙	甲	癸	壬	辛	庚	己	대운
午	巳	辰	卯	寅	丑	子	亥	

戌月에 戊土인성이 투출하고 丙火정관이 戊土를 생하여 주며 토생금 금생수로 이어지니 흐름이 좋고 대운에서 水木운으로 흐르며 흐름을 도우니 귀하게 된 장참정의 명조입니다.

시		일		월		년		구분
壬		辛		戊		丙		천간
辰		未		戌		戌		지지
丙	乙	甲	癸	壬	辛	庚	己	대운
午	巳	辰	卯	寅	丑	子	亥	

戌月에 戊土인성이 투출하고 丙火정관이 생하여 주니 기세가 좋은데 金水로 흐르며 흐름을 좋게 만들고 있고 대운에서 水木으로 흐르며 흐름을 이어주므로 귀하게 된 주상서의 명조입니다.

사주체의 기세가 균형을 이루면 부귀합니다.

중화는 자평학의 중심이론이며 억부론의 기본이론입니다. 격국론이나 억부론은 균형을 도모하는 것이며 병약론도 역시 균형을 도모하는 것입니다. 태과불급을 조절하는 작용이 사주에 있으면 사주의 격과 질이 좋은 사주이며 운에서 이를 조절하여 주면 금상첨화가 되는 것입니다.

중화의 바른 이치를 알게 되면 오행의 묘한 이치를 모두 알 수 있다고 합니다.
– 적천수 중화론

억부론에서 오행의 태과불급을 조절하여 균형을 이루어야 부귀격이 됩니다. 부족한 것을 대운에서 보완해주어야 합니다.

기세론에서 오행의 세력이 균형을 이루어야 부귀격이 됩니다. 부족한 것을 대운에서 보완해주어야 합니다.

병약론에서 태과불급으로 인하여 병이 되는 것을 억부하여 조절하는 것이 약입니다. 역시 운에서 이를 조절하여 주어야 합니다.

시		일		월		년		구분
戊		丙		甲		壬		천간
戊		戊		辰		辰		지지
壬	辛	庚	己	戊	丁	丙	乙	대운
子	亥	戌	酉	申	未	午	巳	

辰월에서 월령 木기가 甲木으로 투출하여 壬水의 생을 받고 월령 土기가 戊土로 투출하여 일간의 생을 받아 흐름이 좋으며, 대운 火운에 식신격을 돕고 金운에 壬水칠살을 도우며 균형을 유지하니 귀하게 된 탈승상의 명조입니다.

시	일	월	년	구분
庚	丁	丁	乙	천간
戊	未	亥	卯	지지
己	庚	辛	壬	癸	甲	乙	丙	대운
卯	辰	巳	午	未	申	酉	戌	

亥월 정관격이지만 亥卯未 木국에 乙木이 투출하여 木기의 기세가 강하지만
火기의 설기가 적절하므로 金기의 기세가 약하여도 균형이 되었다고 할 수 있
습니다. 金운에 木기를 제어하고 火운에 木기를 설기하여 사주체를 도와 균형
을 이루니 부귀하게 된 김장원의 명조라고 합니다.

시	일	월	년	구분
庚	丁	甲	戊	천간
戊	未	子	戌	지지
壬	辛	庚	己	戊	丁	丙	乙	대운
申	未	午	巳	辰	卯	寅	丑	

金水의 기세가 木火의 기세보다 다소 강하다고 할 수 있습니다. 더구나 戊土
상관이 木火의 기세를 설기하여 金水의 기운을 돕고 있어 균형이 어그러지
고 있으나 대운에서 木火운으로 흐르며 木火의 기세를 도와 균형을 이루니
귀하게 된 주승상의 명조입니다.

시	일	월	년	구분
乙	戊	壬	壬	천간
卯	午	子	申	지지
庚	己	戊	丁	丙	乙	甲	癸	대운
申	未	午	巳	辰	卯	寅	丑	

壬水가 투출하고 지지에 申子합으로 水재성이 매우 강하고 乙木정관을 생하
는 재왕생관격으로 귀격입니다. 대운에서 木火운으로 관인을 도와 균형을
이루며 부귀하여진 갈참정의 명조입니다.

⑥ 조후의 변화

조후는 水火의 균형입니다. 水기는 춥고 火기는 더운 것입니다. 사주에서 춥고 더운 것을 조절하는 것이 조후調候라고 하는 것입니다. 金水기가 많으면 춥다고 하는 것이고 木火기가 많으면 덥다고 하는 것입니다.

사주체가 木火기로 구성되고 金水운으로 흐르면 편안하여 지고
사주체가 金水기로 구성되고 木火운으로 흐르면 발전하게 됩니다.

木火가 동남방의 양지에서 번창하면 음지에서 안정이 필요하며
金水가 서북방의 음지에서 번성하면 양지에서 빛이 난다고 합니다.

- 적천수 간지총론에서

시		일		월		년		구분
丙		己		壬		丁		천간
寅		巳		寅		丑		지지
甲	乙	丙	丁	戊	己	庚	辛	대운
午	未	申	酉	戌	亥	子	丑	

寅월은 아직 추위가 가시지 않아 추운데 丙火가 투출하여 따뜻하게 만들고 丁火가 壬水를 합거하여 추위를 막아내고 있습니다. 대운이 金水로 흐르지만 안정된 모습으로 부귀하여진 범태부의 명조입니다.

시		일		월		년		구분
庚		戊		壬		己		천간
申		子		申		未		지지
甲	乙	丙	丁	戊	己	庚	辛	대운
子	丑	寅	卯	辰	巳	午	未	

申월에 金水의 기세가 강합니다. 대운이 火木운으로 흐르면서 발전하게 된 사각로의 명조입니다.

시	일	월	년	구분
戊	戊	甲	戊	천간
午	寅	寅	辰	지지

								구분
壬	辛	庚	己	戊	丁	丙	乙	대운
戌	酉	申	未	午	巳	辰	卯	

지지에 木火기가 가득하여 사주가 따뜻한데 土기가 강하므로 대운에서 金水기로 설기하여 주어야 유통이 잘 되는데 木火운으로 흐르므로 오히려 지체되는 결과가 오므로 부귀가 크지 아니한 조원외의 명조입니다.

시	일	월	년	구분
辛	壬	丙	辛	천간
亥	申	申	酉	지지

								구분
戊	己	庚	辛	壬	癸	甲	乙	대운
子	丑	寅	卯	辰	巳	午	未	

사주에 金水기가 강하고 사주를 따뜻하게 하여줄 丙火는 丙辛합되어 역할을 하지 못하므로 사주가 춥다고 합니다. 그러나 마침 대운이 火木운으로 흐르며 사주를 따뜻하게 하여 조후가 구비되니 발전하여 귀하게 된 왕시랑의 명조입니다.

시	일	월	년	구분
丙	庚	丙	己	천간
子	子	子	未	지지

								구분
甲	癸	壬	辛	庚	己	戊	丁	대운
申	未	午	巳	辰	卯	寅	丑	

金水상관격인데 丙火가 있어 조후가 구비되었다고 합니다. 대운이 동남 木火운으로 흐르면서 미약한 丙火를 도우니 발전하게 된 채귀비의 명조입니다.

대운은 월령의 변화로서 운의 상승기과 하락기를 주도합니다.

월령이 순행하고 역행하며 사주체를 변화시킵니다.

세월에 의하여 변화가 된다는 것은 늙는다는 것입니다. 늙음은 세월이 가장 잘 표현하여줍니다. 소년기와 청년기가 다르고 청년기와 장년기가 다르며 장년기와 노년기가 다른 것입니다.

세월은 지혜를 쌓게 하여줍니다.

세월이 흐르면서 육체는 비록 늙지만 정신은 오히려 지혜가 쌓이니 경륜이 늘어난다고 하는 것입니다. 젊은이는 늙은이의 지혜를 따라가기 어렵습니다. 비록 늙어 힘이 빠졌지만 경험이 쌓인 지혜는 빛이 나게 됩니다. 육체는 쇠퇴하여도 정신은 성장하는 것입니다.

사주체의 기세가 대운에서 막힘없이 흐르며 청장년기에 운의 상승시기를 맞이하면 삶이 뜻대로 이루어지고 발전하게 됩니다.

사주체의 기세가 강하다면 대운으로 흘러야 합니다.

대운으로 흐르지 못하면 사주체의 기세가 막히고 지체되어 흐르지 못하므로 운이 하락하게 됩니다.

사주체의 태과불급을 대운에서 조절하여 준다면 이상적입니다.

사주체의 태과불급을 대운에서 억부하여 도와준다면 가뭄에 단비가 내리는 격이 됩니다. 태과불급은 삶을 어렵게 만드는 요인이 되고 건강과 성격에도 영향을 미치게 됩니다. 마침 대운애서 태과불급을 조절하여 준다면 병을 치료하는 약을 세월에서 주므로 운이 상승하게 되는 것입니다.

03 세운 통변

기본개념

휴수는 운과 관계가 있고 세운과의 관계는 더욱 그러합니다. 극하고 충하는 것에는 어느 것이 항복하는 가를 보아야 하며 화합하고 좋아하는 것은 어느 것이 절실한 가를 보아야 할 것 입니다.　　　　　　　　　　　　　　 － 적천수 세운편

1 천간의 생극제화

세운의 천간이 사주팔자와의 생극제화를 하면서 득실의 상황을 만들어 냅니다. 세운의 천간이 사주팔자의 글자를 생하기도 하고 설기하기도 하며 극하기도 하고 억제하기도 합니다.

어느 집에 손님이 방문하였다고 가정한다면 이 손님은 세운이 됩니다. 손님은 집에 있는 4명을 바라보며 각각의 상태에 따라 대응을 하게 됩니다. 집에 있는 4명은 세운을 어떻게 맞이하여야 가장 유리한지를 선택하게 되고 세운 역시 사주팔자를 어떻게 대응하여야 가장 좋은지를 선택하여 서로 생극제화를 일으키는 것입니다.

결국 사주팔자와 세운의 기세 싸움이므로 누가 유리한 상황을 점거하느냐에 따라 길흉이 달라지는 것입니다. 사주팔자의 입장에서 세운을 바라보는 것과 세운의 입장에서 사주팔자를 바라보는 것이 다릅니다. 그러므로 어느 관점으로 세운을 볼 것인가를 우선 결정하여야 하는 것입니다.

사주팔자에서 세운과 대결을 하는 것이 극제이고 세력을 도모하는 것이 생하고 화하는 것입니다. 세운은 사주팔자의 강한 천간과 극제를 하기 위하여서는 생화를 우선적으로 고려할 것입니다. 세력이 형성되어야 강한 천간과 대결을 할 수 있기 때문입니다. 이기면 취하는 것이고 지면 내주어야 하는 냉혹한 현실이 작용하게 됩니다.

❷ 지지의 형충회합

세운의 천간이 사주팔자의 천간과 생극제화를 일으키며 길흉을 만든다면 세운의 지지는 사주팔자의 지지와 형충회합을 일으키며 길흉을 만들게 됩니다.

(1) 세운 지지의 형

지지의 형은 에너지의 증폭과 조정활동이므로 해당 기운의 변동 상황을 면밀하게 살펴보아야 합니다. 형이 있다고 형살로 판단하여 나쁜 뜻으로만 본다면 자칫 오류를 범하기 쉽습니다. 사주팔자의 기세를 판단하면서 형의 작용을 가늠하여야 할 것입니다.

◆ 지지의 형작용

寅巳申 삼형	상승 기세로 인하여 급격히 변하는 현상
丑戌未 삼형	하강 기세로 인하여 급격히 변하는 현상
午午형, 亥亥형, 辰辰형, 酉酉형, 子卯형	자체의 기세가 증폭되며 정체되거나 폭발하는 현상

寅巳申삼형은 급격한 기세의 상승이므로 마치 회오리바람이 하늘로 치솟는 현상과 같습니다. 그러므로 사주팔자의 기세가 강하여 삼형의 기세를 감당할 수 있다면 큰 발전을 이루지만 사주팔자가 기세를 감당하기 어려우면 회오리바람에 휩쓸리며 모든 것이 부서질 수 있습니다.

丑戌未삼형은 寅巳申삼형과 반대로 급격한 기세의 하강이므로 하늘에서 땅으로 내리 꽂는 회오리바람이라고 보면 될 것입니다. 그러므로 사주팔자의 기세가 강하다면 견딜 수 있지만 기세가 약하다면 역시 모두 부서지고 말 것입니다.

자형은 자체 기운의 정체현상이므로 하던 일도 지체가 되고 멈추는 현상이 발생하며 순간의 에너지 폭발로 인하여 사고가 나기도 합니다.

(2) 세운 지지의 충

지지의 충은 기세의 대결이 펼쳐지는 현상입니다. 적천수 구결에 쇠신충왕왕신발衰神沖旺旺神發 왕자충쇠쇠자발旺者沖衰衰者拔이라고 하였습니다. 약한 신이 강한 신을 충하면 강한 신이 발전하게 되며 강한 놈이 약한 놈을 충하면 약한 놈은 뿌리째 뽑힌다는 이야기입니다.

기세가 강한 지지를 약한 지지가 충하면 강한 기세가 발동하여 더욱 발전하게 되는 것이며 기세가 약한 지지를 강한 지지가 충하면 약한 지지는 뿌리째 뽑히게 됩니다.

◆ 지지의 충작용

寅申충, 巳亥충	생지의 충으로 작용이 빠르게 나타남
子午충, 卯酉충	왕지의 충으로 작용이 느리게 나타남
辰戌충, 丑未충	고지의 충으로 작용이 미미함

寅申충과 巳亥충은 생지이며 양지의 충이므로 작용이 빠르고 파괴력도 크므로 쉽게 깨지기도 합니다. 하지만 시작하는 기운이므로 사주와 뜻이 맞으면 발전이 빠르고 괄목할 만한 성과를 내며 성공하는 계기가 되기도 합니다.

子午충과 卯酉충은 왕지의 충이지만 음지이므로 작용이 느리고 쉽게 깨지지도 않습니다. 왕이 싸움에서 지면 가장 나중에 처단되므로 작용이 늦지만 왕의 자리에서 내려와야 하므로 한꺼번에 왕위를 잃게 되면서 모든 것을 잃어버리는 결과를 낳게 됩니다. 그러므로 왕지가 한번 파괴되면 흔적조차 없게 됩니다.

辰戌충과 丑未충은 고지의 충으로 친구끼리의 붕충朋沖이라고 하므로 싸움이 일어난다고 하여도 화해하기 쉬운 것입니다. 그러므로 큰 타격이 없으며 土기의 연합으로 형작용이 일어나기 쉬운 것입니다.

(3) 세운 지지의 회

지지의 회는 삼합과 방합의 작용으로 연합이 형성되는 현상입니다. 방합은 집안 식구끼리의 모임이고 삼합은 목적을 가진 모임이므로 사회적인 합이라고 합니다.

◆ 지지의 회작용

방 합	寅卯辰, 巳午未, 申酉戌, 亥子丑
삼 합	亥卯未, 寅午戌, 巳酉丑, 申子辰

방합은 집안의 모임이므로 사주팔자에 두 글자가 있는데 세운에서 한 글자를 보충하며 집안이 모두 모이게 됩니다.
세운에서 집안이 모두 모이게 되면 집안끼리의 연합력이 생기며 막강한 파워가 형성됩니다. 웬만한 형충의 세력으로는 방합의 연합력을 깨기 어렵습니다.

사주팔자에 방합이 형성되어 있는데 세운에서 방합의 글자가 들어온다면 방합의 결속력이 더욱 강해지는 특징이 있습니다. 寅卯辰이 사주에 있는데 寅년이 된다면 木기의 연합이 시작된다는 의미가 있으므로 木기의 일을 추진하기 좋은 해가 된다고 할 수 있습니다.

삼합은 목적을 가진 사회적인 모임이므로 사주팔자에 두 글자가 있는데 세운에서 한 글자를 보충하여 들어온다면 모임이 형성되면서 할 일을 제대로 할 수 있는 것입니다. 삼합은 방합과 달리 목적을 가진 합이므로 형충에 비교적 약하며 특히 지지합에 약한 모습을 보이기도 합니다.

사주팔자에 삼합이 형성되어 있는데 세운에서 삼합의 글자가 들어온다면 모임의 결속력이 강해지면서 목적을 실행하고자 합니다. 寅午戌이 사주에 있는데 午火가 온다면 왕의 개입이 되므로 왕성한 활동을 하게 되며 戌土가 온다면 일을 마무리하려는 해가 되지만 마지막 열기도 실감하는 해가 될 것입니다.

(4) 세운 지지의 지지합

지지합은 음양의 합으로 사랑의 합이므로 끈끈한 합이라고 합니다. 한번 붙으면 떨어지기 어렵지만 형충이 작용한다면 쉽게 떨어지기도 합니다. 남녀가 사랑하여 붙어있지만 싸움이 벌어진다면 사랑을 하기 어려워 떨어지는 것과 마찬가지입니다.

◆ 지지의 합작용

지지합	子丑합, 寅亥합, 卯戌합, 辰酉합, 巳申합, 午未합

양의 영역인 丑寅卯辰巳午의 지지와 음의 영역인 未申酉戌亥子의 지지가 서로 만나 사랑을 하는 것이 지지합입니다. 그러므로 서로 만나기를 갈구하므로 사주팔자에 子水가 있다면 운에서 丑土가 오기를 바라는 것입니다.

년지에 있는 午火가 운에서 만나 未土와 사랑을 하게 되면 그 해에는 년지의 일이 지체되거나 일어나지 않을 수 있습니다. 사랑에 정신팔려서 자신의 일은 뒷전이기 때문입니다.

년월지가 卯酉충을 하고 있는데 戊戌년에는 卯戌합으로 인하여 酉金과의 싸움을 중지하게 됩니다. 싸움보다는 사랑이 우선이기 때문입니다. 그러므로 싸움으로 인하여 좋지 않다면 사랑으로 인하여 싸움이 멈추기 때문에 오히려 그 해에는 조용한 한 해가 될 것입니다. 그러나 싸움으로 인하여 발전을 하고 있다면 발전이 멈추고 일이 지체될 수도 있는 것입니다.

일지에 있는 寅木이 己亥년에 寅亥합이 된다면 사랑의 상대가 나타나므로 연애 운이나 결혼 운이 있다고 하는 것입니다. 그러나 시지와 寅申충이나 寅巳형이 되어있다면 연애 운이 순조롭지 못하므로 어려움을 겪을 수도 있습니다.

- 고전으로 보는 적천수의 세운편

세운은 일 년의 길흉을 관할하는 것으로 손님과 같으므로 천간을 위주로 보지만 지지도 또한 연구하여 보지 않으면 안 된다고 합니다.
세운은 비록 사주의 다른 육신과 생극을 하더라도 대운과는 서로 충돌하거나 극해서는 안 되는데 가장 흉한 것은 천간에서 극하고 지지에서 충하는 것이라고 합니다.

대운과 세운이 충극할 때 일주가 왕강하면 비록 흉하다고 해도 큰 문제가 없으나 만약 일주가 휴수하다면 반드시 흉한 재난이 있게 된다고 합니다.

일주가 세운을 충극할 때 일주가 왕강하다면 별 재난이 없으나 일주가 휴수하다면 반드시 흉하게 되며 세운이 일주를 극할 때에도 이와 같이 논한다고 합니다. 그러므로 세운은 화합하여야 좋은 것이며 대운을 통변할 때와 같은 방법으로 논하면 안 되는 것입니다.

◆ 세운과의 충극과 화합

전戰	충沖	화和	호好
극剋	파破	합合	회會
천간의 극	지지의 충	천간합 지지합	방합 삼합

전은 싸우는 것으로 천간끼리 서로 극하는 것이라고 합니다.
충은 지지끼리 서로 부딪쳐 파괴하는 것이라고 합니다.
화는 천간합 지지합으로 서로 합하는 것이라고 합니다.
호는 삼합과 방합으로 뜻이 맞는 것끼리 모이는 것이라고 합니다.

시		일		월		년		구분
庚		丙		甲		辛		천간
寅		辰		午		卯		지지
丙	丁	戊	己	庚	辛	壬	癸	대운
戌	亥	子	丑	寅	卯	辰	巳	

午월의 丙火는 양인격으로 일간이 매우 강합니다. 더구나 지지에 寅卯辰 방합으로 세력을 갖춘 甲木인성의 생을 받으므로 木火의 기세가 하늘을 찌를 듯합니다. 庚辛金재성은 뿌리조차 없어 매우 미약하니 대적하기 어렵습니다. 더구나 동방 木운으로 흐르며 인성이 더욱 강해지고 있으니 삶의 어려움이 크다고 할 것입니다.

庚寅대운에는 庚金재성이 寅木절지에 앉아 휴수되었으니 힘을 쓰지 못하고 木기에 의하여 부서지는 상황이 되고 있는데 丙寅년에 丙火가 대운 庚金을 극하여 부수어 버리니 파산하고 또한 년간 辛金재성을 세운이 데려가니 처가 죽었다고 합니다.

시		일		월		년		구분
乙		乙		甲		辛		천간
酉		卯		午		卯		지지
丙	丁	戊	己	庚	辛	壬	癸	대운
戌	亥	子	丑	寅	卯	辰	巳	

사주에서 木의 세력이 강하다고 하여도 午월의 木은 휴수의 시기이고 金은 생의 시기이므로 乙木일간은 甲木을 용신으로 하여 辛金칠살을 방어하게 됩니다. 木대운은 용신에게 힘을 주므로 좋으나 辛卯대운 辛酉년에 金기의 강한 공격으로 고통을 당하였으며 庚寅대운 丙寅년에는 丙火가 대운 庚金을 부시고 辛金을 꼼짝 못하게 잡아놓으니 형편이 나아졌다고 합니다.

시	일	월	년	구분
丁	己	丙	甲	천간
卯	未	寅	午	지지

甲	癸	壬	辛	庚	己	戊	丁	대운
戌	酉	申	未	午	巳	辰	卯	

寅월에 甲木이 강하고 火土의 기세는 약하지만 木火운을 지내오며 발전하게 됩니다. 癸酉대운 丁酉년에 대운과 세운의 싸움이 벌어지나 사주팔자가 세운을 도우니 명예를 세울 수 있는 기회가 되었으나 水기의 고갈로 인하여 몸이 쇠약해지므로 병으로 고생하게 됩니다.

癸酉대운 戊戌년에는 세운에서 戊癸합하여 癸水를 묶어버리고 지지에서는 寅午戌합과 戌未형으로 火기를 증폭시키며 명예는 빛나지만 水기를 더욱 고갈시켜 몸은 고생하게 됩니다. 그러나 결국 卯戌합으로 인하여 작용을 멈추니 하반기에는 안정될 것으로 보입니다.

시	일	월	년	구분
辛	乙	壬	丁	천간
巳	丑	寅	未	지지

庚	己	戊	丁	丙	乙	甲	癸	대운
戌	酉	申	未	午	巳	辰	卯	

寅월에 일간이 강하고 년월간의 丁壬합으로 木기로 화하여 일간의 기세를 더하고 있습니다. 시간 辛金은 지지에 巳丑합으로 기세가 있으나 木기보다 미약하므로 운에서 도와주기를 바랍니다.

戊申대운에 辛金을 도와주므로 균형된 삶을 사는 대운이라고 할 수 있습니다. 丁酉년에 辛金을 극하지만 지지에서 巳酉丑합을 하여 辛金의 기세가 강하여 역극당하므로 진로에 문제가 생기게 되고 戊戌년에는 丑戌未삼형으로 인하여 꼼짝 못하고 공부에 전념하게 됩니다.

세운이 사주체에 작용하여 길흉화복을 만들게 됩니다.
세운의 천간은 생극제화로 사주체를 움직여 길흉을 만들고
세운의 지지는 형충회합으로 사주체를 움직여 길흉을 만듭니다.

기세가 강하고 균형이 되어야 평화로운 삶이 됩니다.
사주팔자가 강하고 흐름이 좋아야 세운의 도움을 받을 수 있습니다.
사주팔자의 기세가 약하다면 세운에게 굴복하게 되므로 내 것을 내주
어야 합니다. 때로는 세운의 도움을 받아야 할 경우도 있습니다. 사주
팔자에 기신이 득세를 하고 있다면 세운의 도움으로 기신을 제압하여
야 하는 경우입니다.

세운은 사주팔자를 방문하는 손님과도 같습니다.
세운은 사주팔자와의 생극제화와 형충회합으로 대결하여야 하는 숙
명을 지녔다고 해도 과언이 아닙니다. 그러므로 이기는 자가 이득을
취하고 지는 자는 손해를 보아야 하는 것입니다.

그러므로 사주팔자는 세운을 잘 접대하여야 합니다. 세운이 사주팔자
를 방문하면 무엇으로 접대하여야 할 것인지를 판단하고 세운을 흡족
하게 하여준다면 세운도 사주팔자에 도움이 되는 작용을 하게 됩니
다.

내가 남에게 대접을 받고자 한다면 내가 나를 대접하듯이 남을 대접
하라는 성인의 말씀을 잘 새겨들어야 할 것입니다.

❸ 신살의 통변

◆ 신살의 길흉화복

12신살	지지 삼합의 세력 갈등으로 길흉화복 생성
기타 신살	해당 육신의 갈등으로 길흉화복 생성

(1) 십이신살

십이신살은 삼합의 운동성으로 삼합이 사주와 대세운의 각 지지를 운행하며 일으키는 여러 가지 작용으로 길흉을 만들어 냅니다.

	겁살	재살	천살	지살	년살	월살	망신살	장성살	반안살	역마살	육해살	화개살
寅午戌	亥	子	丑	寅	卯	辰	巳	午	未	申	酉	戌
亥卯未	申	酉	戌	亥	子	丑	寅	卯	辰	巳	午	未
申子辰	巳	午	未	申	酉	戌	亥	子	丑	寅	卯	辰
巳酉丑	寅	卯	辰	巳	午	未	申	酉	戌	亥	子	丑

12신살은 주로 년지와 일지로 보지만 세운으로도 봅니다.
년지는 대외적인 관점에서 나를 바라보는 것이므로
일지는 나의 관점에서 대외적인 것을 바라보는 것입니다.
세운은 세운의 관점에서 사주를 바라보는 것입니다.

년지는 사회적인 환경이고 일지는 개인적인 환경입니다.
사회적인 환경으로 부모형제, 명예, 직장, 직위 등이고
개인적인 환경으로 부부자식, 재산, 학업, 적성, 자격 등입니다.
세운의 입장에서 사주팔자의 사회적 환경과 개인적인 환경을 가늠하여 보는 것이 세운의 십이신살 통변법입니다.

◆ 십이신살의 통변 사례

시		일		월		년		구분
丁		己		丙		甲		천간
卯		未		寅		午		지지
甲	癸	壬	辛	庚	己	戊	丁	대운
戌	酉	申	未	午	巳	辰	卯	

년지를 기준으로 십이신살 통변을 한다면

년지 午火는 寅午戌 火기의 기운이므로 년지 장성살과 월지 지살이 결합을 이루고 있습니다. 외적으로는 항상 새로운 곳을 찾아 힘을 펼치고자 하는 뜻이 있습니다. 일지 반안살과 시지 년살은 자신이 경험한 노하우를 후배들에게 전하고 인기를 얻고자 하는 욕망이 있습니다.

癸酉대운은 육해살의 시기이므로 은둔하여 세상과 인연을 끊고 수행에 전념하여야 하며 癸水가 메마르므로 적수오건滴水熬乾이 되어 멋모르고 날뛰다가는 자칫 질병으로 고생하며 저승사자를 맞이하게 될 것입니다. 적수오건은 한 방울의 물이 증발하여 마르는 것입니다.

丁酉년은 육해살이 오므로 항상 건강에 주의해야만 합니다. 丁火가 들어오면 대운의 癸水를 마르게 하는 요인이 되기 때문입니다. 또한 시지 년살과 충을 하며 세력 다툼을 하게 되는데 인기를 탐하다가는 눈물을 흘리는 일이 있을 것이니 항상 몸조심하여야 할 것입니다.

戊戌년은 화개살이 오므로 그동안의 경험과 노하우를 지혜로 승화시키고 집필활동을 활발하게 하여 후손에게 물려주어야 할 것입니다. 년월지와 寅午戌 삼합을 형성하여 火기의 목적을 달성하고자 노력하지만 화개살이 도래하며 마무리할 것을 요구하고 있습니다. 그러므로 戊戌년에는 지혜로 갈무리하여야 할 것입니다.

일지를 기준으로 십이신살 통변을 한다면

일지 未土는 亥卯未 木氣의 기운이므로 외적으로는 년지 육해살과 월지 망신살이 되어 내면의 기운이 사회적으로 발전하기 어렵다고 하는 것입니다. 내적으로는 일지 화개살과 시지 장성살이 되어 내면에 웅지를 품고 있으며 경험의 노하우를 지혜로 축적하고자 합니다.

癸酉대운은 酉金이 재살이므로 적장에게 위협을 당하는 모습입니다. 그러므로 시지 장성살의 경거망동을 자제하도록 조심할 것이며 사주팔자가 적지의 환경에 놓여 있음을 항상 자각하고 조심하여 위기를 넘겨야 할 것입니다.

丁酉년은 재살의 해이므로 살얼음을 걷듯이 항상 조심을 하여야 무난하게 지날 것입니다. 재살이 시지 장성살과의 충돌이 불가피하므로 조심을 하여야 합니다.

戊戌년은 천살의 해이므로 경거망동하지 말고 하늘의 뜻에 모든 것을 맡기고 새로운 삶을 살고자 노력하여야 할 것입니다. 천살이 寅午戌 합을 하며 육해살과 망신살을 동하게 하므로 경거망동하지 말고 바짝 엎드려 하늘에 뜻에 맡겨야 하늘의 도움을 받을 수 있습니다.

세운 지지를 기준으로 십이신살 통변을 한다면

丁酉년 세운 지지는 巳酉丑의 金氣가 됩니다. 그러므로 丁酉년은 장성살의 기운을 가지고 오게 됩니다. 마침 대운도 癸酉대운이므로 장성살의 기운을 가지고 있습니다. 金氣의 장성살이 운에서 강하게 작용하고 있는 것입니다.

세운의 입장에서 보면 년지 午火는 년살이고 월지 寅木은 겁살입니다. 인기를 탐내다가 자칫 어려움을 당할 수 있음을 경계하여야 하는 것입니다. 일지 未土는 월살이고 시지 卯木은 재살입니다. 관성이 입고되므로 직업에 어려움을 느낄 수 있습니다.

戊戌년 세운 지지는 寅午戌의 火기입니다. 그러므로 戊戌년은 화개살의 기운을 가지고 옵니다. 대운은 酉金 육해살이므로 火기의 활동을 접고 마무리를 하여야 하는 때입니다.

년지 午火는 장성살이고 월지 寅木은 지살입니다. 왕성한 활동을 위하여 새로운 영역을 개척하기 위한 노력을 하여야 합니다. 일지 未土는 반안살이고 시지 卯木은 년살입니다. 화려한 인기를 구사하며 부가적인 이익을 얻을 수 있습니다.

참고Tip

삼재三災는 기운이 쇠퇴하는 세운의 시기입니다.
寅午戌띠의 삼재는 申酉戌세운입니다.
申년에는 역마살의 해로서 삼재가 드는 들삼재의 해입니다.
酉년에는 육해살의 해로서 삼재가 본격적인 눌삼재의 해입니다.
戌년에는 화개살의 해로서 삼재가 나가는 날삼재의 해입니다.

申子辰띠의 삼재는 寅卯辰세운입니다.
寅년에는 역마살의 해로서 삼재가 드는 들삼재의 해입니다.
卯년에는 육해살의 해로서 삼재가 본격적인 눌삼재의 해입니다.
辰년에는 화개살의 해로서 삼재가 나가는 날삼재의 해입니다.

亥卯未띠의 삼재는 巳午未세운입니다.
巳년에는 역마살의 해로서 삼재가 드는 들삼재의 해입니다.
午년에는 육해살의 해로서 삼재가 본격적인 눌삼재의 해입니다.
未년에는 화개살의 해로서 삼재가 나가는 날삼재의 해입니다.

巳酉丑띠의 삼재는 亥子丑세운입니다.
亥년에는 역마살의 해로서 삼재가 드는 들삼재의 해입니다.
子년에는 육해살의 해로서 삼재가 본격적인 눌삼재의 해입니다.
丑년에는 화개살의 해로서 삼재가 나가는 날삼재의 해입니다.

(2) 기타 신살

	기타 신살
복 신	천을귀인
흉 살	원진살, 귀문살, 공망살

◆ 천을귀인의 통변 사례

시		일		월		년		구분
丁		己		丙		甲		천간
卯		未		寅		午		지지
甲	癸	壬	辛	庚	己	戊	丁	대운
戌	酉	申	未	午	巳	辰	卯	

년월지 寅午는 辛金의 천을귀인입니다. 년월지는 사회적인 영역이므로 조직에서 辛金일간이나 辛金을 중하게 쓰는 사람들로부터 도움을 받게 됩니다.

일지 未土와 시지 卯木은 甲戊庚과 壬癸水의 천을귀인입니다. 일시지는 개인적인 영역이므로 이들로부터 개인적인 도움을 받게 됩니다.

癸酉대운은 丙丁火의 천을귀인을 대운에서 가져오므로 운에서 인성의 도움을 받게 되며 시지 卯木은 癸水재성의 천을귀인으로 재성의 도움을 받게 됩니다.

戊戌년은 세운에서 가져오는 천을귀인이 없으나 일지 未土가 戊土의 천을귀인이므로 겁재의 도움이 있을 것이며 己亥년에는 丙丁火의 천을귀인이므로 운에서 역시 인성의 도움을 받게 될 것입니다.

◆ 양인살의 통변 사례

시		일		월		년		구분
丁		己		丙		甲		천간
卯		未		寅		午		지지
甲	癸	壬	辛	庚	己	戊	丁	대운
戌	酉	申	未	午	巳	辰	卯	

甲木정관은 시지 卯木이 양인살입니다.
丙火인성은 년지 午火가 양인살입니다.
일간 己土와 丁火인성은 일지 未土가 양인살입니다.

己土일간이 일지에 未土 양인살을 가지고 있습니다.
배우자궁에 양인살이 있으므로 부부와의 관계에 각별한 조심을 하여야 합니다. 서로의 마음을 다치게 하며 이별할 수도 있습니다.

양인살이 일지에 있으므로 날카로운 성격으로 남들을 상처 입히기 쉬우므로 대인관계에서 조심하여야 합니다. 고집을 부리면 자신이 해를 당할 수 있음을 항상 염두에 두고 타협하고 배려하는 삶을 살아야 편안합니다.

丙火인성은 년지에 午火 양인살을 가지고 있습니다.
甲木정관이 丙火인성의 양인을 타고 있으므로 조직에서 명예에 대한 권한을 발휘할 수 있습니다.
甲木은 국가의 큰 조직이며 丙火인성이 양인으로 권력을 휘두르는 막강한 권한이 되는 것입니다. 다만 정관이므로 법과 규정을 준수하며 권한을 행사하여야 명예스러워집니다.

甲木정관은 시지에 卯木 양인살을 가지고 있습니다.

丁火인성이 甲木정관의 양인을 타고 있으므로 조직의 권한으로 명예를 빛내고자 합니다. 혼자서는 명예를 빛내기 어렵습니다.

조직을 활용하여 명예를 빛내고 이를 사회에 환원하는 역할을 하게 됩니다.

◆ 원진살과 귀문살의 통변 사례

시		일		월		년		구분
丁		己		丙		甲		천간
卯		未		寅		午		지지
甲	癸	壬	辛	庚	己	戊	丁	대운
戌	酉	申	未	午	巳	辰	卯	

사주 자체에는 寅未귀문이 작용하므로 직업과 배우자와의 갈등으로 정신적 고통이 항상 존재한다고 할 수 있지만 다행스럽게도 寅午합과 卯未합으로 인하여 어느 정도 해소가 가능합니다.

辛未대운은 寅未귀문살이 작용하는 대운입니다.
명예에 대한 불안이 작용하고 배우자와의 갈등으로 인하여 정신적인 고통을 받게 됩니다. 퇴직을 하고 배우자와의 관계가 소원해지며 방황을 하는 대운이 되었습니다.

壬申대운은 卯申귀문살과 원진살이 작용하는 대운입니다.
丁壬합으로 인하여 정체성을 잃고 정신적인 방황을 하며 수행과 구도로 잃어버린 정체성을 찾고자 노력하게 됩니다.
卯未합의 작용으로 조직의 도움을 받아 겨우 안정을 찾습니다.

癸酉대운은 寅酉원진살이 작용하는 대운입니다.

조직과의 인연을 끊고 독자적인 행보를 하며 학문과 수행에 정진하는 계기를 만들어 냅니다. 寅午합의 작용으로 인성의 불꽃이 피어나며 사주명리의 연구와 집필에 전념하게 됩니다.

癸酉대운 丁酉년은 대운과 세운으로 인하여 寅酉원진이 동하여 조직과의 갈등이 있지만 새로운 진로를 찾는 행보를 하는 계기를 만들어 줍니다. 戊戌년은 寅午戌합으로 대운과의 寅酉 원진살이 동하며 정신적인 피로감은 항상 있다고 할 것입니다.

◆ 공망살의 통변 사례

시		일		월		년		구분
丁		己		丙		甲		천간
卯		未		寅		午		지지
甲	癸	壬	辛	庚	己	戊	丁	대운
戌	酉	申	未	午	巳	辰	卯	

己未일간의 공망살은 子丑입니다. 사주에 공망살이 보이지 아니하고 대운에도 10대운인 丙子대운이 되어야 공망살이 오게 됩니다. 그러므로 채우고자 하는 허망한 노력을 하지 않게 됩니다.

甲午년의 공망살은 辰巳입니다. 역시 사주에는 보이지 아니하지만 대운에서 戊辰 己巳대운에 공망살이 보입니다. 대운의 공망은 조직의 공망을 채우고자 노력하는 기간으로 직업을 선택하게 됩니다.

丙寅월의 공망은 戌亥입니다. 사주에는 공망살이 보이지 않고 甲戌대운에 공망이 있습니다. 戌土가 丙火의 공망이므로 寅午戌 火기의 결집이 공허하므로 인성의 화개살 작용을 채우려는 노력을 하게 됩니다.

丁卯시의 공망은 역시 戌亥입니다. 丙寅월이 인성의 화개살 작용을 채우는 것이라면 丁卯시의 공망은 甲戌대운에 관성의 천살을 채우는 작용으로 사회적인 봉사로 공허함을 채우려고 할 것입니다.

癸酉대운은 甲午년부터 癸卯년까지 辰巳공망이 됩니다. 사주팔자에 辰巳가 없어 비워지는 궁이 없지만 매년 辰巳월에 공허함을 느끼게 됩니다. 채우기보다는 비워진 상태로 휴식을 취하는 것이 좋습니다.

신살은 통변에서 유용하게 쓰입니다.
구법명리의 신살은 당나라 이전 시대에 년주를 위주로 한 관법이므로
일주를 위주로 하는 자평법에서는 도외시되었지만 신살의 유용성마
저 도외시할 필요는 없습니다.

세운은 년주의 흐름이므로 신살의 적용이 유효합니다.
신살은 구법명리에서 년주를 기준으로 만들어진 것이 대부분입니다.
구법명리에서는 년주를 중요시하게 여기기 때문입니다. 세운은 년주
의 흐름이므로 신살의 작용이 잘 이루어지는 이유입니다.
특히 12신살은 년지를 기준으로 적용하는 것이 일반적이기 때문에
년주의 흐름인 세운 지지의 삼합 운동성이 사주체를 움직이는 작용으
로 인하여 유용하게 쓰이는 것입니다.

丁酉년에는 巳酉丑 金기의 운동성이 정점이 되는 해이므로 사주체가 金
기에 어떻게 적응하는가를 살펴보아야 운을 제대로 볼 수 있습니다.
戊戌년에는 寅午戌 火기의 운동성이 마감이 되는 해이므로 사주체가 火
기에 어떻게 적응하는가를 살펴보아야 운을 제대로 볼 수 있습니다.

SUMMARY

대운은 월령의 변화이며 흐르는 세월에 의하여 사주체를 변화시키는 작용을 합니다. 세운은 매년의 길흉화복입니다.

대운의 계절환경은 사주팔자의 환경이 됩니다.

사주팔자가 태어나면서 가지고 있는 계절의 환경이 월령이라면 대운은 삶을 살아가면서 겪게 되는 계절의 변화입니다. 사주체의 격국을 변화시키고 기세를 억부하여 변화시키며 조후로 환경을 조절하는 역할을 하게 됩니다.

사주체의 기세가 균형을 이루면 부귀합니다.

태과불급을 조절하는 작용이 사주에 있으면 사주의 격과 질이 좋은 사주이며 대운에서 이를 조절하여 주면서 운의 상승기와 하락기를 이끕니다.

◆ 대운의 변화

격 국	사주체의 격국을 변화시킵니다.
억 부	사주체의 기세를 변화시킵니다.
조 후	사주체의 환경을 조절합니다.

월령이 순행하고 역행하며 사주체를 변화시킵니다.

세월에 의하여 변화가 된다는 것은 늙는다는 것입니다. 늙음은 세월이 가장 잘 표현하여줍니다. 소년기와 청년기가 다르고 청년기와 장년기가 다르며 장년기와 노년기가 다른 것입니다. 청장년기에 운의 상승기를 맞이하면 발전하게 됩니다.

세운은 매년의 길흉화복입니다.

세운은 사주체를 방문하는 손님으로 생극제화와 형충회합으로 득실상황과 길흉화복을 생성합니다.

◆ 세운의 변화

생극제화	사주체를 움직여 득실상황 연출
형충회합	사주체가 겪는 길흉화복의 생성

◆ 지지의 형작용

寅巳申 삼형	상승 기세로 인한 급격히 변하는 현상
丑戌未 삼형	하강 기세로 인한 급격히 변하는 현상
午午형, 亥亥형 辰辰형, 酉酉형 子卯형	자체의 기세가 증폭되며 정체되거나 폭발하는 현상

◆ 지지의 충작용

寅申충, 巳亥충	생지의 충으로 작용이 빠르게 나타남
子午충, 卯酉충	왕지의 충으로 작용이 느리게 나타남
辰戌충, 丑未충	고지의 충으로 작용이 미미함

◆ 지지의 회작용

방 합	寅卯辰, 巳午未, 申酉戌, 亥子丑
삼 합	亥卯未, 寅午戌, 巳酉丑, 申子辰

◆ 지지의 합작용

지지합	子丑합, 寅亥합, 卯戌합, 辰酉합, 巳申합, 午未합

◆ 세운과의 충극과 화합

전戰	충沖	화和	호好
극剋	파破	합合	회會
천간의 극	지지의 충	천간합 지지합	방합 삼합

전은 싸우는 것으로 천간끼리 서로 극하는 것이라고 합니다.

충은 지지끼리 서로 부딪쳐 파괴하는 것이라고 합니다.

화는 천간합 지지합으로 서로 합하는 것이라고 합니다.

호는 삼합과 방합으로 뜻이 맞는 것끼리 모이는 것이라고 합니다.

제6장
상담요령

相
談
要
領

01 상담준비

사주명리전문가는 사주명리의 이치를 연구하여 깨닫고 사주팔자와 운을 읽고 통변할 수 있는 능력이 있어야 하며 내담자의 상황에 알맞은 적절한 대안을 제시하여 삶의 행복으로 이끌 수 있어야 합니다.

❶ 상담자 조건과 역할

상담자는 사주명리에 대한 전문가로서 사주팔자를 통변하고 내담자에게 적절한 대안을 할 수 있는 능력을 갖추어야 합니다.

(1) 상담자의 조건

사주팔자를 상담하는 상담자는 사주명리의 이치에 통달하여야 할 것입니다. 사주명리에 대한 이치를 깨닫지 못하고 대강 습득한 얄팍한 지식으로 이현령비현령식의 통변을 한다면 사주명리전문가라고 할 수 없으며 내담자에게 피해를 입히기 쉽습니다.

사주명리전문가는 사주팔자를 분석하여 내담자의 갈등이나 고민을 듣고 이에 대한 적절한 대안을 제시하여 내담자로 하여금 합리적인 의사결정을 내릴 수 있도록 도와주는 전문가입니다.

작금을 통하여 사주명리를 점술이라고 하면서 폄하하는 소리를 많이 듣게 됩니다. 조선시대에는 명과학이라고 하여 과거제도로 인재를 선발하여 운영하는 관상감이라는 국가기관이 있었으며 선비들은 명과학을 공부하여 삶의 이 정표로 삼는 경우가 많았습니다.

현재에는 제도권의 대학이나 대학원에서 체계적인 교육을 하여 전문가를 양성하고 있으므로 사주명리계의 복이라고 할 수 있습니다. 제도권에서 교육을 받지 아니하였다고 할지라도 개인적인 연구를 통하여 달인의 경지에 이르렀다면 역시 전문가라고 할 수 있습니다.

(2) 상담자의 역할

상담자는 사주명리의 전문가로서 내담자가 갈등하거나 고민하는 사항에 대하여 적절한 의사결정을 내릴 수 있도록 도와주는 역할을 합니다.

우선 내담자가 무엇을 원하는지를 파악하여야 합니다.
열길 물속은 알 수 있어도 사람의 의중을 파악하기란 어렵습니다. 상대가 현재 무엇을 원하며 어떠한 상황에 처해있는지 확실하게 파악하여야 상대에게 알맞은 조언을 할 수 있는 것입니다.

상담자는 단지 조언을 하는 것입니다.
의사결정은 내담자의 몫입니다. 이를 상담자가 결정하여 이렇게 하라 저렇게 하라는 식으로 가르치려는 상담이 되어서는 안 됩니다. 내담자가 자율적으로 결정할 수 있도록 조언하는 역할이 상담자가 할 일입니다. 내담자를 강압적인 방법이나 겁주는 방식으로 위협하는 언행 등으로 내담자를 더욱 어렵게 만들지 아니하여야 합니다.

조언은 대안을 제시하는 것입니다.
상담자는 내담자가 현재 처한 상황을 인식하고 걸림돌과 디딤돌을 가려내어 대안을 제시하는 것입니다. 일을 진행할 때와 멈출 때를 구분하여 주어야 합니다. 선택에 따른 의사결정은 상담자가 하는 것이 아닙니다. 내담자가 올바른 의사결정을 할 수 있도록 대안을 제시하고 조언을 하는 것이 상담자가 할 일입니다.

❷ 내담자 맞이하기

(1) 신뢰 구축하기

신뢰는 내담자와의 마음을 연결시켜주는 것입니다. 내담자와 마음이 연결되어야 내담자는 상담자를 믿게 되는 것이고 효율적인 상담이 이루어지는 것입니다.

신뢰는 상담자와 내담자의 마음을 연결하는 것입니다.
대부분이 어설프게 습득한 점술이나 내정법 등으로 맞추기를 하며 내담자의 신뢰를 얻고 도사 소리를 듣고자 합니다. 그러나 이러한 방법으로 내담자의 마음을 안다는 것은 사막에서 바늘을 찾는 것과 마찬가지이므로 내담자의 불신을 만드는 요인이 됩니다.

정상적인 신뢰가 형성되는 것은 맞추기보다는 내담자를 이해하는 데에 중점이 있다고 할 수 있습니다. 내담자의 현 상황을 인식하고 내담자가 원하는 대답을 어떠한 방식으로 조언해주고 대안을 제시하여 줄 것인가를 고민해야 할 것입니다.

친밀한 분위기를 만들어야 합니다.
친밀한 분위기를 만들기 위하여서는 우선 내담자의 마음을 열어야 할 것입니다. 다짜고짜 백호살이 동하여 사고로 피를 흘리며 죽는다거나 삼형살이 들어 수술을 해야 한다는 등 강압적인 분위기로 내담자를 겁주는 방식으로는 신뢰를 잃기 쉽습니다.

내담자의 고충을 들어가며 내담자의 마음을 이해하려고 노력하여야 내담자
는 마음을 열고 해결의 답을 구하려고 할 것입니다. 내담자는 고민을 해결하
기 위하여 온 것이지 위협을 받으려고 온 것이 아님을 알아야 하는 것입니다.

내담자가 문제를 해결하기 위한 대책을 원하고 있습니다.

내담자가 해결하고자 하는 문제를 파악하는 것이 우선적으로 할 일입니다. 내담자가 해결하고자 하는 것을 무시하고 다른 것만 장황하게 늘어놓는다면 내담자의 신뢰를 얻기 어렵습니다. 내담자의 고민을 우선 들어보고 적절한 대안과 제안을 하여 내담자의 어려운 문제를 함께 고민하여 해결점을 찾을 수 있도록 도와주는 것이 상담자의 진정한 자세임을 알아야 할 것입니다.

내담자의 호칭은 선생님이 가장 좋습니다.

선생님이란 호칭은 누구에게나 적용 가능한 보편적인 호칭입니다. 단지 나이가 20대 이하이고 학생일 경우에는 학생이라고 부르는 것이 좋습니다.

(2) 신뢰를 구축하는 기술

신뢰를 구축하는 기술은 여러 가지가 있지만 일반적으로 쓰이는 기술은 매우 간단하므로 익히기 쉽습니다.

내담자에게 맞추기

내담자의 이야기를 우선 듣고 내담자의 감정과 생각에 맞추어야 내담자는 신뢰를 하게 됩니다. 내담자가 사업에 대한 이야기를 하고 싶은데 건강이나 애정관계 등을 이야기 한다면 상대는 자신이 듣고 싶은 것을 듣지 못하므로 마음을 닫아버리게 됩니다.

자신의 생각과 다른 말을 들으면 마음의 문을 닫아 버립니다.

내담자의 생각을 읽고자 한다면 내담자의 이야기를 우선 들어야 합니다. 내담자의 이야기를 듣지 아니하고 내담자의 생각을 맞추려고만 노력한다면 매우 위험하다고 할 수 있습니다. 내담자의 이야기를 듣는 것이 우선인 이유입니다.

내담자와 친밀감을 유지하기

내담자는 고민에 대한 해답을 찾고자 왔는데 싱글 벙글 웃거나 무관심한 표정을 짓는다면 내담자는 거리감을 느끼게 될 것입니다. 사람은 누구나 자신과 공통점이 있는 사람에게 친밀감을 느끼기 마련입니다. 감정을 동일시한다면 친밀감을 쌓을 수 있습니다.

내담자의 표정과 자세를 따라한다면 무의식적으로 내담자와 동일시하고 있는 상태이므로 친밀감을 유지할 수 있는 것입니다.

친밀감이 쌓이지 아니한 상태에서는 논리적으로 설득하거나 이해를 구하려고 노력하는 것은 헛수고가 될 우려가 많다고 할 수 있습니다. 친밀감을 유지하고 신뢰가 쌓이면 팥으로 메주를 쑨다고 해도 믿으려고 할 것입니다.

내담자의 태도를 관찰하기

친밀감을 유지하고 있다면 내담자는 자신의 고민을 이야기하고 해결방법을 구할 것입니다. 이때 내담자는 바짝 다가서서 귀를 기울일 것이지만 친밀감이 멀어진다면 내담자는 자세를 풀고 뒤로 물러나 앉을 것입니다.

내담자가 원하는 것이 무엇인가를 간파하기

배우자의 불륜으로 상담을 한다면 내담자가 원하는 상태가 무엇인가를 간파하여야 조언을 해줄 수 있는 것입니다. 배우자의 불륜에도 불구하고 가정으로 돌아오기를 기다리는데 이혼해야 한다고 단정 짓는다면 내담자는 낙담을 하며 동조하지 아니할 것입니다. 또한 이혼할 마음을 갖고 상담을 하는데 배우자를 받아들이라고 한다면 역시 내담자는 지겨운 표정을 지으며 동조하지 아니할 것입니다.

내담자에게 질문을 하여 해결책을 이끌어 내기

심리치료사들은 내담자에게 질문을 통하여 내담자의 깨달음을 이끌어 내는 방법을 사용합니다. 이른바 소크라테스의 질문법이라고 합니다. 소크라테스의 질문법은 답을 제시하지 아니하고 스스로 답을 이끌어 내도록 도와주는 질문입니다. 상담자들이 흔히 하는 실수는 답을 만들어 이렇게 하라 저렇게 하라며 가르치려고 하는 것입니다. 내담자는 가르침을 받으려고 온 것이 아니라 삶의 문제를 해결하려고 온 것임을 잊지 말아야 할 것입니다.

진정한 상담은 해결책을 제시하는 것보다 스스로 해결책을 만들도록 이끄는 것입니다. 내담자는 이미 자신의 해결책을 알고 있으며 그것을 확인하기 위하여 상담을 요청하는 경우가 대부분입니다.

소크라테스는 자신은 아무 것도 모른다고 합니다. 유일하게 아는 것은 내가 모른다는 것이라고 합니다. 어설픈 내정법으로 상대의 비밀을 알고 있는 것처럼 이야기 하는 우리에게 경종을 울리고 있는 것입니다.

소크라테스를 무신론자로 고발한 멜레토스에게 변명대신에 질문으로 멜레토스를 꼼짝 못하게 만듭니다. 고발장에는 다른 신을 섬긴다고 쓰여져 있으므로 나를 무신론자라고 하면서 어떻게 다른 신을 섬길 수 있는가를 설명하라는 소크라테스의 질문에 멜레토스는 아무 말도 못하고 맙니다.

남편과 이혼을 하고 싶다는 어느 여인에게 이혼을 하면 어떻게 되느냐고 질문을 합니다. 그녀는 이혼이라는 명제에 집중되어 생각이 고착되어 있습니다. 고착된 생각을 풀어주는 것은 이혼한 후의 삶을 생각해보라는 것입니다. 그녀에게 이혼 후의 삶이 중요함을 일깨워줌으로써 이혼을 할지 말아야 할지를 스스로 깨닫게 하여 주는 것입니다.

상대를 이해시키고 가르치려고 하기 보다는 단지 질문을 하여 상대를 스스로 깨닫게 하여 주는 것이 중요합니다.

자존심을 자존감으로 바꾸기

자존심自尊心과 자존감自尊感은 다릅니다. 자존심은 남을 의식하고 비교하며 자신을 존중하려는 마음이며 자존감은 남을 의식하지 아니하고 비교하지 아니하며 오로지 자신을 존중하는 감정이라고 합니다.

자존심이 상한 것은 남과 비교하여 열등하다는 것입니다. 자존심 뒤에는 열등감이 따라다니는 이유입니다. 백설공주에서 여왕은 백설공주의 미모에 자존심이 상하여 백설공주를 독살하려고 합니다. 열등감이 생긴 것입니다.

자존감이 강한 사람은 남과 비교하지 아니하고 오로지 자신의 관점으로 자신을 믿으면서 자신을 존중하는 것입니다. 남에게 잘 보이려는 장점은 오히려 단점이 되기 쉬우며 내가 생각하는 단점은 오히려 장점으로 발전하기도 합니다.

'되는 것이 하나도 없어요ㅠ' 하며 하소연하는 사람에게
'힘내세요!' 하는 것은 도움이 안 됩니다.
대신에 '정말로 하나도 없을까요?' 라고 질문한다면
그는 살아오는 동안 실패만 하지 않았음을 스스로 깨닫게 됩니다.

오히려 실패는 하나의 경험이 되고 다시는 반복되지 않을 것임을 알게 됩니다. 실패는 성공의 어머니라는 말을 이해하게 되지요. 실패로 인하여 상한 자존심을 스스로 할 수 있다는 자존감으로 바꾸는 계기가 될 수 있는 것입니다.

이혼을 한다는 것은 자존심 상하는 것이 아니라 좀 더 나은 배우자를 만날 수 있는 기회가 주어졌다고 생각할 수 있는 것입니다.

행복은 누군가가 가져다주는 것이 아니라 스스로 만드는 것입니다.

❸ 상담지 작성하기

상담지 작성은 내담자의 현재 상태를 파악하여 적절한 대안을 제시하고 진행 사항을 기록하는 중요한 과정입니다. 상담지 작성은 효율적인 상담을 위한 필수과정입니다.

상담지는 상담자가 직접 작성합니다.
상담지를 작성하는 것은 상담을 효율적으로 하기 위한 수단이 됩니다.
그러므로 내담자와 신뢰감을 형성하면서 생년월일시의 중요성을 설명하고 사주팔자를 분석하면서 분석 내용을 설명하는 것이 좋습니다.

내담자의 과거와 현재 상황을 묻는 일 또한 중요합니다.
정확한 대안과 제안을 하여야 하므로 과거와 현재 상황은 필수적입니다. 과거와 현재도 모르고 미래를 예측할 수 없기 때문입니다. 과거와 현재를 알게 되면 사주팔자를 보다 정확하게 통변할 수 있으며 내담자가 태어난 시간을 모르거나 잘못 알고 있다고 하여도 정확한 시간을 예측할 수 있는 것입니다.

내담자가 무엇을 요구하고 있는지를 자세하게 알아야 대안을 작성할 수 있습니다. 내담자의 요구사항이 무엇인지도 모르고 대안을 작성하는 것은 눈 먼 소경이 길을 찾겠다고 하는 것과 마찬가지입니다.

내담자의 상태를 알고자 한다면 내담자에게 직접 물어보는 것이 가장 정확한 것입니다. 내담자도 자신의 현 상황을 정확하게 알려야 할 것입니다. 그래야 자신이 원하는 답을 제대로 찾을 수 있으며 상담자와 함께 새로운 대안을 찾을 수 있는 것입니다.

환자는 의사에게 자신의 상태를 정확하게 알려주어야 의사는 적절한 진단과 치료를 할 수 있습니다.

내담자에게 제시하는 대안은 실현가능성이 있어야 합니다.

실현가능성이 없는 대안은 꿈이나 마찬가지입니다. 우주선이 없이 달나라에 가겠다고 하는 것과 마찬가지입니다. 사주팔자에 있는 적성과 능력을 정확하게 파악하고 내담자가 실현할 수 있는 알맞은 대안을 제시하여야 하는 것입니다.

사주팔자의 패턴을 분석하여 내담자가 원하는 답을 하고자 한다면
격국분석으로 사회적 적성과 직업적 장점을 판단하고
억부분석으로 경쟁력과 능력을 가늠하며
조후와 물상분석으로 삶의 환경을 조망하여야 합니다.

사주팔자의 패턴 분석으로 적절한 대안을 제시하여야 합니다.

사주팔자의 패턴 분석은 과학적인 분석 방법이므로 대운과 세운에 따라 적절한 대안을 제시할 수 있습니다. 적절한 대안을 제시하여 무엇을 어떻게 어떠한 방법으로 하여야 할지를 결정하여 조언하게 됩니다. 그래야 내담자는 자신의 할일을 정확하게 판단할 수 있는 답을 구할 수 있는 것입니다.

내담자에게 적절한 조언을 해주어야 합니다.

내담자가 대안을 실현할 수 있도록 운의 작용을 설명하여주고 실현가능성이 있는 운이 언제인가를 알려주어 내담자에게 자신감과 용기를 불어넣어주는 조언을 해주어야 합니다.

운에서는 멈추어야 할 때와 가야할 때를 어느 정도 알려주고 있습니다. 살아가면서 멈추어야 할 때 멈추지 못하면 사고가 나기 쉬우며 해야 할 때 하지 않는다면 기회를 놓치는 것입니다. 멈출 때와 할 때를 아는 것만으로도 시행착오를 크게 줄일 수 있습니다.

상담지 작성으로 내담자의 상황을 일목요연하게 파악할 수 있습니다.

◆ 상담지 양식

<table>
<tr><td colspan="4" style="text-align:center">상 담 지</td><td colspan="6">상담일시　년　월　일　시</td></tr>
<tr><td>성명</td><td></td><td colspan="2">생년월일</td><td colspan="6">(양, 음)　년　월　일　시　분 (남, 여)</td></tr>
<tr><td colspan="4" style="text-align:center">사주명식</td><td colspan="6" style="text-align:center">대 운</td></tr>
<tr><td>시</td><td>일</td><td>월</td><td>년</td><td></td><td></td><td></td><td></td><td></td><td></td></tr>
<tr><td></td><td></td><td></td><td></td><td></td><td></td><td></td><td></td><td></td><td></td></tr>
<tr><td></td><td></td><td></td><td></td><td></td><td></td><td></td><td></td><td></td><td></td></tr>
<tr><td></td><td></td><td></td><td></td><td colspan="2">노년기</td><td>장년기</td><td>청년기</td><td>소년기</td><td>유년</td></tr>
<tr><td colspan="2">격국
분석</td><td colspan="8"></td></tr>
<tr><td colspan="2">억부
분석</td><td colspan="8"></td></tr>
<tr><td colspan="2">조후
분석</td><td colspan="8"></td></tr>
<tr><td rowspan="3">세운
분석</td><td>전년도</td><td colspan="2">년</td><td colspan="6"></td></tr>
<tr><td>금년도</td><td colspan="2">년</td><td colspan="6"></td></tr>
<tr><td>내년도</td><td colspan="2">년</td><td colspan="6"></td></tr>
</table>

내담자의 현재 상황 :

내담자에게 제시하는 대안 :

내담자에게 조언 :

02 상담의 주요과제

내담자가 상담자를 찾아왔을 때는 주요과제에 대하여 절박한 상황임을 알아야 합니다. 주요과제에 대한 해답을 구하여 삶의 문제를 해결하고자 하는 것이 상담의 주요과제입니다.

❶ 주요과제란

적성	직업	재물, 명예	건강	궁합	자식

시험 합격, 적성, 진로, 취업, 승진, 사업, 재물, 선거, 궁합, 결혼
애정, 부부관계, 이사, 매매, 건강, 이민, 자식, 사건, 사고, 소송 등

내담자의 관심사항이 주요과제입니다.
주요과제는 상담자가 해결하고자 바라는 것입니다. 주요과제는 내담자의 절박한 과제입니다. 그러므로 내담자가 요구하는 사항이 무엇인지를 정확하게 인지하여야 합니다. 부부문제로 찾아온 내담자에게 돈 문제로 왔다고 판단하고 상담을 한다면 삼천포로 빠지기 일쑤입니다. 그러므로 문제를 확실하게 파악하여야 하는 것입니다.

내담자는 문제를 해결하고자 조언을 구하고 있습니다.
주요과제가 무엇인지도 모르고 상담을 한다면 엉뚱한 것을 상담하게 됩니다. 내담자가 무엇을 원하는지를 정확하게 알고 이것을 실행할 수 있는 적성과 능력이 있는지 없는지를 우선 파악하여야 할 것입니다.

내담자가 요구하는 문제를 해결할 수 대책을 마련하여 조언할 수 있는지 없는지를 우선 알고 적절한 대안을 제시할 수 있어야 상담자의 역할을 제대로 할 수 있는 것이라고 봅니다.

② 주요과제 찾기

주요과제는 내담자의 절박한 문제입니다.
내담자가 갈등의 문제를 안고 해결하고자 하는 것이 주요과제가 되는 것입니다.
주요과제를 파악하고 선정하여야 대안을 작성하고 조언을 할 수 있습니다.

◆ 주요과제의 운
시험을 치루는 수험생이라면 합격운이 주요과제입니다.
대학입학시험이나 전문가의 자격시험 등의 합격 여부가 해당됩니다.

취업을 준비하는 취업준비생이라면 취업운이 주요과제입니다.
시험이나 면접에서 합격 여부가 해당됩니다.

승진을 바라는 직장인이라면 승진운이 주요과제입니다.
현재의 직급에서 상위직급으로의 승진 여부가 해당됩니다.

정치인이라면 선거에서 당선운이 주요과제입니다.
선거에서 당선 여부가 해당됩니다.

미혼자라면 결혼운이 주요과제입니다.
상대와의 궁합이 좋은가 나쁜가의 여부와 결혼시기가 해당됩니다.
배우자와의 결혼 유지 여부가 주요과제에 해당됩니다.

궁즉변窮卽變 궁하면 변하고
변즉통變卽通 변하면 통하고
통즉구通卽久 통하면 오래간다.
- 주역

❸ 주요과제에 대한 대안 선정과 조언

내담자가 해결을 원하는 주요과제에 대한 문제를 분석하고 해결가능성이 있는 대안을 제시하고 조언하여야 합니다.

주요과제는 내담자의 어려움입니다.
어려움을 해소하기 위하여서는 걸림돌과 디딤돌을 정확하게 제시하여 주어야만 합니다. 사주의 적성과 능력을 가늠해보고 해결가능성을 도출하여 실현가능성이 있는 적절한 대안을 만들어 조언을 해주어야 하는 것입니다.

대안은 실현가능성이 있어야 하며 현실적이어야 합니다.
주요과제에 대한 대안은 반드시 실현가능성이 있어야 합니다. 사주팔자에서 제시하는 격국과 억부의 적성과 능력을 판단하고 대안을 제시하여야 하는 것입니다.

주요과제에 대한 수행능력이 없는 데도 불구하고 할 수 있다고 강요한다면 이는 어린아이에게 대학의 문제를 풀라고 하는 것과 마찬가지입니다. 내담자가 실천가능성이 있는 적절한 대안을 제시하여야 내담자가 자신 있게 수행할 수 있는 것입니다.

사주의 적성과 능력에 부합된 대안이 되어야 합니다.
내담자가 요구하는 주요과제가 사주의 적성이나 능력에 맞지 아니하다면 성공하기 어렵습니다. 정관패인격의 사주가 사업을 한다는 것은 실패를 하겠다는 것과 마찬가지입니다. 그러므로 퇴직금을 투자하거나 융자금을 빌려서 사업을 한다면 성공할 가능성이 없고 오히려 빚만 지게 될 것입니다.

그래도 하고 싶다면 사업가의 적성이 아님을 설명하여 주면서 운에서 퇴직할 시기이라면 실패를 하여도 타격을 입지 않을 정도의 조그만 자영업을 하는 것이 좋은 것이라고 조언을 하여야 할 것입니다.

4 년령별 주요과제

◆ 연령별 주요 관심사

10대	20대	30대	40대	50대	60대
적성	취업	결혼	지위	노후준비	건강

내담자가 듣고 싶어 하는 대답은 통변의 주요 과제와 다르지 아니합니다. 자신이나 자식의 적성이나 직업, 사업운, 재물운, 가족의 건강운, 자신과 자식의 궁합 등으로 볼 수 있습니다.

내담자는 이러한 문제의 어려움을 해소하기 위하여 좋은 방안을 묻고자 하는 것입니다. 그러므로 사주팔자에 있는 내용을 분석하고 적절한 조언을 해주어야 하는 것입니다.

주요관심사는 연령별 성별로 다를 수 있습니다.
자신의 문제로 상담하는가 하면 가족의 문제로 상담하기도 합니다.
학생들은 대개 부모가 상담하는 경우가 많으며 자식의 적성과 진로에 대한 조언을 구하는 것이 대부분입니다.

젊은 사람들은 대개 취업이나 결혼문제에 관심사가 있는가 하면
중년의 사람들은 재정적인 문제나 사업적인 문제 또는 배우자와의 갈등이나 이성적인 문제로 상담하는 경우가 많다고 할 수 있습니다.
노년기에 들어가는 사람들은 퇴직 후의 노후문제 또는 건강 등에 관심이 많으며 다시 일을 할 수 있는가를 묻는 경우도 있습니다.

개인들의 문제는 저마다 다르지만 연령별로 비슷한 문제로 상담하는 경우가 많으므로 연령대에 맞추어 상담을 해주어야 할 것입니다. 또한 적성과 능력을 사주팔자에서 정확하게 판단하여 조언을 해주어야 할 것입니다.

상담진행은 상담지를 작성하면서 진행하는 것이 효율적입니다.

1 사주명식 작성하기

◆ 상담일시를 기재하면서 상담이 시작됩니다.

상 담 지			상담일시 년 월 일 시
성명	무공	생년월일	(양, 음) 1954년 3월 4일 7시 5분 (남)

상담일시는 내담자에게 오늘을 인식시켜줍니다. 일진은 오늘의 기운이니 일진이 내포하고 있는 암시내용을 읽어준다면 라포형성에 도움이 됩니다.

"지금이 戊戌일 己未시이므로 치솟는 火기를 멈추기 위한 좋은 날이군요"하면서 상담의 대안제시를 암시하기도 합니다.

생년월일시는 정확해야 사주팔자가 정확하게 작성됩니다.
생년월일이 정확하여야 정확한 사주팔자를 만들 수 있음을 인식시켜야 합니다. 내담자 중에는 음력 날짜로만 사주를 보는 것으로 잘못 아는 경우도 있습니다. 사주팔자는 양력이나 음력으로 작성되는 것이 아니고 절기로 작성되는 것임을 인식시켜 준다면 좋습니다.

간혹 태어난 시를 모르는 내담자들이 많은데 이는 삶의 과정을 유추하며 시를 예측하여 주는 것이 좋습니다. 내담자가 바라는 것들이 대부분 시주에 있음을 잊지 말아야 할 것입니다. 삶의 과정을 유추하며 시를 예측한다는 것은 오랜 경험을 가진 전문가만이 할 수 있는 것이니 자신이 없다면 아예 시도하지 않는 편이 나을 것입니다. 자칫 틀린 사주로 감명을 하는 오류를 만들기 때문입니다.

◆ 상담일시를 기재하면서 상담이 시작됩니다.

사주명식				대 운								
시	일	월	년	71	61	51	41	31	21	11	1	0
丁	己	丙	甲	甲	癸	壬	辛	庚	己	戊	丁	丙
				戌	酉	申	未	午	巳	辰	卯	寅
卯	未	寅	午	노년기		장년기		청년기		소년기		유년

사주 명식이 부정확하면 통변 자체가 달라지고 모든 제안이 달라집니다.
컴퓨터로 만세력을 검색하면 대부분 정확한 사주 명식을 작성할 수 있지만
간혹 틀리게 작성되는 경우도 있으니 주의하여야 합니다.

대운은 대운수와 기간별로 구분 작성합니다.
첫 번째 칸은 유년기로서 월지의 간지를 그대로 적습니다.
대운수는 매우 중요한 요소가 됩니다. 그러므로 소년기, 청년기, 장년기 노
년기를 구분하며 사주팔자와 대비하며 통변하여야 할 것입니다.

❷ 사주명식과 대운 분석하기

격국 분석	정관용인격이지만 寅午합으로 인하여 겸격이 되므로 조직에서 명예를 중요시 하는 적성으로 직장인에 적합하며 火운에 발전하지만 金운에 퇴직하여 안정된 삶을 살게 됨
억부 분석	木火土의 기세가 모두 강하므로 삼상격의 패턴을 보이고 있으므로 운에서 金기로 강하게 설기하여 줌이 필요하나 설기가 미약하므로 결실을 이루기 어려울 것임
조후 분석	火기가 치열하지만 水기가 없으므로 편한 환경이 아니며 金운에 어느 정도 편한 환경을 누릴 것임

격국분석, 억부분석, 조후분석은 사주분석의 중요한 단계입니다.
격국분석으로 사회적 적성과 직업적 장점을 알고 억부분석으로 경쟁력과
능력을 가늠하며 조후분석으로 환경을 알 수 있습니다.

사주명식을 분석하며 대운의 흐름을 함께 분석합니다.

격국을 분석하며 대운의 흐름에 따라 변화하는 모습을 주시하여야 합니다. 격국을 분석하면서 대운의 흐름을 간과한다면 잘못된 분석이 될 수 있기 때문입니다.

억부를 분석하며 사주의 역량을 파악하고 역량의 최대치와 최소치를 파악하여 발전하는 운과 쇠퇴하는 운을 구분하여 시작할 때와 멈출 때를 알려주어야 하는 것입니다.

조후를 분석하여 어려운 시기와 편안한 시기를 파악하여 어려운 시기에 대처할 수 있는 방책을 만들어야 어려움을 극복할 수 있는 지혜와 기회를 만들 수 있는 것이고 편안한 시기에는 즐길 수 있어야 행복한 삶을 살 수 있는 것입니다.

"선생님의 사주는 정관격이라고 하며 조직사회에서 두각을 나타내는 적성으로 직장인의 사주입니다. 조직을 규정과 법의 테두리 내에서 관리하고 발전시키는 역할을 합니다."

대운에서 흥하는 시기와 쇠퇴하는 시기를 구분하여야 합니다.

사주팔자에 따라 흥하는 시기가 있고 쇠퇴하는 시기가 있습니다. 청장년기에 역량이 충분하여 흥하는 시기가 되어야 발전합니다. 이때 역량이 충분하지 못하다면 아무리 노력을 하여도 결실을 맺기 어렵기 때문입니다.

"木火운에 발전하는 사주입니다. 열심히 하면 성공하게 됩니다. 청년기에 역량이 충분하므로 흥하는 시기로서 땀 흘려 노력을 한다면 발전할 수 있으며 장년기에는 역량이 줄어들면서 쇠퇴하는 시기이므로 퇴직하여 안정되고 편안한 노후생활을 즐기라는 운을 가지고 있습니다."

③ 세운 분석하기

세운 분석	전년도	丁酉년	조직을 활용하여 명예를 추구하지만 癸水로 인하여 건강에 문제가 생김
	금년도	戊戌년	戊癸합으로 건강을 점차 회복하고 寅午戌 火기의 마무리로 인성의 결실을 얻게 됨
	내년도	己亥년	寅亥합, 亥卯未 木국으로 조직을 구성하고 주위 사람들의 도움을 받게 됨

전년도의 세운을 분석하여 대책을 세웁니다.

오늘의 고민과 갈등은 전년도와 무관하지 아니합니다. 원인이 전년도이라면 결과는 금년도이라고 할 수 있습니다. 전년도의 경험을 피드백하여 금년도에 적용한다면 보다 나은 결과를 만들 수 있으며 내년도에도 역시 보다 발전된 방향으로 나아갈 수 있습니다.

"작년에 건강 문제로 어려움이 있었나요? 건강에 대한 각별한 주의가 필요합니다."

금년도의 세운은 지금의 갈등상황을 나타냅니다.

금년도의 세운을 분석하면서 지금의 갈등상황을 점검하고 갈등상황을 해결할 수 있는 대책을 마련하게 됩니다.

"금년도에는 점차 안정이 되면서 결실을 얻게 될 것입니다."

내년도의 세운으로 대안을 제시하게 됩니다.

전년도와 금년도의 세운을 분석하여 도출한 피드백으로 보다 나은 결과를 얻기 위하여 내년도의 세운을 분석하고 적절한 대안을 조언할 수 있어야 합니다.

"내년도에는 뜻한 바를 이룰 수 있는 운이므로 지금부터 서서히 준비하는 것이 성공할 확률이 높습니다."

4 최선의 방책 제시하기

> **내담자의 현재 상황** : 지난해에 건강에 문제가 생기며 금년 봄까지 고생을 하였지만 점차 회복되고 있으며 출판도 순조롭게 진행되고 있으나 강의 수요까지 이어지기에는 역부족이라고 함
>
> **내담자에게 제시하는 대안** : 금년도에는 집필과 출판에 전념하고 내년도에 점차 강의를 하는 것이 좋을 것 같음
>
> **내담자에게 조언** : 癸酉대운은 火기의 극성으로 일을 펼치는 것은 건강에 위험하므로 충분한 휴식을 취하면서 일을 추진한다면 안정적으로 집필과 강의를 할 수 있을 것임

내담자의 현재상황을 파악합니다.

내담자에게 질문하여 과거와 현재 상황에 대한 문제점과 내담자가 바라는 것이 무엇인가를 파악하여 사주와 대운 그리고 세운의 상황과 비교하며 대안과 조언을 준비합니다.

내담자에게 대안을 제시하고 조언을 합니다.

내담자의 생각은 내담자가 바라는 상황이므로 상담자가 내담자의 사주팔자에서 주요 과제에 대한 용신을 찾는데 용이합니다. 현재 상황을 바라는 상황으로 만들기 위한 대안을 제시하며 내담자의 의사결정과정을 돕게 합니다.

상담자가 제시한 대안에 대하여 의사결정이 어려울 경우 상담자는 내담자에게 의사결정을 할 수 있도록 조언을 하여 내담자의 결심을 돕게 합니다. 걸림돌과 디딤돌이 무엇인지를 설명하고 문제 해결을 위한 대안을 제시하며 내담자의 결심을 돕게 합니다.

"내년도에는 건강도 좋아지고 세운이 전반적으로 시작하는 기운이므로 지금까지의 걸림돌이 디딤돌로 전환될 수 있는 좋은 기회입니다. 다만 의욕이 지나쳐 열정적으로 하는 것은 오히려 독이 될 수 있으니 안정을 취하여 가면서 천천히 진행하는 것이 좋을 것입니다"

◆ 상담지 작성 <예시>

<table>
<tr><td colspan="4" align="center">상 담 지</td><td colspan="9">상담일시　년　월　일　시</td></tr>
<tr><td>성명</td><td>무 공</td><td colspan="2">생년월일</td><td colspan="9">(양) 1954년 3월 4일 7시 5분 (남)</td></tr>
<tr><td colspan="4" align="center">사주명식</td><td colspan="9" align="center">대 운</td></tr>
<tr><td>시</td><td>일</td><td>월</td><td>년</td><td>71</td><td>61</td><td>51</td><td>41</td><td>31</td><td>21</td><td>11</td><td>1</td><td>0</td></tr>
<tr><td>丁</td><td>己</td><td>丙</td><td>甲</td><td>甲</td><td>癸</td><td>壬</td><td>辛</td><td>庚</td><td>己</td><td>戊</td><td>丁</td><td>丙</td></tr>
<tr><td rowspan="2">卯</td><td rowspan="2">未</td><td rowspan="2">寅</td><td rowspan="2">午</td><td>戌</td><td>酉</td><td>申</td><td>未</td><td>午</td><td>巳</td><td>辰</td><td>卯</td><td>寅</td></tr>
<tr><td colspan="2">노년기</td><td colspan="2">장년기</td><td colspan="2">청년기</td><td colspan="2">소년기</td><td>유년</td></tr>
</table>

격국 분석	정관용인격이지만 寅午합으로 인하여 겸격이 되므로 조직에서 명예를 중요시 하는 적성으로 직장인에 적합하며 火운에 발전하지만 金운에 퇴직하여 안정된 삶을 살게 됨
억부 분석	木火土의 기세가 모두 강하므로 삼상격의 패턴을 보이고 있으므로 운에서 金기로 강하게 설기하여 줌이 필요하나 설기가 미약하므로 결실을 이루기 어려울 것임
조후 분석	火기가 치열하지만 水기가 없으므로 편한 환경이 아니며 金운에 어느 정도 편한 환경을 누릴 것임

<table>
<tr><td rowspan="3">세운
분석</td><td>전년도</td><td>丁酉년</td><td>조직을 활용하여 명예를 추구하지만 癸水로 인하여 건강에 문제가 생김</td></tr>
<tr><td>금년도</td><td>戊戌년</td><td>戊癸합으로 건강을 점차 회복하고 寅午戌 火기의 마무리로 인성의 결실을 얻게 됨</td></tr>
<tr><td>내년도</td><td>己亥년</td><td>寅亥합, 亥卯未 木국으로 조직을 구성하고 주위 사람들의 도움을 받게 됨</td></tr>
</table>

내담자의 현재 상황 : 지난해에 건강에 문제가 생기며 금년 봄까지 고생을 하였지만 점차 회복되고 있으며 출판도 순조롭게 진행되고 있으나 강의 수요까지 이어지기에는 역부족이라고 함

내담자에게 제시하는 대안 : 금년도에는 집필과 출판에 전념하고 내년도에 점차 강의를 하는 것이 좋을 것 같음

내담자에게 조언 : 癸酉대운은 火기의 극성으로 일을 펼치는 것은 건강에 위험하므로 충분한 휴식을 취하면서 일을 추진한다면 안정적으로 집필과 강의를 할 수 있을 것임

04 상담마무리

상담이 원활하게 진행되었다면 마무리를 해야 합니다. 마무리는 상담자나 내담자 모두 만족할 수준의 상담이 진행되었나를 확인하는 것입니다.

1 해결 과제 확인

내담자가 원하는 답을 얻었는지를 확인하는 것입니다. 주요과제가 사업이나 승진인지를 갈등하는 상황에서 주요과제를 제대로 선정하여 상담이 이루어졌는지를 확인하여야 합니다. 주요과제가 제대로 선정이 안 되었다면 내담자는 상담에 만족을 하지 못할 것입니다.

상담자가 상담에 만족한 결과를 얻었는지를 확인하여야 합니다. 상담자가 만족하지 못하였다면 문제에 대한 답을 제대로 풀지 못하였다는 것입니다. 다시 한 번 문제를 상기시키며 해결과제에 대한 해법이 제대로 되었는가를 분석하고 상담자가 만족할 만한 대안을 제시하며 조언을 하여야 할 것입니다.

2 선정대안에 대한 확인

주요과제가 승진으로 결정되었다면 승진에 필요한 조건이 사주나 운에서 작용하는 가를 확인하여야 합니다. 사주의 적성과 능력이 있다고 하여도 운에서 작용하지 않는다면 노력하여도 성과가 미미하거나 실패할 가능성이 많은 것입니다. 그럼에도 불구하고 가능성이 있다고 밀어붙이라고 조언을 하여준다면 내담자는 어려운 경우를 당할 수 있으며 결국 상담자를 원망할 수도 있습니다.

사주팔자에서 火土기가 강하여도 癸酉대운은 火土기가 소멸되어가는 상태입니다. 더구나 戊戌년은 인성인 寅午戌 火기가 마무리되는 해임에도 불구하고

火기가 강하므로 火기의 사업을 추진하라고 조언한다면 사주와 운을 제대로 분석을 하지 못한 것이 됩니다. 인성을 마무리하고 휴식의 시기임을 알려주어야 하는 것입니다.

❸ 대안에 대한 확언

대안을 확인하고 내담자가 대안을 선정하였다면 대안이 성공하리라는 확언을 할 수 있도록 도와야 합니다.

확언이란 자신감과 같은 뜻으로 결과를 반드시 만들어 내야겠다는 결심을 확고하게 하는 것입니다. 아무리 좋은 대안일지라도 내담자의 의지가 약하다면 결과를 이루어내기 어렵습니다. 그러므로 상담자는 내담자의 의지를 강하게 만들기 위한 확언을 하여야 합니다.

◆ 확언의 예시
집필이 마무리되고 출판이 되면서 인지도가 높아질 것이니 강의 수요도 점차 많아질 것입니다. 단지 젊을 때의 열정과는 다르니 건강을 유의하면서 천천히 진행한다면 반드시 좋은 결과가 있을 것입니다.

긍정적 확언이란 스스로 기운을 돋우고 사기를 높이고 싶거나
단순히 원하는 어떤 것을 행하도록 스스로를 격려하고자 할 때
자신에게 들려주는 고무적인 말입니다.
무언가를 하고자 할 때, 또는 의심이 생길 때 자신과 논의하는 작은 목소리
모두 긍정적 확언의 일부입니다.

- 성공 행복의 지름길, 확언에서

상담은 상대와 소통하는 것입니다.

상대의 마음과 하나가 되는 것입니다.
상대의 입장을 이해하고 상대와 하나가 되어야 상대
가 마음을 열고 상담을 받아들일 수 있는 것입니다.

상담은 상대를 가르치는 것이 아닙니다.
전문가들이 흔히 하는 실수는 상대를 지도하고 가르
치려는 것입니다. 내담자는 자신의 마음을 이해하고 공감해주는 상
담자를 원한다는 것을 알아야 합니다.

상담은 들어주는 것입니다.
내담자가 자신의 이야기를 할 수 있도록 도와주어야 합니다. 내담자
를 마치 죄인 취급하듯이 야단을 친다거나 훈계를 한다면 내담자는
귀에 하나도 들으려고 하지 아니합니다. 강압적인 방법으로 겁주는
행위 등은 상대를 어렵게 만들기만 합니다.

상대의 말을 공감하며 집중하여 듣는다는 느낌을 갖게 하여주면 상대
는 신뢰를 하게 됩니다.

내담자는 문제에 대한 해결책을 이미 알고 있습니다.
단지 자신의 해결책에 대한 확인을 하고 싶은 것입니다. 상담자는
내담자가 가지고 있는 해결책에 대하여 확인을 하고 대안과 조언을
해줄 뿐입니다.

진정성 있는 눈빛과 표정은 상대를 안심시키게 됩니다.

◆ 상담자의 조건
사주팔자를 상담하는 상담자는 사주명리의 이치에 통달하여야 할 것
입니다. 사주명리에 대한 이치를 깨닫지 못하고 대강 습득한 얄팍한
지식으로 이현령비현령식의 통변을 한다면 사주명리전문가라고 할
수 없으며 내담자에게 피해를 입히기 쉽습니다.

◆ 상담자의 역할
의사결정은 내담자의 몫입니다. 이를 상담자가 결정하여 이렇게 하라 저렇
게 하라는 식으로 가르치려는 상담이 되어서는 안 됩니다. 내담자가 자율적
으로 결정할 수 있도록 조언하는 역할이 되어야 합니다.

◆ 신뢰는 상담자와 내담자의 마음을 연결하는 것
정상적인 신뢰가 형성되는 것은 맞추기보다는 내담자를 이해하는 데에 중점이
있다고 할 수 있습니다. 내담자의 현 상황을 인식하고 내담자가 원하는 대답을 어
떠한 방식으로 조언해주고 대안을 제시하여 줄 것인가를 고민해야 할 것입니다.

◆ 내담자에게 맞추기
내담자의 이야기를 우선 듣고 내담자의 감정과 생각에 맞추어야 내담자는 신
뢰를 하게 됩니다. 내담자가 사업에 대한 이야기를 하고 싶은데 건강이나 애
정관계 등을 이야기 한다면 상대는 자신이 듣고 싶은 것을 듣지 못하므로 마
음을 닫아버리게 됩니다.

◆ 자존심을 자존감으로 바꾸기
자존심自尊心과 자존감自尊感은 다릅니다.
자존심은 남을 의식하고 비교하며 자신을 존중하려는 마음이며 자존감은

남을 의식하지 아니하고 비교하지 아니하며 오로지 자신을 존중하는 감정이라고 합니다.

◆ 사주팔자의 분석으로 실현가능성이 있는 대안 제시

사주팔자의 패턴 분석은 과학적인 분석 방법이므로 대운과 세운에 따라 적절한 대안을 제시할 수 있습니다. 적절한 대안을 제시하여 무엇을 어떻게 어떠한 방법으로 하여야 할지를 결정하여 조언하게 됩니다.

실현가능성이 없는 대안은 꿈이나 마찬가지입니다. 우주선이 없이 달나라에 가겠다고 하는 것과 마찬가지입니다. 사주팔자에 있는 적성과 능력을 정확하게 파악하고 내담자가 실현할 수 있는 알맞은 대안을 제시하여야 하는 것입니다.

◆상담의 주요과제

적성	직업	재물 명예	건강	궁합	자식

시험 합격, 적성, 진로, 취업, 승진, 사업, 재물, 선거, 궁합, 결혼
애정, 부부관계, 이사, 매매, 건강, 이민, 자식, 사건, 사고, 소송 등

◆ 주요과제는 내담자의 절박한 문제

내담자가 갈등의 문제를 안고 해결하고자 하는 것이 주요과제가 되는 것입니다. 주요과제를 파악하고 선정하여야 대안을 작성하고 조언을 할 수 있습니다.

◆ 연령별 주요 관심사

10대	20대	30대	40대	50대	60대
적성	취업	결혼	지위	노후준비	건강

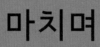

마치며

마치며

기초완성과 용신분석에 이어 통변완성을 내놓게 되었습니다.
사주명리에서는 통변이 꽃이라고 할 수 있습니다.
오랫동안 사주명리를 공부하였지만 통변을 하지 못하겠다고
하소연하는 분들이 많습니다.

그래서 그동안 정립한 통변 체계를 풀고자 하였으며
공부하는 분들에게 도움이 되고자 집필하였습니다.

그럼 무엇을 어떻게 통변하여야 할 것인가?

사주팔자에도 자아가 있습니다.
어느 날 사주팔자를 보면서 명상을 하다가 사주팔자에 자아가 있음을 보았습니다. 자아自我란 자기 자신을 말합니다. 사회적 활동을 하는 상대적 자아와 내면적 정신세계인 절대적인 자아로 나누어 볼 수 있는 것입니다.

상대적인 자아는
타인과 비교하면서 생성되는 자아입니다.
태어나면서 우리는 주위사람들과 비교하면 살아가게 됩니다.
가장 먼저 접하는 것이 형제이고 부모입니다.

그리고는 학교에서 만들어지는 급우들간의 성적경쟁이나 친구간의 능력경쟁이 시작되고 사회에 나가서는 직장 동료들과의 직위경쟁이나 동종 업계의 경쟁으로 이익을 선점하려는 경쟁을 하게 됩니다.

경쟁에서 이기면 우월감이 형성되고
경쟁에서 지면 열등감이 형성되기 마련입니다.

절대적인 자아는

내안에 있는 나 자신으로 오로지 존재하는 것입니다. 누구와 비교하는 자아가 아니라 절대적으로 존재하는 자아입니다. 오로지 나만이 존재하기에 상대라는 개념이 없으므로 비교 대상이 되지 아니합니다. 그러므로 우월감이나 열등감이 없습니다. 이를 자존감이라고 합니다.

사주팔자에서
년월은 상대적 자아의 표출이고
일시는 절대적 자아의 표출이라고 할 수 있습니다.

년월은 사회적 적성이고 활동이기도 합니다.

남들과 비교하면서 경쟁하며 살아가야 하는 환경이고 능력이기도 합니다. 능력이 부족하면 경쟁에서 밀리게 되는 것이고 비교우위에서 떨어지게 되는 것입니다.

일시는 자신이 존재하는 모습이며

스스로의 누구와도 비교할 수 없는 자신만의 특성이기도 합니다.
오로지 자신에게만 집중한다면 행복을 느낄 수 있습니다.

삶의 만족감은
상대적 자아의 우월성에서 비롯되기도 하며
절대적 자아의 자존감으로 채우기도 합니다.

상대적 자아의 우월성이 비교우위에서 밀린다면 열등감이 되는 것이며 사회적 경쟁에서 뒤지는 결과를 초래하고 결국 도태되고 마는 것입니다. 남과 비교 경쟁하여 이겨야 만족감을 느낄 수 있는 것이기에 능력이 없으면 만족감을 채우기 어렵습니다.

절대적 자아의 자존감은 명상을 통하여 스스로를 인식하여야 느낄 수 있는 것입니다. 스스로를 느끼지 못한다면 자기 자신이 존재한다는 자존감을 결코 알 수 없는 것입니다.

소크라테스의 '너 자신을 알라'하는 말과 데카르트의 '나는 생각한다. 고로 나는 존재한다'라는 말은 상대적 자아와 절대적 자아를 알아차리라는 말입니다.

사회적 경쟁을 할 수 있는 능력 있는 자아로서의 만족감을 성취할 것인가 아니면 스스로 존재한다는 만족감으로 자아실현을 이룰 것인가를 묻고 있는 것입니다.

사주팔자에서 상대적 자아와 절대적 자아를 볼 수 있다면
사주명리를 터득하였다고 할 것입니다.

자신이 사회적 적성으로 남과 경쟁하여 비교우위에 든다면 상대적 자아의 만족감을 성취할 것이고

자신이 절대적 자아로서의 만족감을 항상 갖고 있다면 행복을 가슴에 품고 지낼 것입니다.

무술년 하반기
무공서원에서